教師學

鐸聲五曲

鄭崇趁　著

教師學：鐸聲五曲

導論：「教師學：鐸聲五曲」的知識脈絡分析

首部曲　鐘鳴大地・人師
第一章　教育初心〈志為人師的動念〉
第二章　師涯願景〈構築人師的抱負〉
第三章　教育志業〈彩繪人師的軌跡〉
第四章　鐘鳴大地〈實踐人師的定位〉

二部曲　朝陽東昇・使命
第五章　師道目標〈孕育新世紀責任良師〉
第六章　核心價值〈傳承新教育價值創新〉
第七章　實踐篤行〈實現新承諾專業示範〉
第八章　朝陽東昇〈造就新時代責任公民〉

三部曲　春風化雨・動能
第九章　核心能力〈優化人的知能素養〉
第十章　優勢學習〈創化人的專長脈絡〉
第十一章　智慧資本〈激發人的動能貢獻〉
第十二章　春風化雨〈深化人的責任績效〉

四部曲　明月長空・品質
第十三章　核心技術〈探究教育深層結構〉
第十四章　創新經營〈創發教育經營世代〉
第十五章　知識管理〈傳承教育技術能量〉
第十六章　明月長空〈示範教育品質標竿〉

五部曲　繁星爭輝・風格
第十七章　系統思考〈交互整合新人生〉
第十八章　順性揚才〈形優適配新希望〉
第十九章　圓融有度〈品味價值新文化〉
第二十章　繁星爭輝〈精緻卓越新風格〉

作者簡介

鄭崇趁　1953 年生　臺灣省雲林縣人

- 學歷
  - 國立政治大學教育學博士（1999）
  - 國立高雄師範大學教育學碩士（1989）
  - 國立臺灣師範大學教育學學士（1986）
  - 省立臺北師範專科學校畢業（1974）

- 經歷
  - 國民小學教師五年（1976～1981）
  - 教育部行政職務十九年（1982～2000）
  - 經任幹事、秘書、組主任、專門委員
  - 國立臺北教育大學專任教師（2000 起），經任主任秘書、教育政策與管理研究所所長、教育經營與管理學系系主任、研發長

- 現職
  - 國立臺北教育大學教育經營與管理學系教授（2006～）

- 榮譽
  - 高等考試教育行政人員（1981）
  - 教育部 1991 年及 2000 年優秀公務員

- 專長
  - 教育經營學、校長學、教師學、教育計畫、教育評鑑

- 著作
  - 校長學：成人旺校九論（2013）
  - 教育經營學：六說、七略、八要（2012）
  - 教育經營學導論：理念、策略、實踐（2011）
  - 教育的著力點（2006）
  - 國民中小學校務評鑑指標及實施方式研究（2006）
  - 教育計畫與評鑑（增訂本）（1998）
  - 教育與輔導的軌跡（增訂本）（1998）
  - 教育與輔導的發展取向（1991）

教師是經營教育的基點

　　教師是國家教育事業的靈魂，教師的素質決定教育的成敗，教師的表現決定學校教育的興旺或低迷。教師是需要學習的，學習成為「責任良師」的系統知識，就稱為「教師學」。本書出版的旨趣有四：(1)喚醒教育初心，樂為人師，傳唱教育；(2)教師能充分自我實現，同時也是組織（學校、國家）的有效智慧資本；(3)創發有貢獻、有價值（有績效產品）的人生，教師的生命願景與教育志業能夠在學校中實踐；(4)成為符合新世紀、新教育、新承諾時代的教師。

　　本書的主要內容有五：首部曲「鐘鳴大地・人師」，敘述教師的生命願景與教育志業；二部曲「朝陽東昇・使命」，分析教師的核心價值與專業示範；三部曲「春風化雨・動能」，闡明教師的核心能力與智慧資本；四部曲「明月長空・品質」，探討教師的教育品質與績效責任；五部曲「繁星爭輝・風格」，詮釋教師的系統思考與順性揚才。「教師學」是經營教育的基點，與「校長學」（經營教育的軸心）、「教育經營學」（經營教育的經緯）構成了「經營教育三學」，期待能為臺灣的教育經營與師資培育，開拓嶄新的方向。

　　本書對於「責任良師」的註解，有七個比較創新的意涵：(1)責任良師是人師，人師情懷的實踐在「莫忘初心」、「認同教育」、「歡喜成長」、「承諾力行」；(2)責任良師的使命在「傳生命創新之道」、「授知識藝能之業」、「解全人發展之惑」、「領適配生涯之航」；(3)新世紀的責任良師有四大角色責任：「教書匠與教育家」、「表演者與大導演」、「選書人與創作師」、「育英才與博濟眾」；(4)責任良師要了解教育組織（國家、學校）的核心價值，並建構自己的生命願景與教育核心價值，讓自己的心願抱負在學校中實踐；(5)教師的自我實現是一種「專業示範」的「承諾力行」，教師需要「承諾帶好每一位學生」、「承諾教好每一堂課」、「承諾

輔導弱勢學生」、「承諾承擔績效責任」；(6)教師要從「有能力」、「有專長」、「願意做」、「能創價」等四大焦點，著力經營學校師生都成為有效智慧資本；(7)新五倫及其核心價值是情意教學及品德教育的發展趨勢，其初步的構念是：

家人關係：「親密」中相「依存」
同儕關係：「認同」中能「共榮」
師生關係：「責任」中帶「智慧」
雇主關係：「專業」中能「創價」
群己關係：「包容」中有「博愛」

　　本書全文約二十萬字，嘗試建構「責任良師」的知識系統，並主張「核心知識」經由「核心技術」的學習與實踐，就可以成為教師及學生的「核心能力」。是以，格外重視「知識」本身的「核心技術」脈絡解析，賦予知識的系統結構，或其元素及形成知識（技術）的流程步驟，隱約看見「核心知識」→「核心技術」→「核心能力」的教育經營模式，經由此一經營模式，培育「責任良師」、造就「責任公民」，彩繪新世紀、新教育、新承諾的新時代教師。

敬邀　方家
共賞斧正

鄭崇趁　序於崇玉園
2014 年 10 月 20 日

目　次

導論
「教師學：鐸聲五曲」的知識脈絡分析

　　研究者的任職單位是「國立臺北教育大學」之「教育經營與管理學系」，它是一個系、所、中心三合一完備學制的系所，原稱「教育政策與管理研究所」，有博士班及碩士班，並附設「中小學校長培育與專業發展中心」，開辦「校長培育班」及「校長博士學分班」課程，2005 年起增設「教育經營與管理學系」（大學部）。系、所、中心的教育目標在融合「教育學」及「管理學」，培育「經營教育」的人才：大學部培育「各行業教育部門專業管理人才」、碩士班培育「文化教育事業經理人才」、博士班及校長培育班則培育「教育政策規劃人才與文教行政領導人才」。

　　研究者係臺北師專（國立臺北教育大學前身）的畢業校友，接受過「公費計畫性師資培育」的洗禮，畢生以「當教師」及「經營教育事業」為使命，是以「學經歷」都以「教育」為主軸，樂此不疲。目前授課的科目，包括：「教育概論」、「教學原理」、「教育行政」、「教育計畫」、「教育評鑑」（師資培育課程），以及「教育政策分析」、「教育計畫專題研究」、「教育品質管理」、「教育行政理論分析」、「教育發展規劃」、「校長學」（博碩士班、校長班課程）等。所有的課程旨趣都在教育學生如何善盡教師、主任、校長及教育行政人員之職，也都在教學生如何「經營教育」。在師生長期致力於「教育學」與「管理學」融合探究之後，2009年起有了「經營教育」之學的構念。研究者堅信「教育是可以經營的」，教育經營者掌握了經營教育的「原理學說」，會運用「經營策略」與「實踐要領」，我們的教育一定可以快速提高品質與競爭力，成為一個「可以輸出」的教育產業。「經營教育之學」是研究者最期待完成的教育產品，

就個人的教育理念、任職的學校系所，以及服務社會、經營教育的立場而言，均有責任完成，以提供教育經營者參照。

■ 序曲：經營教育之歌——基點、軸心、經緯

　　經營教育之學來自於「教育學」與「管理學」長期對話交織的成果，是研究者教學、研究、指導博碩士班學生論文，與教育首長、官員、學校校長、主任、教師長期交流探討後「知識基模系統重組」之心得。從鉅觀視角（組織主體）來看，經營教育之學就是「教育經營學」；從微觀視角（個人主體）來看，經營教育之學應包括「校長學」及「教師學」。因此，「教育經營學」是經營教育的經緯，「校長學」是經營教育的軸心，「教師學」則是經營教育的基點，三者合稱「經營教育三學」，其系統結構如圖1所示。

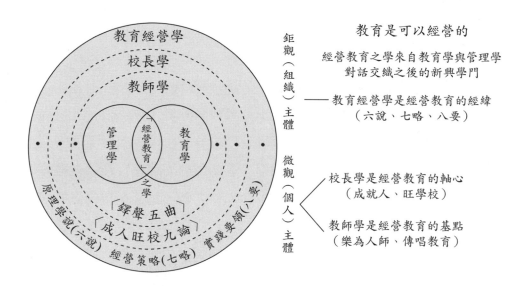

圖1　「經營教育三學」的系統結構圖

資料來源：鄭崇趁（2013b，頁4）

　　研究者於 2012 年出版《教育經營學：六說、七略、八要》一書，主張「經營教育」要從「原理學說（六說）」、「經營策略（七略）」，以及「實踐要領（八要）」著力。原理學說包括：價值說、能力說、理論說、實踐說、發展說、品質說等六大原理學說——尋根探源，立知識之真。經營策略包括：願景領導策略、組織學習策略、計畫管理策略、實踐篤行策略、資源統整策略、創新經營策略、價值行銷策略等七大經營策略——行動鋪軌，達育才之善。實踐要領包括：系統思考、本位經營、賦權增能、知識管理、優勢學習、順性揚才、績效責任、圓融有度等八大實踐要領——著力焦點，臻教育之美。《教育經營學：六說、七略、八要》的系統結構圖，如圖 2 所示。

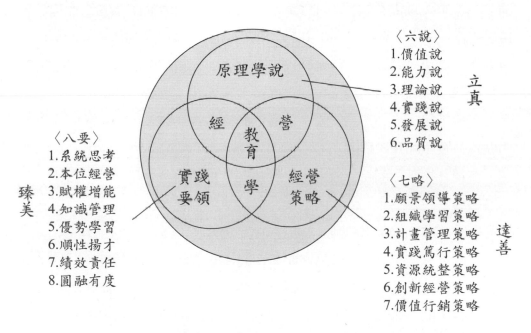

圖2　《教育經營學：六說、七略、八要》一書的系統結構圖
資料來源：修改自鄭崇趁（2013b，頁7）

「教育經營學」是經營教育的經緯：原理學說（六說）・立真，經營策略（七略）・達善，實踐要領（八要）・臻美，「六說、七略、八要」共二十一章，將經營教育的「核心知識」解析成可以操作的「核心技術」，經營者若能勤加修練，就可以成為經營者的「核心能力」，領導其學校（組織）教育邁向真、善、美的境界。

之後，研究者於 2013 年接續出版《校長學：成人旺校九論》一書，主張校長當學「成就人」與「旺學校」。「成就人」是「立己達人」的功夫，校長要從自我實現論、智慧資本論、角色責任論、專業風格論來「己立立人，己達達人」。「自我實現論」，成就人的尊嚴價值；「智慧資本論」，激發人的動能貢獻；「角色責任論」，實踐人的時代使命；「專業風格論」，領航人的品味文化。「旺學校」則要從經營學校的五大核心歷程「計畫、組織、領導、溝通、評鑑」著力，賦予五大歷程核心價值，永續深耕，包括：「計畫經營論」，帶動學校精緻發展；「組織創新論」，活化組織運作型態；「領導服務論」，創化專業示範模式；「溝通價值論」，深化多元參與脈絡；「評鑑品質論」，優化歷程績效品質。「成人旺校九論」的理念系統，如圖 3 所示。

在圖 3 中，內圈是「成就人」的功夫，外圈則是「旺學校」的作為，整體遠觀，有個「小巨人」的意象。校長學是經營教育的軸心，「軸心」是運用「經緯」元素來轉動「基點」的方向盤。

因此，本書主張：教師是需要學習的，學習成為「責任良師」的系統知識，就稱為「教師學」。用「鐸聲五曲」來歌頌教師，期能喚醒教育初心，樂為人師，傳唱教育，並成為符合新世紀、新教育、新承諾時代的教師。其主要內容包含：首部曲「鐘鳴大地・人師」，敘述教師的生命願景與教育志業；二部曲「朝陽東昇・使命」，分析教師的核心價值與專業示範；三部曲「春風化雨・動能」，闡明教師的核心能力與智慧資本；四部

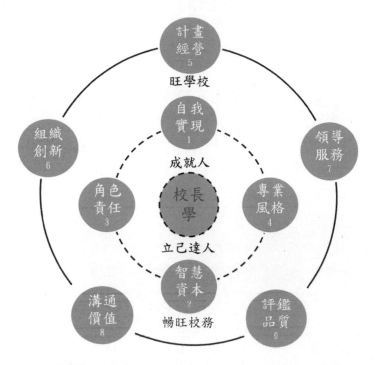

圖3　《校長學：成人旺校九論》一書的理念系統圖

資料來源：鄭崇趁（2013b，頁9）

曲「明月長空·品質」，探討教師的教育品質與績效責任；五部曲「繁星爭輝·風格」，詮釋教師的系統思考與順性揚才。

　　教師是經營教育的基點，「基點」必須學習「經緯」的元素要領，接受「軸心」的領航，才能轉動教育。《教師學：鐸聲五曲》一書的內涵及其與《教育經營學：六說、七略、八要》一書的關係，如圖4所示。

🔔 首部曲：鐘鳴大地·人師

　　首部曲「鐘鳴大地·人師」共有四章：第一章「教育初心〈志為人師的動念〉」；第二章「師涯願景〈構築人師的抱負〉」；第三章「教育志業〈彩繪人師的軌跡〉」；第四章「鐘鳴大地〈實踐人師的定位〉」。第

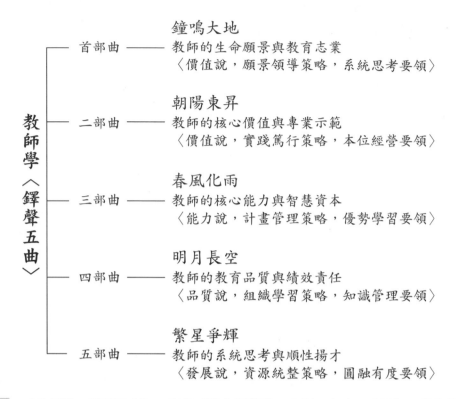

首部曲 ——— 鐘鳴大地
教師的生命願景與教育志業
〈價值說，願景領導策略，系統思考要領〉

二部曲 ——— 朝陽東昇
教師的核心價值與專業示範
〈價值說，實踐篤行策略，本位經營要領〉

教師學〈鐸聲五曲〉

三部曲 ——— 春風化雨
教師的核心能力與智慧資本
〈能力說，計畫管理策略，優勢學習要領〉

四部曲 ——— 明月長空
教師的教育品質與績效責任
〈品質說，組織學習策略，知識管理要領〉

五部曲 ——— 繁星爭輝
教師的系統思考與順性揚才
〈發展說，資源統整策略，圓融有度要領〉

圖4　《教師學：鐸聲五曲》一書與《教育經營學：六說、七略、八要》一書的關係
資料來源：修改自鄭崇趁（2013b，頁15）

一章是從教師的生命故事，探討人師動念的脈絡，並分析教育初心的挑戰以及人師情懷的實踐；第二章論述教師的生命願景及理想抱負，從生命之師、知識之師、智慧之師、風格之師給予註解；第三章傳承先儒韓愈的主張，並接續創新，以傳道、授業、解惑、領航作為教師的教育志業；第四章用鐘鳴大地來描寫教師的定位，教師是晨鐘暮鼓，教師是希望之聲，教師是醒世清韻，教師是師道鐸音。

首部曲「鐘鳴大地‧人師」強調下列四大重點：(1)人師情懷的實踐在「莫忘初心」、「認同教育」、「歡喜成長」、「承諾力行」；(2)人師的願景抱負在「生命之師」、「知識之師」、「智慧之師」、「風格之師」

的追求與實現；(3)彩繪人師的軌跡，要從「傳生命創新之道」、「授知識藝能之業」、「解全人發展之惑」、「領適配生涯之航」等四個面向著力；(4)教師像「晨鐘暮鼓」，是一位「時中其機」的教師；教師像「希望之聲」，是一位「事畢其功」的教師；教師像「醒世清韻」，是一位「人盡其才」的教師；教師像「師道鐸音」，是一位「才盡其用」的教師。

■ 二部曲：朝陽東昇・使命

二部曲「朝陽東昇・使命」共有四章：第五章「師道目標〈孕育新世紀責任良師〉」；第六章「核心價值〈傳承新教育價值創新〉」；第七章「實踐篤行〈實現新承諾專業示範〉」；第八章「朝陽東昇〈造就新時代責任公民〉」。第五章從劉真先生主張的師道「教書匠與教育家」談起，分析二十一世紀教師的四大角色責任；第六章探討當代教師及教育組織應行建立的「教育核心價值」，為政策定位與教師職能把脈；第七章敘述教師實現「新承諾」願景的專業示範，並以承諾力行來承擔教育的績效責任；第八章用朝陽光亮來描繪教師造就責任公民的偉業，教師是啟明之光，教師是希望之光，教師是溫厚之光，教師是智慧之光。

二部曲「朝陽東昇・使命」揭示下列四大重點：(1)新世紀的責任良師，要有四大角色責任：「教書匠與教育家」、「表演者與大導演」、「選書人與創作師」、「育英才與博濟眾」；(2)新教育的價值創新，包括學校（組織）核心價值的創新以及教師個人核心價值的創新，研究者建議：當代教師應以「自我實現，責任良師」為願景（Vision），搭配「教學、研究、輔導、服務」等四大任務（Mission），設定「專業、精緻、責任、價值」等四大核心價值（Core Value）；(3)教師實現新承諾的專業示範，要從四大承諾著力：「承諾帶好每位學生」、「承諾教好每一節課」、「承諾輔導弱勢學生」、「承諾承擔績效責任」；(4)教師像「啟明之光」，在成就知識

公民；教師像「希望之光」，在成就世界公民；教師像「溫厚之光」，在成就自主公民；教師像「智慧之光」，在成就責任公民。

三部曲：春風化雨・動能

三部曲「春風化雨・動能」共有四章：第九章「核心能力〈優化人的知能素養〉」；第十章「優勢學習〈創化人的專長脈絡〉」；第十一章「智慧資本〈激發人的動能貢獻〉」；第十二章「春風化雨〈深化人的責任績效〉」。「有能」並且「有用」，產生「動能」，才能春風化雨。是以，第九章深層探討教師及學生的八大核心能力、建構元素，以及經營要領；第十章開展優勢學習的時代意涵，揭示教師從個人優勢、學生優勢、組織優勢，學習創化新的系統品牌特色；第十一章運作「智慧資本理論」，轉動教師的動能貢獻；第十二章從春風的四個特質來描述教師之所以能夠化雨的因緣，因為教師像春風，春風送暖、春風傳知、春風有情、春風帶意。

三部曲「春風化雨・動能」闡述下列五大重點：(1)核心能力來自先天的遺傳及後天的教育學習，教師應該強化自己的八大核心能力及學生的核心能力；(2)教師自己要從優勢學習，創化自己的專長脈絡，並教育學生從優勢學習取得專長認證，協助學校經營特色品牌；(3)教師要從「有能力」、「有專長」、「願意做」、「能創價」等四大力點，經營學校師生成為有效智慧資本；(4)教師像「春風送暖」，教育有感的生命；教師像「春風傳知」，教育覺識的生活；教師像「春風有情」，教育幸福的生涯；教師像「春風帶意」，教育大用的公民；(5)新五倫及其核心價值是品德教育及情意教學的發展趨勢，初步的構念是：家人關係（親密、依存）、同儕關係（認同、共榮）、師生關係（責任、智慧）、雇主關係（專業、創價）、群己關係（包容、博愛）。

四部曲：明月長空・品質

四部曲「明月長空・品質」共有四章：第十三章「核心技術〈探究教育深層結構〉」；第十四章「創新經營〈創發教育經營世代〉」；第十五章「知識管理〈傳承教育技術能量〉」；第十六章「明月長空〈示範教育品質標竿〉」。教育的品質建立在核心技術的傳承與創新，是以第十三章明確指陳教育核心技術之所在，並分析其操作經營要領；第十四章從知識、教學、教育、經營的創新及其核心技術的討論，期待創發教育經營新世代；第十五章釐清教師個人及學校組織的知識管理，並兼重「內隱知識」及「外顯知識」的經營管理；第十六章描寫教師示範品質標竿的作為，教師像皎潔明月，像達道明月，像美善明月，像永恆明月。

四部曲「明月長空・品質」分析下列四大重點：(1)可以直接經營操作的實務知識稱為核心技術，教師要轉化運用「經營管理」、「課程教學」、「輔導學生」、「教育服務」等四個面向的核心技術；(2)當代教師要從資源設施、課程教材、教學技術、績效價值，建構創新經營新世代；(3)在教師的知識管理中，「內隱知識管理」與「外顯知識管理」同樣重要，教師也要教會學生知識管理，要協助學校（組織）管理校本經營的核心技術；(4)教師像「皎潔明月」，是學生的「常新」之師；教師像「達道明月」，是學生的「行動」之師；教師像「美善明月」，是學生的「標竿」之師；教師像「永恆明月」，是學生的「品質」之師。

五部曲：繁星爭輝・風格

五部曲「繁星爭輝・風格」共有四章：第十七章「系統思考〈交互整合新人生〉」；第十八章「順性揚才〈形優適配新希望〉」；第十九章「圓融有度〈品味價值新文化〉」；第二十章「繁星爭輝〈精緻卓越新風格〉」。教師的專業風格展現在「系統思考」、「順性揚才」、「圓融有

度」、「繁星爭輝」上，第十七章從系統思考的核心技術「觀照全面」→「掌握關鍵」→「形優輔弱」→「實踐目標」，尋繹教師的知識、教學、教育、經營新風格；第十八章詮釋順性揚才的教育意涵，以及教師經營自己、學生、同儕、學校的要領；第十九章運用新五倫及其核心價值為情意教學及品德教育把脈，並以深度、廣度、高度、角度、限度註解師道志業新文化；第二十章總結教師的師道志業與專業風格，用精緻之星、永續之星、創新之星、卓越之星來詮釋。

　　五部曲「繁星爭輝‧風格」有下列四大核心知識：(1)教師系統思考的修練，由知識系統、教學系統、經營系統、教育系統的新思考，為教師帶來交互整合新人生；(2)教師順性揚才的修練，要順自己之性，揚卓越專長之才；要順學生之性，揚優勢亮點之才；要順幹部之性，揚經營取向之才；也要順學校（組織）之性，揚特色品牌之才。順性揚才可以為學校師生帶來形優適配新希望；(3)教師圓融有度的修練，賦予生活新價值、人際新價值、學習新價值、教育新價值，形成學校師生的品味價值新文化；(4)教師繁星爭輝的修練，創發精緻卓越新風格，教師是精緻之星，教師是永續之星，教師是創新之星，教師是卓越之星，繁星爭輝，照亮臺灣教育的天空。

續曲：經營教育的副歌——沃土、養分

　　研究者在「經營教育三學」的撰寫歷程中，頗受同事及長官肯定，多所激勵，也有同事及博士生建議，除了教育經營學（給行政人員看）、校長學（給校長看）、教師學（給教師看）之外，應再增加一本「家長學」（給家長看）。尤其是當前臺灣社會「教育民主化」，學生在中小學教育階段，家長參與學校教育的經營已有法令保障，部分的中大型學校，其家長志工多達二、三百人，對學校的半專業性質之事務，助力頗大。一般家長都關切自己小孩的教育，但也都延用過去自己的教師及父母的教導方式

來教育小孩，協助小孩接受學校教育。如果有一本較正式、淺顯易懂的「家長志工教育學」，讓真正關心自己孩子教育的家長及志工閱讀，應不失為一大良策，因為家長及志工是經營教育的沃土、養分。

研究者在撰寫完成《校長學：成人旺校九論》一書，準備開始撰寫《教師學：鐸聲五曲》一書之際，決定再續譜一曲副歌——《家長志工教育學：順性揚才一六八》，並策訂綱要，從桃園的「教育學堂」及部分學校的「親職教育演講」中試講給家長參考，蒐集回饋資料，計畫於 2015 年開始撰寫。其理念系統如圖 5 所示（以家為意象）。

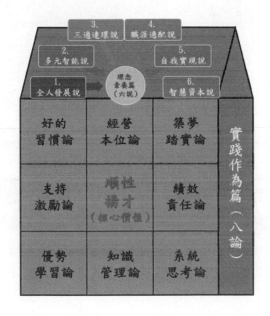

圖5　《家長志工教育學：順性揚才一六八》一書的理念系統

教師學是經營教育的基點

校長學是經營教育的軸心

教育經營學是經營教育的經緯

家長志工教育學

則是經營教育的沃土、養分

　　本書主張，家長及志工要了解一核心價值——「順性揚才」，要具備六大理念素養：全人發展說、多元智能說、三適連環說、適配職涯說、自我實現說、智慧資本說，並介紹八個實踐作為：好的習慣論、支持激勵論、優勢學習論、經營本位論、知識管理論、築夢踏實論、績效責任論、系統思考論，以建構成《家長志工教育學：順性揚才一六八》一書。經營教育之歌，需要沃土、養分長期的滋潤。

首部曲
鐘鳴大地・人師

　　教師是人師，像鐘鳴大地。人師情懷的實踐在莫忘初心、在認同教育、在歡喜成長，更在承諾力行。人師的願景抱負在扮演學生的生命之師、知識之師、智慧之師，以及風格之師。彩繪人師的軌跡，要從「傳生命創新之道」、「授知識藝能之業」、「解全人發展之惑」，以及「領適配生涯之航」等四個面向著力。教師如「晨鐘暮鼓」，是一位「時中其機」的教師；教師如「希望之聲」，是一位「事畢其功」的教師；教師如「醒世清韻」，是一位「人盡其才」的教師；教師如「師道鐸音」，是一位「才盡其用」的教師。

第一章　教育初心
〈志為人師的動念〉

「我為什麼要選擇當老師？」、「當初是什麼原因造成我要選擇當老師？」下定決心要當「人的老師」之動念，稱為教育初心。對於所有教師來說，教育初心最為珍貴，它是「欲為人師」的起動器，是「志為人師」的發動機，同時也是「實踐人師」的加油站。當下的臺灣社會是一個「現代」與「後現代」交織的世代，經濟榮景似有似無，民主進程半生未熟，價值多元、奔放沟湧，為師不易，維護師道更難，教師面對的處境與挑戰至為險峻，故有不少教師中途折翼，有不少教師可退即退，也有不少教師未受預期的認同與歡迎，為師不樂，難以傳唱教育。這些都需要教育初心的滋潤，需要「不忘教育初心」的重新啟航。

老師之所以決定要當老師，往往就是一篇生命故事，且都是一篇篇「人感動人」的故事，我們從這些故事的摘述與回顧，或許可以找回多數教師們的「教育初心」。本章為全書之首，論述說明「教育初心」旨在尋根探源，找到當年老師們下定決心要為人師的初衷，回想當時您我的雄心壯志，憶起年幼純淨的童心，思考紅塵歲月真正改變了我們的什麼？為今日士氣低迷的師道，尋找滋潤著力的空間。

本章分為四節論述說明：第一節「教師的生命故事」，介紹三位教師奉獻教育，無怨無悔的一生，作為分析脈絡的基點；第二節「人師動念的脈絡」，將志為人師的動念，解析為「標竿學習」、「感恩共鳴」、「知識價值」，以及「愛人助人」等四大脈絡；第三節「教育初心的挑戰」，敘述「核心能力」、「環境變遷」、「功利社會」，以及「專業自主」對於教育初心的挑戰與影響；第四節「人師情懷的實踐」，提列實踐人師的

要領在「莫忘初心」、「認同教育」、「歡喜成長」，以及「承諾力行」。

第一節　教師的生命故事

　　本節介紹三位當代教師的生命故事，他們都是國立臺北教育大學的畢業生，都被選為傑出校友，都是研究者的師兄弟。他們的生命故事蘊含著濃烈的教育初心，研究者特別從《芳蘭菁英錄》（國立臺北教育大學，2014）一書中選了三篇，並酌予改寫，避免使用真名，有違學術倫理。

一、堅持做對的事，用最認真、最單純的方式，來實踐教育的理想

　　張師於 1968 年出生，生活簡單，喜歡一切透明單純的感覺。國中剛畢業時，像任何一個孩子一樣，從來不懂得預測自己的未來，只因為身體不夠健壯，家人都覺得念師專沒有「一定要考上大學」的壓力，生活比較輕鬆，就這樣系統地接受省立花蓮師專、國立臺北師範學院啟智師訓、初等教育系，以及國立花蓮師範學院國民教育研究所碩士的培育，後來為了活用資訊功能納入行政體系，完成國立臺灣師範大學工業教育學系博士。

　　張師從事教育行政工作，認真地照顧老師，一如做老師的時候，就是要愛孩子。回想起來，張師很感謝多年的師範訓練，讓他深深體會到什麼是教育。當年在九所師專的制式澆灌下，幾乎建構出一致的教育模子，每一個老師都喜歡孩子，帶著一種接近宗教家情懷的「教育愛」，重視人格教育，相信教育的「可塑性」，確認人格是兒童發展過程中最重要的環節，那是陶冶一個人成為「人」的最重要途徑。

　　張師當了兩年小學老師，奉教育局借調轉向行政工作時，地方生態仍然極為人情化，有太多人際關係需要打點，應酬、社交成為工作內容中極

為重要的環節，好像做人比做事重要，此時的張師一直覺得，行政體系不太適合自己。幸運的是，剛好遇到一個「地方政府正在進步」的時代，跟著很多優秀的公務人員在學習，人際關係的重要性被淡化了，大環境愈來愈「講理」，真正做事的人便愈來愈有機會，就這樣從一名桃園縣政府教育局學管課智障輔導員，一路參加高考，歷經臺北縣教育局學管課課員、桃園縣政府教育局課員、督學、課長、代理主任督學，然後以副局長的認真敬謹，輔佐三任教育局長後，接任教育局長，每天工作都超過十二個小時；處女座的韌性，表現得很拚命。後來升任教育部中等教育司司長、師資培育及藝術教育司司長。

張師認為，如果大家不信任政府、不信任專業，社會就沒有未來。希望把教育政策透過行銷讓大眾了解，讓每一個人確實感受到「教育」的意義與內涵，希望凝聚眾人共同的關心，支持「教育」在做什麼，營造「尊師重道」的環境。讓父母盡他的深情，讓政府和老師儘可能照顧所有的孩子，讓下一代孩子以一種恢弘的氣度、溫暖的格局，站定國際立足點，強化競爭力，讓每一個人都能「像一個人般」被尊重，讓更多「人的味道」自然地流露出來。

張師是一個充滿熱血的公僕，從國小老師、特教輔導員、課員、督學、課長、代理主任督學、副局長、秘書、局長、處長、司長，始終如一，踏實認真，拚命三郎加上無可救藥的熱情，就是為了要讓下一代比我們這一代更好、更有競爭力，只要能為孩子多做一點，就奮不顧身。

二、從小學教師到大學教授，始終如一

游師和大多數的校友一樣，出身於純樸的農家，從小就立志要當老師，初中畢業後就離鄉背景，進入母校的師範教育懷抱。五年的師專生活，老舊校門口前圓環的杜鵑花叢、充滿歷史感的紅樓、令人愜心的木樓、饒富

詩意的步道，以及多才多藝的社團活動，仍歷歷在目、恍如昨日。師長們的儒者風範與諄諄教誨、同學間的切磋惕勵，至今仍感念於心。

　　游師於 1975 年師專畢業後，分發到臺北縣新莊國小服務，初為人師時的表現難免生澀。游師要感謝當時的同事們和被其教過的學生，由於他們的鼓勵和回饋，讓教學得以日益精進，並在生涯發展上找到繼續努力的目標。在六〇年代，師範校院提供的教師進修管道與名額都很少，大部分有志進修的小學教師就選擇一般大學的夜間部。因此，游師選擇了輔仁大學夜間部「英國語文學系」，經過四年披星戴月的夜校進修生涯，在 1982 年完成大學教育。二年後，適逢政府開放國小教師赴研究所進修，在家人與服務學校同仁的鼓勵下，再度以在職進修方式進入臺灣師範大學教育研究所碩士班進修。

　　游師在 1988 年獲得碩士學位後，應聘至淡江大學教育研究中心服務，從事教育研究與教學工作。在二年的任職期間，游師參與了有關大學教師評鑑、教師研究風氣、大學生批判思考、大學生學術研習風氣、大學中長程發展計畫等主題的研究。因感於研究能力與素養之不足，於是在 1990 年放下工作，重新回到臺灣師範大學教育研究所進修博士學位，主修「課程」、「教學」、「教育評鑑」等領域。在學期間，臺灣師範大學設立了「教育研究中心」，游師便在中心擔任助理研究工作，參與了有關教育政策、教育改革、課程規劃、學校評鑑、教學法影片製作等專題。因此，游師有幸得以一面獲得學術研究的歷練，一面修習博士班課程，並在 1994 年取得博士學位。游師取得博士學位後，先應聘至國立臺灣海洋大學師資培育中心擔任教育學程教授，退休後轉任淡江大學課程與教學研究所教授。

　　細數從 1978 年進入大學夜間部進修至 1994 年完成博士學位，歷經十六個寒暑，一直都是以邊工作、邊進修的方式進行。游師身兼教師、為人子、為人夫、為人父等多重角色，白天忙於教學工作或研究業務，夜間或

假日則忙著趕課業、寫論文。回首這段「三更燈火五更雞」的歲月，過程的確是非常辛苦，但結果卻是讓自我的夢想得以實現。這股類似客家人堅持到底的「硬頸」精神，從小學教師到大學教授，始終如一。

三、良師興國到敦愛篤行的北師精神

張師成長於苗栗縣頭份鎮的農村家庭，就學於斗煥國小及頭份中學。由於小學老師的激勵，初中畢業後考上臺北師專，經過五年師專培育的淬鍊，即邁向教職之路。退伍後，分發臺南市任教兩年，隨即調回中壢富臺國小任教，期間完成國立臺灣師範大學歷史系進修。1985 年調到臺北市溪口國小服務，曾參加臺北師專輔導二十學分班課程。2002 年起，又回母校教育政策研究所進修，於 2008 年獲得碩士學位。在北師成長時間最長，是重要的生命歷程，刻畫了北師精神的深刻痕跡，學習了北師人的堅持與奮進，經過不斷的交互作用與昇華，對教育經營在自我人生中占了重要的分量。

張師在 1975 年從師專畢業，開始投入教師工作，很單純的只想當一個受人肯定的老師，把每一件事完成，就是快樂的心願。二十年的教師生涯，歷經級任、科任、組長及主任職務。其間並曾擔任音樂社團指導、手球和排球隊教練、教育部全民運動輔導員、體委會全民運動 A 級和 B 級輔導員，獲得許多指導及參加獎項之鼓勵，留下深刻的經驗與肯定，也成為激發其成長與投注的最佳動力，而常以「凡事從實踐中獲得經驗，從經驗中追求理想」自勉。由於許多長官提攜指導與同儕激勵協助，才得以在工作中不斷成長，所以也經常以「常懷感恩心，常思關懷意，永享歡樂情」自勉，期許把該做的事做好。其間的經驗，例如：級務處理的常規管理、班級自治、親師溝通、環境布置等；教學方法的運用、教案敘寫、媒體運用及評量的實作經驗、批閱作業技巧、出題的技術和成績的通知與運用等；

這些經驗都是擔任校長參與教師團隊運作的信服基礎。

張師曾擔任臺北市志清國小、大安國小、仁愛國小校長共十八年，一路走來，在師長及師傅校長的引導下，確立了教育工作的信念；確知教育是維護人類命脈的清流，教育是服務高於報酬的行業。深信把教育當職責，則盡心盡力；把教育當志趣，則甘之如飴。期許自己是「深耕者」，猶如篤農，深掘耕土，扎根穩固，勤於灌溉，讓幼苗茁壯成長，而成為繁茂的大樹。希望透過愛人如己（待人——人人互尊、良性互動，最是窩心）、盡心盡力（任事——事事關心、不掉以輕心，才能安心）來達成這些心念，而這也是北師精神「良師興國」與「敦愛篤行」的具體實踐。

第二節　人師動念的脈絡

教師的生命故事還有很多很多，探討「教育初心」可以回憶當年的「理想抱負」，更可以檢核今日「自我實現」的程度，如果我們始終如一，我們就是充分自我實現的教師；充分自我實現的教師，必然是優秀卓越的教師，自我快樂滿意，學生家長也滿意、認同、尊敬。我們同時也是學校及國家有效的智慧資本，我們教出來的學生，在各行各業中均能人盡其才、才盡其用，我們教育的效能、效率，就是國家社會百業興隆的基石。

如果我們今日的表現，與當年的「教育初心」落差太大，在我們反省思考時，我們可能就這樣過了一生，我們甘心、甘願嗎？我們對得起自己、對得起國家社會嗎？更重要的是，我們對得起教過的學生嗎？我們是否要重新體認生命願景與教育志業，建構自己的「教學標準」，思考這一輩子應有的「教育產品」。運用「志為人師的動念」，再一次努力彩繪自己的教育志業。「教育初心」的故事，可以分成四大脈絡：「標竿學習」、「感恩共鳴」、「知識價值」，以及「愛人助人」，說明如次。

一、標竿學習：效法師長風範

　　很多老師之所以決定要當老師，常是一種「標竿學習」，也就是要學習他（她）心目中「良師」的風範，被教師的風采吸引，欣賞教師在自己的教學歷程中，所帶來「共同探討知識」的喜悅。師生互動時，對教學產生的「價值與意義」，教師帶著學生一起體驗知性、感性、文化教育活動中，散發出來「傳道、授業、解惑」的身教和言教風采。「標竿學習：效法師長風範」是多數教師的「教育初心」——志為人師的動念。

二、感恩共鳴：回報師長輔助

　　有些教師之所以一輩子信守師道，是為了報恩，這些教師的為學歷程十分坎坷，從小學到國中（初中）、高中、大學，受到很多老師的特別幫忙與協助，沒有這些師長的「教育愛」與「關照能」，他們不可能完成「大學學業」，不可能修畢「教育學程」，也不可能通過「教師檢定」與「教師甄試」。為了回報師長輔助，對於師長們的「教育愛」與「關照能」產生感恩共鳴，覺得「良師助人」最有價值，而立志傳承師恩衣缽，決定做一輩子教師，並信守師道，回報給國家社會。更重要的是，效法良師精神，全力照顧弱勢學生，輔助拉拔需要幫助的有緣學生，全面發揮「教育愛的傳承與實踐」及「關照能的培育與篤行」。

三、知識價值：體認知識傳遞的人生價值

　　教師的主要職能在於人對人的「知識傳遞」，部分教師之所以決定當一輩子教師，在於個人體認到「知識傳遞」歷程本身的重要性與價值性，也可以說對於「知識傳遞」的要領掌握最有心得，覺得投入「教育事業」可以「良師興國」，教會所有的學生，讓學生都很快地學會關鍵知識與技

能，畢業後能夠發揮知識藝能專長，謀求自己幸福，同時報效國家社會，何樂而不為。這些教師的「教育初心」通常發生在中小學階段學習最優秀、名列前茅的學生上，他（她）們在學習知識的歷程中，比一般學生容易找到學習的關鍵與要領，並能夠從同儕互動中，體認到「教與學」的樂趣與價值，而立志要一輩子做為「傳遞知識技能」的良師。

四、愛人助人：歡喜幫助學生成長

喜歡人，樂於看到小孩從幼稚邁向成熟過程的人，往往會選擇要當老師。因為他（她）看到學生，就會想到人可愛的一面，他喜歡遇到的所有學生，學生是可愛的、純潔的、充滿希望的。這些老師不但立志要當老師，並且認為只要愛小孩，教導他們應備的知識與好的習慣，每一位學生都可以發展成「成熟人」、「知識人」、「社會人」與「獨特人」；只要每位教師善盡本分職責，我們的教育就可以帶好每一位學生。學生是國家未來的希望，歡喜助人成長，可以奉獻心力志業在教師的行業之上。「歡喜助人成長」是搭建教師與學生之間的橋梁，更是「教育創新、國家希望」的動能因子。

人師動念的脈絡不只前述四項，還有更多更多，前述四項都是積極正向層面，也多為從小「發心」，這些「教育初心」彌足珍貴。也有部分的「教育初心」來自「消極遁世」或者「志趣轉變」，然後從此投入教育事業，難以自拔。1994 年《師資培育法》頒布，國家師資培育政策，由「計畫培育」改為「開放多元培育」之後，各公私立大學爭相申辦教育學程，一般師範大學及師範學院除了教育部原核定之師資生外，亦開辦（增辦）「師資班」，招收原本大學畢業生回流修讀「教育學程」，取得中小學教師資格。研究者曾教到幾位一般大學畢業，從事金融、股票、基金投資行

業多年的師資班學生，他們的確賺到可觀財富，但因起落風險過大，有的見好就收，有的「差點嚇破膽」，金盆洗手，志趣轉變，轉而考取師資班，修習教育學程，將生命志業與願景，轉為「人教人」的教師工作。他們說：奉獻心力，直接幫助學生的成長所獲得的薪資報酬，比什麼都實在。就生命的意義與價值而言，「人教人」所創發的成果價值，最有意義、最有尊嚴，研究者常鼓勵他（她）們：「教育初心」無論來自「純淨的童心」，或是來自「塵緣的醒悟」，都是教師們「教育使命」最可貴的資產，值得這一輩子珍惜。

第三節　教育初心的挑戰

　　有不少「教育初心」濃烈的儲備教師，卻一直無法順利當上正式教師；也有不少正式教師，當上教師時日一久，就忘了「教育初心」，當起「不太像教師的教師」；更有一些教師，日復一日、年復一年地擔任教師，教育使命日益退色，教育像撞鐘，每天能聽到的鐘聲日益微弱。還有一些教師，接近了「不適任教師」的行列而不自覺，家長與學生已經不滿意他的教學，但卻自我感覺良好。教育初心的挑戰分為四類：「核心能力未符標準」、「環境變遷良機不再」、「功利社會淡化教育價值」，以及「專業自主過度保護」，概要說明如次。

一、核心能力：基本素養未符標準

　　有不少還沒當上正式教師的儲備教師，雖然他（她）們志為人師的初心濃烈，但始終沒有真正實現，從未成為一位正式的教師，最後放棄了、轉行了，不再南征北討，過著類似「遊牧民族」的甄試考驗。或許他們會抱怨，政府為何會「開放得如此徹底」？為何儲備教師的數量會像「學運」

般吸引人？每一次甄試的名額有限，但動輒數千數萬人參與，而每次錄取的「都不是我」。用學理來說明此一現象，主要在當事人的基本素養（核心能力）未達國家的相對標準。目前要成為正式教師者有兩大關卡：第一關要通過國家辦的「教師資格檢定考試」，這是統一標準，未通過者，連「儲備教師」的資格都沒有；第二關要通過地方政府或學校自辦的「教師甄試」，這是相對標準，依考科及缺額擇優錄取，只有基本素養（核心能力）評比結果符合個別相對標準者，才能被錄取為正式教師。

基本素養（核心能力）是會流動的，從內隱知識的立場來看，教師的內在核心能力水準，我們稱之為「基本素養」；從外顯知識的立場來看，教師的外在基本素養為表現水準，我們稱之為「核心能力」，兩者是一體兩面，交互為用。部分的正式老師，其基本素養與核心能力原本不錯，但「教」與「學」數十年如一日，「核心知識」與「方法技術」形成一種制式化循環，沒有隨著時代需求與社會變遷，適時調整改善，逐漸不能符合學校本位的「相對規準」，例如：缺乏自編教材、無法使用數位教學媒體，只好可退即退，早日離開「人師」舞台。

二、環境變遷：因緣際會良機沒來

基本素養（核心能力）未達標準只能解釋「教育初心」沒有實現的部分原因，尚有其他因素，其中「環境變遷，因緣未聚」也是主要的緣由之一。自 1994 年開始，「師資培育的大環境」改變，受到三股勢力的推擠：(1)少子女化的趨勢日益嚴重，學校就學學生日益減少，教師需求量相對減少；(2)大學的「教育學程」及「師資培育中心」變成一種流行，國立私立大學及科技大學競相籌設，只考慮「有」與「量」的數量，沒考量到「質」與「能」的培育；(3)地方政府為管控少子女化帶來的「超額教師」之分發問題，採行「遇缺不補實，暫聘代課教師」政策，而形成「超量培育」×

「需求驟降」×「政策調控」的多空交戰環境，部分原本尚有機會當上正式教師的儲備教師，挨不過此一環境變遷的挑戰與考驗，而放棄了崇高的「教育初心」，不再等待。

部分的正式教師，原本的「教育初心」充滿著某一專長藝能的理想抱負，但在學校的實際教育場域，並沒有完整的實現。真正的原因也是環境因素，其服務的學校沒有（或不適合）其優勢專長發揮的舞台，他（她）也不便（或不能）創發教育上的特色品牌，伸展理想抱負。「教育初心」的實現充滿著挑戰與考驗，在每位教師辛勤耕耘的同時，也需要領導人的認同支持，營造環境，創發舞台，因緣匯聚，才能充分自我實現，成為有效智慧資本。

三、功利社會：經濟價值凌駕束脩

1990 年前後，是臺灣經濟奇蹟最鼎盛的階段，公教人員當時的薪水受到「百業興隆」的淡化，很多人擋不住經濟價值的誘惑，淡忘了「教育初心」，轉行追求更高待遇的行業，擴大了原本定量的師資需求，造成更為龐大的教師荒，也間接孕育了 1994 年《師資培育法》的「多元師資培育」政策。功利社會、市場價值取向，隨著國家經濟發展的程度，循環式地、周而復始地衝擊著老師們的教育初心；時而淡忘、離它遠去；時而回首復得，緊抓不放。

股票與基金市場常有「暴利」可圖，部分軍公教人員也把部分的積蓄投資股票或基金期貨，偶有高利展獲，往往超越了個人平時辛勞累月的薪水，誘使部分軍公教人員，在上班的同時也戴上耳機或藉機觀看電腦銀幕，關心股市的漲跌情形。國際金融消長的最新趨勢，讓原本清純高潔的軍公教人員，也期待著賺取「機會價值」，影響了正常教學，也遠離了「教育初心」。也有部分的教師，在股票與基金市場嚴重虧損之後，再猛然醒悟，

把心回到了教育現場，全部用在學生身上，「功利社會」、「經濟價值」是挑戰「教育初心」最為厲害的殺手。

四、專業自主：尊重禮遇形成消極退色

還有一個極端弔詭的因素——「專業自主」，其淡化了教師們的「教育初心」。中小學教師及大學教授的「專業自主」受到法律的保障，在所有的課程科目中，教師授課擁有完全自主的專業授權，用當代最白化的語言來詮釋：老師高興怎麼教就怎麼教，誰也管不著；只要學生滿意，家長沒有反對意見，教師就擁有「專業自主」的禮遇。唯此一尊榮禮遇，沒有「教師評鑑」的配套，長期以來形成了「教學歷程與成果」無人過問的景象，一般教師有恃無恐，日漸荒廢教學歷程的經營，教育品質參差不齊、時好時壞；「教育初心」不再出現，教書就像「和尚撞鐘」，並且已成為心不甘情不願的撞鐘，當年的豪情壯志不再，理想抱負也飛到九霄雲外。弔詭的是，「專業自主」原本是在禮遇教師的尊貴，放手給教師們優勢亮點的盡情施展，沒想到反而成為保護消極退色的緣由。

「專業自主」的美意也弔詭地變成今日「拒絕教師評鑑入法」的重大理由之一。事實上，正確的原理闡述是：「專業自主權」的維護與擁有，需要「教師評鑑機制」的支持與認定，唯有定期通過「教師評鑑」的教師，才能擁有不受任何干預的專業自主權。「評鑑」是一種美學，通過評鑑歷練的教師代表自己的專業表現水準達到國家標準認證，是教育品質與尊嚴的象徵，也是「專業自主權」的美學基石。

第四節　人師情懷的實踐

「志為人師的動念」多采多姿，也遭受到多元的干擾與挑戰；教師也是人，人都喜歡快樂安逸，有時在安逸中便會逐漸淡忘「教育初心」。人都喜愛提高生活物質的享受，有能力轉換跑道以追求更高價值待遇時，也有部分教師調整志趣理想與抱負，取代當年的「教育初心」；也有部分老師的「教育初心」長期不減，但是自己的基本素養（核心能力）與時代環境的變化，始終沒有出現「適配搭調」的機緣；有的沒有成為正式教師，有的淪為不適任教師，形成了變調的「初心」。

人師情懷的實踐，需要毅力，更需要長期經營。「毅力」指兩大重點：「莫忘初心」與「認同教育」；莫忘初心以維護自己對教育的理想抱負，認同教育、相信教育是經營國家希望的源頭。「經營」也包括兩大重點：「歡喜成長」與「承諾力行」，看到學生歡喜成長是堅定教育志業的高尚價值；承諾力行是新時代教師的使命，教師要承諾帶好每一位學生，並要求自己實踐力行，彩繪人師的情懷。

一、莫忘初心：註解人師的意涵

「我為什麼要當老師？」、「人師的定義是什麼？」、「已經身為人師的我，是如何註解人師的內涵？」或許大家的經驗背景差異大，大學與師院教育的過程多元豐富，文化意識、價值取向、觀點看法會有不一致現象，但回歸「教育初心」，應是註解人師意涵最直接而具共識的著力點。大家的教育初心在「標竿學習：效法師長風範」，在「感恩共鳴：回報師長輔助」，在「知識價值：體認知識傳遞的人生價值」，在「愛人助人：歡喜幫助學生成長」。

莫忘初心，註解人師的初始意涵，可以增長永續經營教育的毅力。當

前的教育環境多空交戰，為師不易，需要毅力支持，才能永續深耕。教育整體環境面對的挑戰是：(1)教育民主化：中小學學生家長直接參與校務經營，成為民主化顧客導向的教育；(2)市場自由化：理論上學生應按學區就讀，但家長及學生擁有完整的教育選擇權，沒有被認同的學校，要面對市場自由化挑戰；(3)對象少子化：整體就學生源驟降短缺，學校整併與增額教師形成新的挑戰；(4)品質功利化：家長的教育價值觀停留在「明星學校」與「升學率」表現，漠視提升中段、後段學生品質的教育價值；(5)思潮後現代：多元價值訴求，學校的課程設計與教學歷程必須順應融合，形成更大壓力。這些險峻的教育環境，當時的「教育初心」不一定會想到；但「不忘初心」正是考驗淬鍊的基點，是培育「毅力」的源頭，教師朋友們在教育的路上，在挫折難過時莫忘初心，能重新註解一下人師的意涵，或許就是繼續「樂為人師」的藥引。

二、認同教育：闡揚教育的光亮

「做一行，怨一行」是勞動階層人員的通病，也是職業未專業化的本質，但不應該出現在公教人員身上。公教人員身分的取得均需嚴謹的「專業程度」考驗，通過高普考試，才取得公務員資格；通過「教檢」及「教師甄試」（千百中選一）才能取得正式教師資格。教師的行業，本來就是「專業」、「尊貴」的行業，待遇比公務人員的平均所得高一成至二成，原本社會地位與聲望十分崇高。但由於臺灣社會長期以來對於「教育改革」的期望過高，教育政策與教育機制的調配未得要領，今日「教師的社會地位」大不如前，使得任教二十年以上的資深教師很不習慣，覺得「尊榮」與「尊嚴」落差太大，不如「可退即退」，跳脫「不夠友善」的教育環境。

「時代需求」與「社會變遷」對於教育人員是一大挑戰，教育行政人員必須規劃妥適的教育政策與教育計畫，調整教育機制以「順應整合，精

緻發展」。教師必須重組「世界變遷的文化村」成為「課堂教學的教育材」，實踐「課程統整」，教導學生符合時代性的「核心知識」，學會足以「生存發展」的「知識藝能」。挑戰愈大，愈證明教育功能的光與亮，唯有「教師們」善盡本分職責，運作新教育機制（如十二年國民基本教育、一至十二年級學生基本能力檢測制度、教師評鑑），帶好每一位學生，才是重拾「專業」、「尊嚴」的唯一途徑。認同教育，回到教育本業，闡揚教育本質的光與亮，才能永續深耕人師的情懷。

三、歡喜成長：欣賞教育的價值

教師的最大價值在於看到自己教導的學生順利成長，發展為「成熟人」、「知識人」、「社會人」，以及「獨特人」，在邁向成熟化的歷程中，需要身心健康，順利躍升關鍵期的「成熟標準」；成為知識人更是一種教與學累增的歷程，每一個年級、每一階段的教師都要歡喜看到學生當下獲取知識的雀躍。社會化的歷程更需要人際互動的學習與情感表達的練習，也需要情操的滋長。獨特人是學生自主風格的形塑，我們都期待學生本身是一個社會人，同時也是獨特人，能夠在當下的社會環境中，獲得認同與尊敬，同時也具有自己的生活品味與風格，而不只是隨波逐流的一分子。

歡喜學生的成長、欣賞教育的價值，將認同的對象調整為學生的「人」及教育的「事」，人與事的交集（教育工作）才是有意義、有價值的。教育在教人之所以為人，而人之所以為人在於活得有意義、有尊嚴，以及有價值；學生的發展是有意義的，他為國家帶來希望；教育更是有價值的，它在傳承創化人類的生命史及文化史。每一個世代都需要教育的傳承創化功能，有了教育，人類得以綿延千萬代，有了教育，人之所以為人的意涵與價值，皆可得到妥適的詮釋。教師歡喜學生成長，欣賞自己從事教育工

作的價值，是滋養自己理想抱負的潤滑劑。

四、承諾力行：實踐人師的情懷

「新世紀、新教育、新承諾」是 2010 年第八次全國教育會議揭示的「共同願景」（Vision），也出現在 2011 年的《中華民國教育報告書：黃金十年、百年樹人》中。「新承諾」是什麼？為什麼辦教育需要教育人員（教師）的新承諾？難道過去的教育人員有「承諾過什麼」，現代的教師才需要「新承諾」？研究者親身參與了第八次全國教育會議，也詳細研讀《中華民國教育報告書：黃金十年、百年樹人》，近年在博士班及碩士班的課程，也都要求研究生必須仔細研讀並詳加討論。使「教師的新承諾是什麼？」得到最深層的意涵與價值探討。當代的教師應有三個承諾：承諾帶好每一個學生、承諾實踐教育的核心價值、承諾接受教師評鑑，以維護階段教育品質。

「帶好每位學生」是社會大眾對教師與教育人員最深層的期待，也是當下教育人員的共同願景；唯有教師本身的承諾力行，才會變成有效的動能貢獻。「教育的核心價值是政策與措施的動力元素」，國家揭示「精緻、創新、公義、永續」是所有教師教育學生的底蘊方針，教師的承諾才能展現政策與施政的價值意涵。「教師的品質與評鑑」可以帶來教師表現的「品質標準」認證，找回教師的專業與價值。教師承諾接受教師評鑑，是一種「生命美學」的詮釋，值得所有教育者認同，永續經營自己的教育志業。

第二章　師涯願景
〈構築人師的抱負〉

　　志為人師的動念、探討教育初心的價值，是我們所有教師最為珍貴的資產，別的行業人員很難會有如此珍貴的資產。本章「師涯願景」旨在銜接「教育初心」之後，探討「構築人師的抱負」。每一個人活著的一輩子，都會有自己的「生命願景」，身為教師者，我們的生命願景是什麼？我們的生命願景可以是什麼？我們的生命願景又該是什麼？個人生命願景的建構必須與其所隸屬的組織任務結合，力求一致，在組織中實踐生命願景，才具有最崇高的意義與價值。教師隸屬的組織系統是「學校」，承擔的使命任務是「人教人的教育工作」，教育工作的目標是「教人之所以為人」。是以，師涯願景就是構築良師的理想抱負，此一理想抱負的施展對象就是我們所教到的學生。我們從「角色責任」的觀點來看「師涯願景」，研究者主張：教師要扮演學生們的「生命之師」、「知識之師」、「智慧之師」，以及「風格之師」等四大角色責任。

　　本章分為四節論述，說明教師生命職涯的四大願景，這四大願景就是教師面對學生時，教育職涯的理想抱負。第一節「生命之師」，闡述教師如何帶著學生「註解人生意義價值」、「養成好的生活習慣」、「開展學習優勢亮點」，以及「追求階段自我實現」；第二節「知識之師」，說明教師扮演成功知識之師的要領，包括：「教學核心知識」、「示範學習要領」、「帶動知識螺旋」，以及「實踐知識管理」；第三節「智慧之師」，論述教師教導學生從知識學習提升至智慧學習的要領，包括：「學習創新知識」、「布建資源網絡」、「教導人際技巧」，以及「擴展團隊動能」；第四節「風格之師」，描繪教師的四大風格：「專業自主教師」、「自編

教材教師」、「課程統整教師」，以及「績效價值教師」。

第一節　生命之師

　　教育工作是一種「人教人」的工作，教師的任務最崇高的註解是「生命感動生命」之歷程。教師教導學生，必須專業示範，帶領學生學習；必須從生活札根，學會規律生活；必須註解生命意涵，賦予人生價值；必須配合認知發展，學習知識藝能；必須認定階段任務，促其自我實現。用教師自己的生命經營，感動其任教學生的生命成長歷程，稱為生命之師。作為學生的生命之師是教師的第一個「師涯願景」，同時也是很重要的角色責任。

一、註解人生意義價值

　　人的生命是可貴的，人為萬物之首，我們人類的珍貴在於「會動」、「有理性」、「可學習」、「用知識智慧生活」、「創造文化文明」。人的一生很有意義、很有價值，我們應該珍惜生命，發展生涯，成就人生目標，賦予生命的精采與價值。

　　人是有理性的動物，其所以能夠成為萬物之首，主要在於「幼稚期長」，以及「知識學習」的「傳承創新」。幼稚期長代表人類身心靈的成熟是漸進的、逐步發展的，也是邊發展邊學習的，而學習是為了順利發展，我們可提供適性的學習機會與資源，但要避免揠苗助長。所謂「幼稚期長，可塑性大」是指學習得夠長夠久，可塑性才夠大。

　　「學習」伴隨著人的一生，教師的神聖職責在協助學生「有效學習」，透過各種教學歷程，教導學生當時（發展階段）應備的核心知識與技能；學生學到「知的雀躍」、「情的共鳴」、「意的提升」、「樂在學習」。

學習能累增知識意能與智慧，人用知識智慧發展生涯，傳承文化、創新文明，註解自己豐富多彩的人生。每一個人的一生都不會一樣，每一個人的一生都是具有「個殊價值」的人。

二、養成好的生活習慣

教育要從「好的生活習慣」開始，我國心理學家柯永河先生曾出版《習慣心理學》一書，認為一個人「好的習慣」多於「不好的習慣」就是健康的人。學生從小到大、從幼稚到成熟，生理與心理的健康發展最為重要，養成好的生活習慣，才能確保學生健康的成長與發展。好的生活習慣主要有三個部分：好的日常生活習慣、好的學習生活習慣，以及好的人際習慣。

好的日常生活習慣，指每一個人的「食、衣、住、行、育、樂」生活的好習慣，除了要規劃滿足其基本需求外，也要指導其養成「定時」、「定量」及「規律」、「計畫」的生活好習慣。在好的學習習慣方面，教師應指導學生，使其能夠「專注學習（好態度）」、「單一學習（好對象）」、「容易學習（好難度）」、「效率學習（好心得）」、「優勢學習（好選擇）」，以及「成功學習（好成果）」。在好的人際習慣方面，教師應結合家長，激勵學生養成「說好話（激勵共鳴）」、「做好事（服務助人）」、「存好心（積極正向）」，以及「日行一善（實踐力行）」的好習慣，增進人際關係，奠定健康生活的基石。

三、開展學習優勢亮點

每一個人的生命故事都不一樣，且都建立在「成熟」×「理性」×「學習」三者交織的成果。好的生活習慣確保人的生理及心理健康成長，邁向成熟。「知識藝能的學習」則為開展人生內涵與價值的起點與歷程，學習的成果愈豐富多元，生命愈為精彩繽紛；學習的程度愈為專業高層，創發

的生命價值愈為獨特而難以取代。學習的歷程與結果，往往決定一個生命意義價值的廣度與深度。

Howard Gardner 於 1983 年發表多元智能理論，主張每一個人的潛在學習因子（智能因子）有七至八種，每一個人的智能因子大小與結構都不一樣，教育的歷程應當誘發學生個人的「相對優勢因子」，使其「優勢智能明朗化」，相對優勢智能得致充分發揮，例如：選讀適配的大學科系以及選到最適配的職涯志業，則行行可以出狀元。教師扮演學生的生命之師，其第三個要務，要能開展學生的學習之路，尤其是舖建學生的優勢亮點的學習之路。

四、追求階段自我實現

自我實現的人生是一個人生命最大的意義與價值，教師本人要扮演自我實現的人（立志要當人師、良師，現在也真的是人師、良師），也要幫助學生自我實現。學生的自我實現可分為兩種：「一次性」的自我實現與「階段性」的自我實現；一次性的自我實現指終身志業的目標（例如：當工程師、公教人員、飛行員、機長、法官等）；階段性的自我實現只達成階段性的學習目標（例如：段考成績平均 85 分以上、參加運動會田徑賽入選、成為排球校隊、參加合唱團演出等）。教師指導學生追求階段性的自我實現，可以幫助學生在學習生涯中，彩繪自己的生命色彩，由平時成功滿意的學習，激勵後續大步向前的動力，故階段性的自我實現是建構終生志業目標的追求。

第二節　知識之師

　　教師的第二個生命願景，是扮演知識楷模，作為學生的「知識之師」。廣義的「知識」泛指「認知」、「情意」、「技能」的綜合學習。教師的工具性職能在「知識傳遞」的教與學，對教師而言是「教學」，對學生來說是「學習」，教學與學習都在規劃設計，安排操作「知識的傳遞」。本章以「知識之師」來描繪教師的職涯願景，因為每一位教師都期待自己成為「知識傳遞的大師」。

　　知識之師（或稱為知識傳遞的大師）具有三個意涵：(1)教師自己擁有豐沛的知識；(2)教師很會教學，能從教學歷程傳遞知識；(3)教師引導學生很會學習知識。就第一義而言，要從教師本身的研究成果與著作觀察；就第二義而言，要從教師的教學現場表現觀摩，看教師的教學方法與數位媒材的統合程度，以及核心知識「傳遞轉移」的程度；就第三義而言，要從學生學習成果表現觀察，看評量、成就與學習作品的水準。大專校院的教授重在第一義，中小學教師本身重在第二義，當代的潮流趨勢則重在第三義。本章以第三義為主軸，論述教師扮演「知識之師」的經營要領。

一、教學核心知識

　　教育的成敗與否，在於各學門的「核心知識」是否真正的由「教師」觸發，並流動轉移到「學生」身上。核心知識的掌握愈有系統，學生的學習成果愈為明確豐碩，教育的競爭力也才能夠明顯看得見。教師要成功地扮演「知識之師」，首先要掌握核心知識的教學，務必要在每一單元的教學過程中教導學生，並讓學生學會該單元的核心知識。

　　核心知識的教學是可以經營的，教師們可參照下列幾項作法：(1)備課時，能針對教學單元，條列核心知識與主題（如每一單元有三至五個主

題）；(2)思考核心知識主題最佳的教學方法，或學生的最佳學習方法；(3)考量核心知識主題的先備知識與深層結構，預為準備，提供給學生系統結構（邏輯順序）的學習；(4)設計多元評量核心知識的精熟程度，並設定通過標準；(5)必要時，預為準備核心知識的補救教學教材。

二、示範學習要領

「專業示範」是教育工作最重要的特質之一，教師教導學生學習核心知識，就是一種專業示範的過程。教師示範的作為愈有要領，學生愈容易學習，也愈快習得核心知識或應備之藝能。過去教師們的專業示範都重視在「如何教學」，現在則轉移到「如何學習」，從「學習型社會」及「學習共同體」、「教育翻轉」的趨勢觀察，教師在教學核心知識時，如能兼重學生學習要領的掌握，專業示範給學生觀摩、了解，應是最符合時代需求的教學方法。

專業示範學習要領，有四項作為可以參照：(1)分析核心知識主題的系統結構，讓學生容易掌握知識藝能主體的全貌與重要元素；(2)編序學習步驟與標準程序，避免嘗試太多錯誤；(3)實施適度分組群組學習，誘發團體動能，提高學習效率與品質；(4)善用學生示範，並要求全班學生均有輪流擔任學習要領的示範任務。

三、帶動知識螺旋

人的知識分為兩種：「內隱知識」與「外顯知識」。內隱知識存在於人的身體之內，但是看不到、摸不著，有人說存在頭腦，所以有「智多星」的描述，有人說存在肚子，所以有人「墨水多多」。「外顯知識」指看得到的知識，例如：教學時使用的「投影片」（PPT）、「書籍文字」、教師的「說明」、「舉例」等，都是看得到、聽得到、感受得到的知識，這些

都是「外顯知識」。所有的「教」、「學」，與學術研討活動，都是一種「內隱知識外部化」與「外顯知識內部化」的交互整合作用，此一交互整合作用稱之為知識螺旋（knowledge spiral）（Nonaka & Takeuchi, 1995）。知識螺旋作用帶動參與者的「知識基模系統重組」，學習型組織理論稱之為「改變心智模式」。知識螺旋是知識管理的核心技術，能促進個人增能、團體增能，也是提升組織整體競爭力的教育法則。

教師帶動學生產生實質知識螺旋的要領，可以參照下列幾項作法：(1)建置知識分享平台，增加師生之間的對話機會：如班級學科網頁及討論專區的經營；(2)布建班級群組學習系統，運作學習共同體優勢：如班級成立多元分組形式與運作模式，增益核心知識及核心能力的團隊學習效果；(3)建立半強迫分享機制：以半強迫分享，觸發學習者的知識基模系統重組，並予以表達；(4)多用討論式教學：中小學學習共同體的分組討論與大專校院碩博士課程的討論對話，都是促進「知識螺旋」及「知識基模系統重組」最根本的方法。

四、實踐知識管理

教師扮演「知識之師」的角色責任，應當做好自己的知識管理。實踐知識管理有三個層次的意涵：第一個層次是指個人學會很多知識藝能，將這些知識藝能管理在自己的身體內在（內隱知識），並且隨時可以使用（外顯知識）；第二個層次是指藉助科技化工具，將重要的知識系統儲存，方便隨時輸出重組運用；第三個層次是指學校（組織）將教育的核心知識與核心技術，運用環境整備及科技媒材，系統布建儲存，成為「教」與「學」的資料知識系統，方便教師（教）與學生（學）的「知識基模系統重組」。

就教師而言，實踐知識管理的重點包括：(1)掌握教材主題核心知識；(2)使用自編教材教案；(3)精進主授領域教學及班級經營計畫；(4)研發核心

知識的最佳教學方法；(5)留存學生學習成果樣本。就學生而言，實踐知識管理的重點工作包括：(1)盡量常態選課，循序學習；(2)上課專注學習，當下學會；(3)按時完成作業習作；(4)製作學科學習檔案，留存完整學習紀錄；(5)參照展示學習成果；(6)建置自己的學習成果網頁（系統整理核心知識）；(7)主動參與各類教育競賽活動（深化學習成果與知識運用）（鄭崇趁，2012，頁289）。

第三節　智慧之師

　　廣義的知識意涵包括「資料、資訊、知識、智慧」四者，「知識之師」是指一位良師帶著學生，有效學習前三者的知識，不但教師自己是「知識人」的代表，他教過的學生也很會探索知識，每一個學生也都有符合其年級階段的「系統知識」。「智慧之師」則更進一步，能用學習到的（或已經擁有的）知識，妥適地表現在人生的經營層面上，經營事業主體與人際關係，並獲致滿意豐碩的成果，此稱之為智慧之師。智慧表現在「做事」與「做人」的績效認同之上，愈被認同者愈有智慧；因此，智慧可以說是為人處事適時、適地、適力的績效表現。

一、學習創新知識

　　知識的創新統稱為「智慧」，智慧是教師與學生共同追求的願景之一。師生之間的「知識探索」，都期待不只停留在「知識本身」而已，師生都希望能夠「創新知識」，成為「有智慧的人」。是以「多元智能理論」（multiple-intelligences theory）部分學生直接翻譯成「多元智慧理論」，我們的手機能夠聯絡多重知識系統功能者，就稱之為智慧型手機；運用現代資訊科技及教材教具的組合教室，就稱之為智慧型教室，或者未來教室。

知識是指對人類有益處及有價值的「系統資料」或重要的「資訊系統」；智慧則指知識的創新與升級，能為人類的智者所用，且為人類帶來更高價值的知識。

　　學習「創新」本來已經學到的知識，是開發智慧的泉源。教師是學生的智慧之師，教師帶領學生學習創新知識的要領，可嘗試下列幾項作法：(1)重視作文及寫作教學：寫作是知識基模系統重組的最佳表現方式，因寫作本身就是學習創新知識；(2)課堂上充分提供學生口語表達機會：多採問題導向教學法，並要求學生完整表達自己的看法與主張緣由，啟發多元學習創新知識；(3)要求各領域學習成果，多以實物或操作型教育產品呈現：實物及產品常成為知識創新的成果；(4)舉辦系列創新知識（教育）競賽活動：多辦創新競賽活動，觸發知識創新的團體動能，也讓潛在的知識創新有出口的舞台。

二、布建資源網絡

　　創新知識不是無中生有，而是對既有的知識產生新的連結，或者發展知識本身「新的關係」。是以學校教師及學生要能持續創新知識，有必要為教師及學生布建「專門而豐沛」的知識資源網絡系統，提供教師「創新教學」所需，也提供學生「創新學習」基礎。當代的學校要有「資訊化（數位）圖書館」，方便師生進行數位學習，也要建置各領域教學（學習）資料庫、重要方案（計畫）的資源系統，以及學校核心技術（如校本課程、特色課程及出版品）資源系統。

　　就教師個人而言，要對自己授課責任及導生班級，布建學生最佳的學習資源網絡，例如：在班級（學科）教學網頁，揭示班級經營計畫、授課教材綱要、相關學習資訊及主要資料庫串連系統、授課主題核心知識討論區，以及學生心得分享平台，激勵學生「主動」、「系統化」的學習，並

藉由「心得分享」創新知識，充實智慧。

三、教導人際技巧

　　愈被認同的人愈有智慧，人與人相處共事，除了要有能力，可以把組織任務（做事）達成之外，與同仁及長官互動的人際技巧更為重要。人際互動合宜，同仁及長官才會認同個人在組織中的「表現」與「地位」，被名符其實的價值認同就是人際智慧的象徵。人際互動的智慧也是一種人與人相處的技巧，人際技巧也是需要學習的，教師智慧之師的扮演，亦應適度教導學生學習人際技巧。

　　教導人際技巧的要領，可以參照下列幾項作為：(1)培養學生正向人際態度：如某一小學校長，揭示學校好兒童的精神是「認真、負責、愛整潔、守秩序、幫助同學」；(2)推動三好校園：「說好話、做好事、存好心」雖是宗教結合教育的策略，然的確是人際技巧的好基石；(3)強化童軍日行一善的精神：學會實踐力行服務助人，營造優質人際關係；(4)規劃各類「群組學習」的個別角色功能：在各種學習情境中均有被認同的助人服務表現，才得以累積成高價值的人際智慧。

四、擴展團隊動能

　　智慧之師代表一種「適力經營（不須過於勞累）」而有卓越優質的「教」與「學」成果，教師能找到有效教學的著力點，而學生的群組學習，能夠充分擴展團隊動能，個個有豐富的學習成就，人人有亮點，班級就能成為一種「繁星爭輝」的景象。從「團體動力學」的學理來註解「智慧之師」，就是能夠充分擴展學生團隊動能的教師。

　　「擴展團隊動能」是「學習型組織理論」及佐藤學「學習共同體」最重視的共同願景與方法策略。學習型組織理論的第四項修練——「團隊學

習」，以及學習共同體建構的「親師生多元群組學習」，其目的都是在「擴展團隊動能」。教師經營的要領可參照下列幾項實踐作為：(1)團康活動：帶動唱，簡易肢體互助活動，既可舒展身心，又可凝聚團體動能士氣；(2)大地遊戲：編組共同探索大地遊戲，練習團隊合作，共同達成目標任務；(3)行動團隊：親師生籌組各種「教」、「學」、「生活任務」、「育樂休閒」的行動團隊，藉由團隊動能，實踐教學目標；(4)專業社群：如校長讀書會、系所教師讀書會、各類教育學會，能定期研修探索專業專門知識學能，創新專業知識及智慧；(5)行動研究：師生有目標的群組研究學習，逐年產出各類教育行動研究產品；(6)策略聯盟：成立跨校、跨區、跨單位之策略聯盟團隊，運作結盟系統資源，擴展團隊動能。

第四節　風格之師

　　風格之師是指教師承擔教育事業，經由專業行為表現結果，所形成之個人生活實踐上的品味文化，這種品味文化是「專業行為表現」與「日常生活實踐」交融，讓一般大眾感受到的主流典範。鄭崇趁（2013b）的《校長學：成人旺校九論》一書，其中第四章「專業風格論〈領航人的品味文化〉」（第97至129頁）曾分析探討「校長」的專業風格來自「職能」、「專長」、「生活」，以及「實踐」等四大元素交織而成。校長具有五大專業風格：「教育人：傳希望，益人間」、「有能人：通事理、講要領」、「厚德人：重倫常、送溫情」、「質感人：常共鳴、賦價值」、「品味人：具殊相、成風格」。校長多由「優質傑出教師」出身，校長的專業風格，往往就是教師專業風格的影子，教師們得以自行參照。

　　本書對於教師專業風格的論述分為兩個部分闡明：在本章「師涯願景」中，以「風格之師」闡述教師自身結合生命願景，承續「生命之師」、「知

識之師」、「智慧之師」之後，展現在學生學習歷程上應有的教學專業風格。另外，本書第五篇（五部曲），將以「繁星爭輝・風格」為篇名，分四章分析教師「系統思考」、「順性揚才」、「圓融有度」，以及「繁星爭輝」的四大風格。教師們都期待：自己教書一輩子，在學生面前，能夠展現教學專業風格，扮演風格之師。

🔲 一、專業自主教師

教師擁有「專業自主」權責，專業自主是每一位教師的法定職權，同時也是每一位教師最崇高的責任。「專業自主」意指，教師在自己「教育學生工作」上享有完全自主決定的專業行為，其最深層意涵有二：專業行為表現可以完全自主；自主的教育行為都是符合專業訴求。因此，教師「非教學」的「非專業」行為，仍然與一般人相同，不受「自主」的權責保護。

風格之師的首要特質即「專業自主教師」。專業自主教師的觀察指標有四：(1)具備法定的專業素養：如教師證書、中小學領域教學認證、大學教授、副教授、助理教授證書；(2)能為學生的學習創發最大價值：如帶給學生滿意的學習歷程及學會應有的能力素養；(3)教學專業行為自成一套個殊系統：此一系統運作模式，是教師個人的獨特風格，別的領域人員難以模仿取代；(4)學生學習成果的考評也由教師自主決定：教師可以自主決定評量學生成績的方式及內容，教什麼考什麼，達到「教」與「學」一致的專業自主。

🔲 二、自編教材教師

風格之師的次要特質，展現在教師「教什麼」、「怎麼教」，因此，教師教學使用的「自編教材」也是教師風格的重要象徵，教師使用「自編教材」的程度與取向，也就代表這位教師的風格。在中小學教師方面，於

任教領域中，能夠在選定校本教科書之外，增加數個單元主題的教學教案，為學生提供自編教材的學習，就愈能彰顯教師「專業教學」的「知識脈絡」，此一「專業教學知識脈絡」經年累月「知識管理」之後，就會成為「知識風格」，此時教師就是「風格之師」。

在大學教授方面，教師的「自編教材」更是教師的「教學風格」象徵。大學教授的教學通常有三種型態：(1)選擇一本經典教科書，一路上到底，中間補充數個教授專長的主題資料，或教授認為重要的他人著作資料；(2)教授自編講義，將授課單元主題，蒐集國內外最核心的學者專家著作（含教授本人著作），編輯成講義，依講義內容順序授課討論；(3)採用教授個人出版的著作授課，為自己學校學生，運用多年的授課經驗與研究心得，撰寫正式出版的教科書教學。這三種教學型態通常出現在教授本人的教學生涯「初期」、「中期」與「後期」，帶給學生的學習價值與知識脈絡風格也不相同，不一定有「好壞」之別，卻有「風格」類型的差異。

■ 三、課程統整教師

風格之師的第三個特質在於能夠執行「課程統整」，且很會教學，能教會不同對象的所有學生。學生一接觸到這位教師，跟著老師進行學習，就很容易進入狀況，學會該單元、該學科的核心知識與應備能力。「課程統整」做得好的教師，會成為名師，會成為風格之師，也是所有教師共同的職涯願景之一。身為教師者，都希望教學的一輩子中，有效地教會與他（她）有過師生緣的每一位學生，一個都不少。

成功的課程統整教師，可從下列幾項指標觀察：(1)學生學習成就：各領域的基本學力檢測成績會在同區（同一縣市）的平均數之上，或呈現穩定的進步；(2)掌握學生起點行為的迅速與準確：有效教學以及課程統整的基礎，都建立在教師已經掌握班級學生的起點行為，並能以起點行為安排

編序後續學習教材，是以愈為迅速準確愈好；(3)編輯學生學習鷹架教材：教材內容的呈現，容易連結學生的舊經驗，增進繼續學習的效果；(4)學習單、習作及各種評量能夠測得學生單元學習的核心知識及藝能：教與學的時間精要（不一定要多），但學生的成果評量都能夠反應學生已學會核心知能。

四、績效價值教師

　　風格之師的第四個特質是具有績效價值的教師。有績效的教師之教育事業成果豐碩，是自我實現的教師，同時也是學校有效的智慧資本。有績效價值的教師，其教導的學生對於國家社會能有潛在價值貢獻；所謂桃李滿天下，個個都是國家未來的希望，個個都將是國家百業興隆的棟梁。具有績效與價值的教師，是所有教師的共同願景之一，更是教師一輩子所要追求的生命指標。很多教師終身奉獻教育志業，勤奮經營，都是為了成為績效價值教師，為了扮演成功的風格之師。

　　績效價值教師可從下列幾項指標觀察：(1)樂為人師：喜歡教人，喜歡學生，自己勝任教學工作，自我滿意，綽有餘裕；(2)有教育產品：教師在教育工作中，留下來的著作、教學資料、教案教具、師生教學檔案，都是具體的績效成果；(3)家長學生感佩：有績效價值的教師，常會讓他（她）的學生及家長感動、敬佩，因為從教師身上獲得的知識、藝能、觀念、態度會影響學生一輩子發展，學生及家長心存感佩並時有回饋；(4)得獎無數：在教育經營策略中，安排各種「教」、「學」、「活動」的競賽，其帶領的師生團隊，通常會得獎無數，獎項愈多，潛在的績效價值愈大。

第三章 教育志業

〈彩繪人師的軌跡〉

「師者，所以傳道、授業、解惑也」，是我國先儒韓愈於〈師說〉中對教師職能的註解，也是我國師資培育、教師教育志業的主要內涵。中華民國的中小學教師與大學教授，如果被人問到：「做什麼行業？」，通常會回答「教師」或「教育工作」；如果接續問「教師」的主要工作內涵是什麼？（或教育工作的職能是什麼？）最經典的答案是——「師者，所以傳道、授業、解惑」，用當代語言來表達，即「敦愛篤行，學為人師，行為示範」，或者「經師（授業）」、「人師（傳道）」、「良師（解惑）」。

本書將教師的「生命願景」與「教育志業」分兩章論述說明：第二章「師涯願景〈構築人師的抱負〉」，是以教師自身的理想抱負與願景的追求為基點的內涵與描述，期待每位教師都是「生命之師、知識之師、智慧之師、風格之師」。本章「教育志業〈彩繪人師的軌跡〉」，是以教師實踐教育工作歷程的志業追求為基點，注重策略方法（軌道）的內容論述，因此，用韓愈的〈師說〉為軸心（「傳道」、「授業」、「解惑」為主，另加一節「領航」），闡述教師的教育志業。

本章分為四節論述說明：第一節「傳生命創新之道」，強調教師應從「掌握生命教育目標」、「經營生命教育策略」、造就學生「人人都能充分自我實現」，以及「個個都是有效智慧資本」來傳道；第二節「授知識藝能之業」，說明教師成功授業的要領，包括：「傳授核心知識、藝能」、「教會核心能力、素養」、「經營學習策略、技巧」，以及「運作知識管理、增能」；第三節「解全人發展之惑」，提示全人發展的重要議題及要領，包括：「關注邁向成熟的焦點」、「順應社會多元的價值」、「開展

自我獨特的亮點」，以及「經營永續發展的修為」；第四節「領適配生涯之航」，說明教師領航學生的四大重點，包括：「激發優勢智能發展」、「培育個殊專長優勢」、「選擇適配職涯志業」，以及「實踐適配幸福人生」。

第一節　傳生命創新之道

　　教育在教「人之所以為人」，人之所以為人在於「活得像理想中的人」，也就是更有意義、更有價值，以及更有尊嚴的人；換句話說，也就是能夠「生命創新的人」或者「創新生命的人」。研究者認為，韓愈〈師說〉中的「傳道」，用現代語言來註解，就是「傳生命創新之道」，傳道的目的在於創新人的生命意涵與價值，唯有能夠賦予人類生命的意涵之道，才是教師傳給學生的教育之道。

　　「傳生命創新之道」可大可小，最狹義的範圍等同於當前大家耳熟能詳的「生命教育」；較廣的定義，兼及人類知識、情意、技能的傳承與創新；最大的範圍，則包括人類文化的複製、核心知能的傳承，以及世界新文明的創新。本章採折衷的定義範圍，並以「教師」及「學生」族群為主體，論述生命創新之道。研究者認為，教師「傳生命創新之道」的要領有四：「掌握生命教育目標」、「經營生命教育策略」、「人人都能充分自我實現」，以及「個個都是有效智慧資本」，概要說明如次。

一、掌握生命教育目標

　　學校實施生命教育，對學生個人而言，在達成四個階層的教育目標，如圖 3-1 所示。

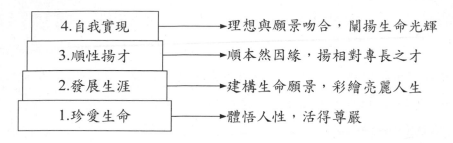

圖 3-1　生命四個階層的教育目標

資料來源：修改自鄭崇趁（2006b，頁 315）

　　生命教育的最基礎目標，在於培養學生珍愛生命：學生在教育歷程中能夠體悟人的意義與價值，珍愛自己，保護生命，認真生活，闡揚生命的光與熱，活得尊嚴。生命教育的第二階層目標，在於增進學生發展生涯：學生能夠進一步建構生命願景，從個人「自我、志業、休閒、人際」等層面，設定明確努力的指標意涵，並實踐力行，彩繪亮麗人生。生命教育的第三階層目標，在於促進學生順性揚才：學生在與教師縝密互動下，能夠順應自己本然秉性，激發優勢智能明朗化，發揚相對專長之才，成為有優勢亮點的生命。生命教育的最高目標，在於促成學生自我實現：學生在教育歷程中，學習到適時建構自己的理想，並努力做到，使現實與理想吻合，達成自我實現。在生命成長與發展中，能夠累增無數的「理想與現實吻合」之自我實現，闡揚生命光輝。

二、經營生命教育策略

　　生命教育是一種生活的人道，一種賦予「活著就有價值行為」的人道，從前述的「生命教育目標」說明，精神目標與四個層次的具體指標已初具輪廓，讓教師的教及學生的學都有方向。然而教育是需要經營的，尤其是頗為抽象的「生命教育」。目前尚未列為正式課程的生命教育，更是需要

經營的，應依循前述教育目標，選定經營策略，落實深耕，才能真的「傳生命創新之道」。

　　經營生命教育的方法策略，下列四項應列為最優先：(1)強化人文的素養：愛人、以人為本、充滿希望、不放棄每一個人、帶好每一位學生、邁向普遍卓越，永遠是教育的源頭；(2)營造友善的環境：生命的意義與價值要得到完整的尊重，親師生要共同營造友善的環境：家庭是和諧友善的，學校是學習友善的，社會是安全友善的，國家是幸福友善的；(3)養成勤奮的好習慣：生命的價值在於創造新的生命意涵，養成勤奮生活、勤奮學習、勤奮志業的好習慣，才能持續為生命創價；(4)形塑責任的文化：每一個人的生命價值不盡然一致，但每個人均能珍愛生命、發展生涯、順性揚才，人人都能充分自我實現，個個都是有效智慧資本的責任。

三、人人都能充分自我實現

　　生命教育的最終目標在促進人人都能充分自我實現，每一個教師與學生的「理想」都與「現實」吻合，想要的「教」與「學」的結果，都能達到自己想要的標準程度，自己是滿意的，教學成功，具有績效，學習滿意，持續提升知、情、意的質與量，教師依循教育理論，藉由教育實踐機制與有效教學歷程，帶領學生健康成長，逐步發展為成熟人、知識人、社會人、獨特人、價值人，以及永續人，成為充分自我實現的人。自我實現的人生命最有意義、最有價值、最有尊嚴，最像理想中的人。

　　教師協助學生追求自我實現，可參照下列幾項要領：(1)示範自身的自我實現：教學中分享自己教育志業的「理想抱負」與如何促其「真正實現」（做到、達標）；(2)提示學生設定生命願景與學習、生活、人際的階段目標，運作階段目標的達成來追求「階段性的自我實現」；(3)教導「系統思考」的要領，尤其是「掌握學習關鍵」與「形優輔弱運作」，促成每位學

生自己的潛在優勢得到誘發，可先有個自我亮點小幅度的自我實現；(4)運作各種「群組學習」系統，交互助長，以群組學生人人完成學習任務為目標，藉由團體動能，促成人人都能充分自我實現。

四、個個都是有效智慧資本

　　人的價值建立在對「自己」及對「他人」都有貢獻，對自己而言，就是「自我實現的人」；對他人而言，就是其隸屬組織的「有效智慧資本」。智慧資本（intellectual capital）是指，「能夠產出有價值的知識或產品的人力資源」（鄭崇趁，2013b，頁 45）。以學校組織中的教師為例，教師們都擁有法定標準的「核心能力」，這些核心能力若沒有充分發揮，創發教育的貢獻不明顯，就是「靜態的智慧資本」；這些核心能力若能產生教育的動能貢獻，就是「有效的智慧資本」。從組織群體或國家社會層面而言，每一個人都成為有效智慧資本，是人類生命價值最崇高的詮釋。

　　教師從事教育工作，在學校中服務，是一種神聖的「人教人」專業服務行為，促成每位教師與學生都成為「有效智慧資本」，也成為不可推卸的使命（Mission）。教師經營有效智慧資本的要領，得參照下列幾項作法：(1)自己扮演有效智慧資本：教師應在自己職務的教學、研究、輔導、服務等四大層面，均要有一定水準的動能貢獻，以身作則；(2)與教師同仁分享產出動能貢獻的經營要領：藉由分享歷程，促發知識螺旋效應，增益教師同仁的動能貢獻，成為亮點爭輝的高價值績效文化；(3)激勵學生服務助人：包括服務學習、學習共同體、日行一善童軍精神等，發展生活、學習、人際的有效智慧資本；(4)執行智慧資本管理：有效智慧資本要能活化並系統儲存，才能傳承給同儕與後進，永續經營。

第二節　授知識藝能之業

授業的意涵非常豐富，最古老的講法是「傳授事業有關的知識」。父母親傳授自己農業、商業、工業、漁業、畜牧業的核心知識給自己的孩子，以便傳承衣缽，是最經典的註解，古老的教師是父母親聘的，是幫著父母親傳授父母親事業知識的人。當代的教師則是國家、學校聘的，用自己的專長，傳授知識藝能之業，其授業的內容，超越了父母親的行業，轉為「課程統整」之業，轉為「以學生為主體」，轉為「學生將來就業所需的知識藝能」。在將來的就業選擇上，每位學生需求不盡相同，他們透過自主選課、多元社團學習統整達成；而每位教師提供自己專長教學，傳授學生需要的知識藝能之業，用最夯的講法，是依學生需要選課及選擇老師來授業，也是「教育翻轉」的現象之一。

授業是每一位教師的核心職能，也是身為教師最重要的績效考評重點。每位教師的價值，可以用「教什麼給學生」或「學生學到什麼」來說明與檢視。是以教師順應學生需求，傳授自己專長知識藝能之業，需要務實規劃實踐，致力備課，選擇有效的方法策略，勤奮經營，促使班級（選課）學生，人人達標，學到課程綱要所列標準以上的基本能力。

一、傳授核心知識、藝能

教育在教「人之所以為人」，理想中的「人」要有能力找到好的事業工作，發揮專長為人服務，並且性格祥和，樂活於世。知識、技能、情意也是建構理想中的人之基本元素，也是當前「教育課程」教學目標的基本分類方法，教師們無論傳授學生哪一門「學科」或「領域」，都要關注學生知識、技能及情意的有效學習，協助其發展為成熟人、知識人、社會人、獨特人、價值人及永續人。學生的一輩子可能會接觸到百位以上教師，每

位教師教導學生的「知識藝能之業」都是有限的、局部的，有待學生自己拼湊統整為志業所需的知識與能力。因此，教師的每一堂課之單元主題教學，都要明確傳授給學生單元主題的核心知識、藝能，教師的備課要條列單元核心知識名稱、學習重點、考評基準，並選用學生最喜歡的教學方法，執行有效教學，當下教會學生應備的知識能力。教師平時教學的每一單元都有「授業」實踐，才算盡到教師應有的責任。

二、教會核心能力、素養

再從「學生為主體」來看「知識傳遞」的歷程。「有效教學」的意涵，不僅看「教師教了什麼」，更要看「學生學到了什麼」，唯有學生學會了核心能力與應備素養，才算是成功的「授業」。是以當代的教學評量，超越了單一的紙筆測驗，採用多元實作及實物評量，觀察學生核心能力的表現，以及能否「自主課程統整」，展現能力統整後的實作表現。教會學生應備的核心能力及素養，是以學生為主體的「授業」訴求。

教師如何「真正教會學生的核心能力與應備素養」？乃是值得每位教師精心思考，勤奮耕耘的課題，可參照下列幾項作法：(1)依據單元核心知識，轉化為條列式的學生應學之核心能力；(2)再以核心能力為主軸，編輯串連系統核心知識及最佳教學方法；(3)發展能力導向的成果評量，例如：實作及實物評量、展演及競賽活動；(4)運用學生的核心能力與素養，回頭統整相關領域（學科）之知識主題教學，共同促成學生核心能力與素養的「升級」。

三、經營學習策略、技巧

授業的第三個重點在教會學生關鍵的學習策略與技巧，就以「閱讀學習」為例，如何選書，哪一類別的書怎麼讀是策略；讀書的歷程如何透過

畫線、眉批、標示重點、札記省思來了解掌握核心知識，通過「認證、核章」是技巧。每一個領域（學科）的單元主題學習，依其知識藝能性質，都有最佳而不同的學習策略與技巧，教師教學時，經營班級學生的學習策略技巧，可以事半功倍，充分達成「授知識藝能之業」的使命。

　　經營學生學習策略技巧的具體作為，得參照下列幾項方法：(1)鼓勵預習：任何學科單元主題的預習，可以引起學生學習動機、蒐集學生起點行為、了解學生學習的焦點問題；(2)群組學習：運作各種群體學習形態（包括學習共同體），藉由學生討論分享，找到學會核心知識、藝能的策略技巧；(3)多用寫作省思或口語表達，確認學生如何學會的方法策略及技巧，例如：從「加法」到「乘法」的連結想法；(4)核心知識管理：每一單元學習的核心知識，往往是下一單元學習的基礎，學生要能有效儲存、容易提取，才能與新學習產生知識螺旋，統整交互為用，促成知識基模系統重組，提升授業學習效果。以前的教師多用「筆記重點」或「卡片整理」方式來要求學生做好單元核心知識管理，當代的學生則可運用電腦、手機數位建檔，方便攜帶，可立即提取閱讀，效果倍增。

四、運作知識管理、增能

　　授業的第四個重點是「管理所學知識，增加學生學能」。最佳的知識管理，仍然是「教會學生」，「學生本身對於授業知識的理解、記憶與運用」。學界探討知識管理的定義與方法，常使用Nonaka發表的「知識管理公式」（請參考本書第259頁）。

　　知識管理的最終目的，仍然在學生本身的增能，教師的經營要有效指導下列幾項作為：(1)確認學習者當下是否真的了解，未能真正了解的知識、藝能無法管理或不易管理，甚至沒必要管理；(2)核心知識需要必要的練習，達到「精熟學習」是知識管理的基礎；(3)設計情境，導引學生多運用核心

知識，「會用」也是知識管理的較佳策略；(4)「關鍵字」及「核心意涵」管理：用電腦、手機儲存核心知識的關鍵字及核心意涵，方便複習、運用，並與相關核心知能統整學習；(5)用「產品」、「實物」及「著作」來管理自己所學知識：教育產品、文章、著作、書籍就是教師與學生最好的知識管理。

第三節　解全人發展之惑

「解惑」指的是教師有責任幫助自己的學生解答課業學習之惑，解答人際互動之惑，解答生活適應之惑，解答生命希望之惑；用概括性的說法，教師的志業之一，在解學生全人發展之惑。「全人發展的教育」，教育界的解讀分成三類：(1)五育發展教育：依據《國民教育法》第 1 條的規定：「國民教育……，以養成德、智、體、群、美五育均衡發展之健全國民為宗旨」；(2)全人格發展教育：包括「接納情緒」→「發展情感」→「培養情操」；(3)全人發展說：教育在協助學生發展為成熟人、知識人、社會人、獨特人、價值人，以及永續人（鄭崇趁，2012，頁 92-93）。本書採第三義為論述基礎。

一、關注邁向成熟的焦點

學生由「未成熟」邁向「成熟人」的歷程中，有三大「焦點」是學生最大的「困惑」，每一位教師都應面對，給予真正的「解惑」；讓學生的焦點困惑得到合適的答案，學生才能順利地發展成「成熟人」。這三個焦點困惑是「性成熟」、「如何抽象思考」，以及「人際關係」。「性成熟」是生理最大的轉變，學生在性的萌芽、喜好、需求、多情、交往、發展過程中，會發展成性的「好習慣」與「不夠好的習慣以及認知態度」；不夠

好的習慣及認知態度，往往讓學生生理尚未完全成熟就受到傷害，造成一輩子陰影或「發展不完整」（台語說：轉骨未完備）。依據 Jean Piaget 的認知發展論，從具體運思期進入抽象思考期是「認知發展」最關鍵的時期，約在十一歲前後，也是每一個人青春期萌芽的階段。「性的萌芽」與「抽象思考的挑戰」是青少年可能「狂飆」的重大焦點，若轉化躍升不順遂就會形成障礙、挫折，陷入困境，進而狂飆。學生進入學習階段後，其與「家人」、「同學」、「教師」及「社會他人」的人際關係是另一發展焦點，人際和諧、交互關懷，會成為學生發展最大「鷹架」；人際緊張、誤入歧途，可能會造成自閉、自殘、吸毒、輟學或離家，曾經滄海難為水，補救困難重重。

　　教師如何關注學生的三大焦點困惑？研究者建議：(1)進行正確的性教育教學：性教育已列入國小、國中、高中的正式課程，任課教師不能再「跳過未教」；唯有直接面對、公開的「說清楚」、「講明白」，才能化解性萌芽的困惑，並且避免養成不良習慣；(2)提供優質的性教育及兩性教育圖書教材：學生會主動探索圖書、漫畫、色情文學，老師更要主動推薦給學生正確而優質的圖書與媒材，讓學生得到較為正確的學習，淡化衝動、受誘與掉入陷阱；(3)激勵常態的兩性人際交往：班級導師要結合家長，不禁止兩性交往；教導與示範常態的兩性交往是什麼，要注意哪些「安全衛生」，而非一味禁止；(4)多元匯集「具體運思期」至「抽象思考期」之間的「補充教材」：增加學生核心知識的銜接點與「有效連結」方法，促進孩子的認知發展，順利進入抽象思考階段，有能力學會更高層次的知識與課業壓力；(5)安排多元群組學習：鼓勵學生群組共學，並以輔助同組學員一起學會為榮，以服務助人、日行一善的經營，拓展健康而豐沛的人際關係，解「自處孤單」與「人際適應」之惑。

二、順應社會多元的價值

　　當代的臺灣正處於「現代化」與「後現代」交織的時期，人民的意識型態多元而複雜，教育上沒有中心思想，社會價值觀五彩繽紛，學生沒有「楷模學習」的對象，學生們存在著「要學與不學」或「學了不知道好不好」的困惑。因此，教師對學生的「解惑」，第二個重點在解「社會多元價值」之惑。教師面對學生的發展歷程中，有諸多的社會群眾行為脈動，例如：學運、反服貿、反核、示威遊行、政治鬥爭、藍綠衝突、霸凌、自我傷害、公共安全事件、媒體政治、政黨輪替、代議無能、法律畸型、政策難以回應人民需求等，都需要教師適時以專業知能及客觀立場，為學生解惑。

　　教師要有效扮演「解學生順應社會價值之惑」，可參照下列四項作為：(1)揭示「核心價值」的意涵：核心價值（Core Value）是建立在「人的共同性（需求及心願）」及「組織任務」交織的價值取向；(2)分析群眾行為事件的核心價值：如節能減碳的核心價值是「永續」，興建核電廠是為了減少碳排放量的永續，非核家園是避免核災傷害的「永續」；兩者的「永續」價值，我們該如何取捨；反核示威的群眾他們都清楚「永續」的實踐嗎？群眾示威的背面是核心價值的訴求呢？還是有其他政治目的？(3)包容多元價值並存：提示學生，這個社會、這個國家都是公家的，大家一起擁有，不同的組織個體，就會形成不同或不一致的核心價值，大家要一起生存在這個社會，就要包容多元價值並存，求同存異、彼此尊重，才能「一起活下去」；(4)建立自己的核心價值，讓自己是一個社會人，同時也是一個獨特人，並且是一個具有自己思想與價值的人。

三、開展自我獨特的亮點

全人發展即是要發展完整的六種角色：成熟人、知識人、社會人、獨特人、價值人、永續人。獨特人的發展最讓學生產生疑惑，自己活在這個社會的各種組織群體中，到底要多「獨特」，除了「和大家儘量一致」的社會生活與行為之外，要有多少成分比例是個人的、各自的、獨特的。教師在教導學生的歷程中，對於學生的「解惑」，第三大重點就是要解「如何開展自我獨特亮點的惑」，不但要順應社會多元價值並存，讓生活與社會同軸，也要開發個人獨特亮點，增益個人存在的價值與意義。

教師對學生進行「解惑」的作為，可參照下列四項作法：(1)接納自我遺傳天分：天生我才必有用，但是每一個人的遺傳天分、多元智能的結構與強弱都不會一樣，接納自我遺傳天分，是經營獨特的起點；(2)認同原生家庭條件：原生家庭與經濟條件是個人發展的最重要支點，是獨特人的個殊鷹架，也是個人意識型態與生活價值觀的主要來源；(3)善用社區在地資源：教育在地化，本位經營是形塑學生個人獨特發展的中介觸媒，課程統整的實踐，要教師及學生都能善用社區在地資源；(4)優勢學習與順性揚才：優勢學習促進學生優勢智能明朗化，順性揚才成就學生自我獨特的亮點。

四、經營永續發展的修為

「永續人」是教育學生的最終目的與最大價值，「人之所以為人」中的「人」，就是能夠發展成「永續人」。永續的內涵有四：「環境資源」永續、「知識技能」永續、「文明文化」永續，以及「生命繁衍」永續。學生在畢生學習歷程中，常被要求學習「知識技能」與「環境資源」的永續經營，卻沒有在意「文化文明」與「生命繁衍」的永續深耕，是以每個人對「永續」核心價值的註解與實踐差異頗大，也往往充滿疑惑。教師對學生「解惑」的第四個重點，在經營學生永續發展的修為。

永續是一種知識、能力、態度與習慣，是一種修養，也是具體的作為。教師經營學生永續發展的修為，可以從下列幾個事項著力：(1)養成節能減碳的觀念與習慣：從愛地球、珍惜資源到綠能生活實踐，追求環境資源的永續；(2)強化個人的知識管理與智慧管理：傳承創新核心知識與藝能，實踐知識藝能的永續；(3)著力法制化與體制化運作機制：開發新文明、精緻新文化，追求「文明文化」的永續；(4)承擔工作並獎勵結婚生子：導引學生承擔工作，繁衍後代，做一個有「產能責任」的人，實現生命繁衍的永續。

第四節　領適配生涯之航

「領航」是本書賦予教師的第四個教育志業。研究者認為，〈師說〉中的「傳道」，在傳生命創新之道；「授業」在授知識藝能之業；「解惑」在解全人發展之惑。本節所謂的「領航」，則在領適配生涯之航。學生也是人，他的一輩子怎麼過最幸福？對自己能夠自我實現，對國家社會是有效智慧資本，接受教育的歷程中能夠快樂學習，順性揚才，促進優勢智能明朗化，習得與自己性向和興趣適配的核心知識與能力；職涯與婚姻的選擇都能「適配」與「登對」，過一個精彩、成功、滿意、幸福的一生，生命充滿意義、價值與尊嚴。教師教育學生也是一輩子的志業，因此教師的第四個角色責任是領學生過適配生涯之航。

領航帶有「示範實踐」之謂，教師要領航學生過「適配生涯」，先要示範展現教師個人的三大適配：志業適配、伴侶適配，以及能力適配。教師要示範喜愛經營教育事業，教育工作是最符合教師個人性向和興趣的工作，樂為人師、勤奮不累；教師的婚姻伴侶是最健康與正向積極的典範；教師的教學輔導學生工作績效、能力表現適配，足以領航學生，然後依據

學生的學習階段，經營下列幾項領航作為。

一、激發優勢智能發展

適配生涯建立在「優勢智能明朗化」的基礎之上，學生從正式接受教育開始，教師們就要在「常態的課程安排」之中，觀察學生的興趣志向，提供他們喜歡的學習內容與教學方式，激發每位學生的優勢智能發展。學校要設計「五育均衡發展的環境」，但教師的各學科（領域）評量，只要學生潛在的優勢智能得到發展，這部分的考評較為優異即可，可不必再要求學生個人要達到五育均優。

學生優勢智能的觀察與如何激發學生優勢智能明朗化，對老師而言，也是一大挑戰。教師通常致力於常態化的班級群組教學，不太容易貫徹兼顧此一訴求，下列幾項作法可以參照：(1)掌握學生起點行為：任何領域（學科）的教學，都要掌握班級大部分學生的起點行為，也要關照少部分學生不同的起點行為；(2)選用學生喜愛的教學方式：喜歡的教學方式也是性向潛能傾向之一，用學生喜愛的方式教學，學生較能投入與專注學習，有利於激發個人優勢；(3)設計多元群組學習：運作學習共同體的團隊動能，讓學生個人優勢學習，能在同儕間討論實踐及服務助人之機會；(4)關照學習落後學生的相對優勢智能發展：對班級中學習總成績最後 25%的學生，仍然要設法安排個別化補救教學，激發個人相對優勢的知識藝能學習，達到自己滿意的標準，帶好每一個學生。

二、培育個殊專長優勢

學生的潛能透過學習而發展，潛在智能經由教育的歷程，激發成各種學習成果與能力。「能力表現」與「潛在智能」之適配是教育最高的旨趣，我們都期待：「人盡其才，才盡其用」。在教與學的歷程中，我們也要實

踐「人盡其才，才盡其用」，教育要啟發出每位學生的潛在能量：每一個人的多元智能都能得到刺激啟動的機會，人盡其才；每一個人相對的優勢智能也得到充分明朗化表現，才盡其用。「培育個殊專長優勢」則在接續論述「才盡其用」的經營意涵，培育學生個殊專長優勢的實踐作為，可參照《教育經營學：六說、七略、八要》一書中的「優勢學習」與「順性揚才」（鄭崇趁，2012，頁299-333），摘述要點如次：(1)優勢學習：注重符合興趣和性向的學習、順應相對專長的學習、發展特色風格的學習、善用環境配備的學習、統整資源的學習；(2)優勢學習的實踐：激發興趣主題閱讀、參與專長社團活動、展示主題學習成果、積極爭取競賽展演；(3)順性揚才的實踐：順應學生的背景習性、順應學生的喜好興趣、順應學生的潛在性向、順應學生的優勢專長、順應學生的理想抱負；(4)順性揚才的教育配套：宣導「教育若水，順性揚才」的教育理念、實施「學校特色認證」及「教育111政策」、設計「形優輔弱，順性揚才」的教育歷程、邁向「順性揚才，普遍卓越」的教育成果。

三、選擇適配職涯志業

　　「適配職涯」是一個人最理想的生活狀態，也是教育的崇高目的之一。所謂適配生涯，對學生來說具有四個意涵：(1)潛能得到適配開展：中小學國民基本教育階段個人的多元智能結構，有最適化的優勢智能明朗化，是一個有專長的學生；(2)修讀適配的大學系所：高等教育階段能夠依自己的性向和興趣，修讀自己最優勢專長的學系及研究所，為「人盡其才」奠基，也為「適配職涯」營造優勢；(3)選擇適配的志業：大學畢業之後找到的職涯行業，其工作性質與個人的專長優勢適配，能夠勝任快樂（人盡其才）；(4)能力職位適配的發揮：個人的理想抱負得到充分的發展機會，擁有與能力適配的職務，個人對組織及社會產生最大的動能貢獻（才盡其用）。

　　因此，選擇適配的職涯志業，是學生個人追求的第三個生涯適配。職涯適配在輔導學上的術語與意涵來說，就是「工作性質」與「性向興趣」吻合；更詳細的分析是：個人所選擇的行業是自己最喜歡的行業，喜歡行業中的服務對象、同事，以及所操作的事務，也是自己能力可以勝任的工作，只要盡心盡力來服務，就會有一定的績效和成果，更是符合自己專長發揮的行業，與其他工作相較，工作起來有較優勢的成長亮點，具有行行出狀元的跡象。

四、實踐適配幸福人生

　　「幸福人生」是每一個人的共同願景，唯有幸福的人，其生命的意義、價值與尊嚴，也才有存在的基礎。當代的社會，已有許多專案研究，探討人類的「幸福指數」。幸福人生基本上要符合 Abraham Maslow 的五大需求層次論（生理、安全、愛與隸屬、尊榮及自我實現的需求）。

　　幸福人生的觀察指標有四：(1)自我實現的程度：也就是自己的「理想」與「現實」吻合的程度，兩者符合度愈高，人愈幸福；(2)有效智慧資本的程度：人對於自己所屬的組織群體愈有動能貢獻者愈幸福；(3)職涯適配的程度：行業工作性質愈符合自己性向、興趣能力表現者愈幸福；(4)基本生活實踐滿意程度：日常的食、衣、住、行、育、樂，快樂滿意，有品質與獨特風格者較為幸福。

　　實踐適配幸福人生是教師與學生的共同理想，教師要專業示範自己的「適配幸福」人生，一生的生活實境與專業績效表現，都能呈現在學生的面前，且符合前述的四個觀察指標。教師個人要先擁有「適配幸福」的人生，再指導學生從「自我實現」的追求，努力成為有效的「智慧資本」、經營學生個人的「四大適配」，以及「人盡其才，才盡其用」的適力經營，實踐適配幸福的人生。

第四章　鐘鳴大地

〈實踐人師的定位〉

　　教師學的首部曲定名為「鐘鳴大地‧人師」，並分四章探討教師的「教育初心」、「師涯願景」、「教育志業」，以及「鐘鳴大地」。「教育初心」闡述志為人師的動念，「師涯願景」說明構築人師的抱負，「教育志業」分析彩繪人師的軌跡，本章「鐘鳴大地」則詮釋實踐人師的定位。人師的定位來自教育初心、生命願景及教育志業的交織綜效，第二章的「生命之師」、「知識之師」、「智慧之師」與「風格之師」，以及第三章的「師者，所以傳道、授業、解惑、領航也」是實踐人師定位的「雙主軸元素」。人師的定位，從教師本人的初心動念啟航，期許自己的一生能夠扮演學生的生命、知識、智慧、風格之師；在教與學的教育歷程中，傳生命創新之道，授知識藝能之業、解全人發展之惑、領適配生涯之航。教師像「鐘鳴大地」，是「晨鐘暮鼓」：一位「時中其機」的教師；是「希望之聲」：一位「事畢其功」的教師；是「醒世清韻」：一位「人盡其才」的教師；是「師道鐸音」：一位「才盡其用」的教師。

　　本章分為四節詮釋人師的定位：第一節「晨鐘暮鼓：一位『時中其機』的教師」，強調「適時」的教育意涵，以及教師如何掌握「學生發展」時機，教導學生有效學習的人師要領；第二節「希望之聲：一位『事畢其功』的教師」，分析教師從有效教學、輔導學生、貫徹學生「精熟核心知識」，累增希望的作為；第三節「醒世清韻：一位『人盡其才』的教師」，說明一位責任良師，如何專業示範自己的人盡其才，以及帶動經營學生「人盡其才」的要領；第四節「師道鐸音：一位『才盡其用』的教師」，論述責任良師本身就是「才盡其用」的人師；真正的人師能夠誘發其所任教的學

生「人盡其才」並且「才盡其用」，累增個人的知識智慧，並對學校及國家社會產生動能貢獻。

第一節　晨鐘暮鼓：一位「時中其機」的教師

用「鐘鳴大地」來詮釋教師，第一個意涵即是：教師像「晨鐘暮鼓」，定時地喚醒學生，掌握最佳學習契機，做最「適時」的學習。教師要教導學生「這個時候最應該學習的知能」，學生也要學會「這個時候最該學會的核心知識及藝能」。何福田（2011）曾出版《三適連環教育》一書，強調適性、適時、適量三適連環的重要性，繼 Jean Piaget 的認知發展理論及〈學記〉的「時過然後學，則勤苦而難成」，對於「學習契機」的描繪最為深刻。研究者認為，這都要教師扮演學生「晨鐘暮鼓」的角色定位，定期（適時）喚醒學生珍惜最佳學習契機，是一位「時中其機」的教師，也是一位營造學生最佳學習機會的教育家。

一、順應學生的認知發展教學

Piaget 的認知發展理論對於教育的影響深遠。該理論告訴我們，學生（孩子）的認知發展是有秩序與成熟度的，從「感覺動作期」、「具體運思前期」、「具體運思期」到「抽象思考期」是逐步成熟與發展，而且每一個人不太一致，我們若教了太難（超越學生的認知發展程度）的知識教材，不但學生無法學會，反而可能會造成揠苗助長、挫折而傷害學生。因此學制「六、三、三、四」的規劃與國民教育國小、國中、高中的課程綱要設定，大都遵照 Piaget 認知發展理論的發現，依據學生大多數人的認知發展階段，提供他們「這個年級階段最該學習的核心知識藝能主題」，提供教師們據以順應學生認知發展而編製教材及教法，進行實際教學。

鄭崇趁（2012，頁96）主張順應學生認知發展教學，要綜合考量Piaget的「認知發展理論」、「道德發展理論」，以及 E. H. Erikson 的「發展任務論」（三者合稱「心智任務」），學校的教育措施及教師的課堂教學，都要順應學生「心智任務」的可「接受程度」及「階段指標」進行施教，才會有明顯的教育效果。學習者從小學到大學的心智任務，如表4-1所示。

表 4-1 學習者從小學到大學的心智任務

階段	心智任務		
幼兒期（5歲）	・感覺動作期	・主動＆退縮	・無律＋他律
兒童期（11歲）	・具體運思期	・勤奮＆自卑	・他律＋自律
青少年期（15歲）	・形式運思期	・統整＆混淆	・他律＋自律
青年前期（20歲）	・形式運思期	・統整＆混淆	・自律為主

資料來源：修改自鄭崇趁（2012，頁97）

二、掌握學生的學習關鍵時期

一位「時中其機」的教師，第二個要領在「掌握學生學習關鍵時期」。所謂「關鍵期」指大部分的人，在某一階段，對某一種知識藝能的學習「最具效果」，教師應該充分了解自己授課領域的核心知識藝能在學生發展階段中的最佳學習時段，並積極掌握學生學習「關鍵期」，帶領學生學習效果「價值最大化」，例如：兒童母語發音學習的關鍵期在 2 到 4 歲之間；九九乘法表的關鍵學習期在三年級下學期；國語的音標學習在入學後的前十週；英語音標學習的關鍵期也在「初學英文的前十週」；「好習慣」與「不夠好習慣」的學習關鍵期則在「性成熟」的前後階段。

掌握學生學習關鍵時期的經營要領，可參照下列四項作為：(1)計畫核心主題預備教學時段，將年度授課計畫作重點標示；(2)預為準備核心知能

主題教學之教材與教法，俾利侍機選材教學，教導學生最有價值的統整課程；(3)按週按月適時提醒學生，本月本週最該學會的核心關鍵知能為何，引導學生目標績效學習；(4)順勢而為，日有所進，直至階段核心知能精熟為止；運用關鍵時期學習核心藝能是「時中其機」的最佳註解。

三、善用學生的當下專注學習

　　一位「時中其機」的教師，第三個要領在善用學生學習歷程中的「專注時段」，在學生學習當下最有興致及最專心注意的時刻，導引他直接學會核心知識或藝能。在一整節課中，能夠吸引學生專注學習的時段通常僅占二分之一左右，教師要營造吸引學生專注學習，更要善用專注學習的契機，在學生最有興趣及最有能力學習的時刻，要安排妥適的核心知能教材，而不讓此一契機流為不重要的「教學配套」活動，學生體驗完（玩完）之後沒有學到該學的東西。

　　「專注學習，當下學會」是善用時機的崇高原理與要領，教師要進行多次觀摩教學，並有資深師傅教師引導，才能有效掌握其原理與技術。研究者建議一般教師從下列幾項重點著力經營：(1)指定預習：在單元授課前，指定學生預習，賦予學生主動學習機會，激發部分學習動機與興趣；(2)發表預習心得：提供五至十分鐘讓學生發表預習心得，激勵用心學生，激盪班級學生學習興致；(3)評判學生預習成果：除了比較優劣秩序之外，提示正確的理解與事實知識；(4)伺機教學：選擇全班學習氣氛最高昂的時段，順勢教會大家核心知能，營造班級學生「知的雀躍」、「情的共鳴」與「意的提升」，讓班級絕大多數學生均能「專注學習，當下學會」。

四、整合學生的時序學習機制

　　一位「時中其機」的教師，就像是晨鐘暮鼓，隨時在喚醒學生的時序

學習機制。一年中通常分兩個學期學習，上下學期之間隔著暑假與寒假；有位教育家（Alfred N. Whitehead）就提出了「教育節奏論」，指出教育的時序就像春夏秋冬四季，彈奏著教師與學生合唱的歌聲，散發出教育的節奏。課程綱要的設計，事實上等於為全體學生規劃最佳的時序學習機制，學生的每一天都為「學習」而活，每一天也有最佳學習效果時段。掌握每日的教育節奏，讓學生日有所得，為自己彩繪每一個亮麗的教育節奏。每一個單元的教與學，要伴著學生最佳的時序學習機制，彈奏教育之歌，散發出每位學生最有價值的音樂旋律。

　　整合學生的時序學習機制，也是教師「時中其機」教學的最佳註解。「學校本位課程」的研發要搭配學生的時序學習機制而規劃，學校總體課程的排定，事實上也是各班學生的時序學習規劃與設計。在班級學習日課表中，上午多排語文、數學等知識技能教學，下午則穿插體育、藝文與綜合活動，主要在審度學生身心最佳的時序學習機制，整合學生的時序學習機制，包括課程、教學、教育活動與作業習作的整合編配，方能為每一個學生創發最有價值的學習效果，因此教師像是晨鐘暮鼓，是一位「時中其機」的教師。

第二節　希望之聲：一位「事畢其功」的教師

　　用「鐘鳴大地」來詮釋教師，第二個意涵是：教師像「希望之聲」，永遠帶給學生希望，永遠用正向、積極的教育之愛，呼喚著學生，滿懷希望迎向未來。希望之聲是鐘聲，是教育的聲音，是一種價值之愛的聲音，更是一種迎向未來的聲音。未來的希望立基於當下的希望，當下的希望建立在「知識的獲得」與「滿意的過程」；教與學均能「事畢其功」的教師，能夠構築學生當下的希望，敲響迎向未來的希望之聲。

一、「學習」就是希望

學生的希望從學習開始，不管哪一個年級的學生，不管哪一個年齡的學習者，只要是真正的處於學習的狀態，真正的進入學習情境之中，就充滿著希望，充滿著無限可能；用最口語化的講法「有學習，有希望」，就像宗教信仰一般，「有燒香，有保佑」。學習就是學生希望的泉源，學習就能創造學生未來的希望，教師帶領著學生學習，就是帶領著學生迎向未來的希望。教師諄諄教誨的聲音，就是希望之聲，希望之聲優雅柔美，伴隨著學生有效學習，開拓未來。

學生的主要工作就是學習，教師的主要工作就是教學，就是教導學生如何學習，教師的教與學生的學，合稱為教學，是所有教育事務的最核心工作，所謂「事畢其功」的教師，就是執行有效教學。從教師的立場來看，就是很會教書，能夠教導學生核心知識與技能的教師；從學生的立場來看，就是很會指導學生學習的老師，學生很快，也很容易地學會應備的知識技能，學會「帶得走的基本能力」。因此一位「事畢其功」的教師，其首要意涵，係指教師能夠帶著學生學習，伴隨著學生學習，指導學生有效學習，安排學生熱衷於學習，學習開創學生未來希望，教師教學伴隨著學生學習，教師的聲音，是導引學生邁向希望之聲。

二、「學會」構築希望

學習是希望的泉源，「學會」是構築希望的元素，一位「事畢其功」的教師，第二個意涵是教導學生當下學會核心知識或能力，學生用學會的知識或能力，構築未來的希望。經由「學會」的累增，逐步邁向人生的理想與抱負，逐步實現階段任務，充滿希望。教師教導學生學習的聲音，交雜著學生「我學會了」的雀躍之聲，就是希望之聲，就是「事畢其功」的

第二種希望之聲。

　　要讓學生「當下學會」，構築希望之聲是十分挑戰的事，但並非難事，教師可從下列幾項經營著力：(1)計畫方案學習：教學與學習都計畫化與方案化，每個單元的教學都有教學簡案，每個單元的學生學習都方案化執行；(2)編序連結學習：單元與單元之間要有編序的教與學，每一個單元的核心知識（含藝能）的學習也都有編序的歷程，由淺入深，縝密連結，導引學生當下學會；(3)目標導向學習：學生學習單元教學知能常會有目標模糊，不知道要學會什麼？教師在每一堂課之前五分鐘要提示學生們，我們這一堂課要學會什麼，目標導向學習能構築學生學習目標與希望；(4)鷹架支持學習：運作學習共同體或團隊學習動能，布建學生學習鷹架，支持學生有效學習，當下學會，構築後續學習希望。

三、「精熟」儲備希望

　　一位「事畢其功」的教師，第三個意涵在能夠領導學生針對關鍵的核心知識，進行精熟學習，以精熟學習的成果，累進「基本素養」與「核心能力」，儲備將來職能的希望；精熟的知識與事務愈多，將來的升學與就業就愈有希望。教師是希望之聲，教師的聲音是領導、伴隨、促成學生精熟學習，儲備希望的希望之聲，精熟學習是老師的教，以及學生的學「事畢其功」的深層意涵。目前部分中小學生的學業成就嚴重落後，學習歷程充滿挫折與困難，多數肇因於基礎的「核心知識技能」未達精熟程度，即跟著大家進行後續高階知能的學習，就「教」與「學」的事務而言，就是沒有「事畢其功」。

　　精熟學習也是可以經營的，教師們可以從下列幾項重點著力：(1)提示必要的練習次數：如九九乘法表的背誦，在「唸正確了」、「理解了」之後，仍然要有十次以上的「完全背對」之「練習次數」，精熟學習才能有

效運用，才能儲備希望；(2)設定標準檢核程序：為學習的精熟程度訂定明確的指標及檢核程序（有部分領域教學教師已發展領域核心知能精熟學習認證手冊）；(3)安排學習成果展示、分享及表演舞台：優質精熟學習可用表演競賽及成果展示，則更能深化與永續經營，儲備希望；(4)補救弱勢族群學生的精熟學習：每週有三至五個時段，為原本「學習落後」的弱勢族群學生實施補救教學，補救其尚未精熟的核心知能直至精熟可用（帶得走）；精熟儲備希望，一個都不少。

四、「致用」彩繪希望

一位「事畢其功」的教師，第四個意涵在能夠領導學生運用已經學會的知識藝能，致用於「日常生活」及「經國大事」之上。致用的學習彩繪自己的希望、彩繪自己的未來；致用的學習豐富學生日常之食、衣、住、行、育、樂的「知能」與「要領習慣」，是一個幸福、快樂、滿足、知行合一、充滿希望的人。教師專業示範的聲音，伴隨著學生學習致用的程度，為希望加碼；致用程度愈深，希望愈為濃烈，教師與學生互動的對話，彩繪著希望，充滿著希望之聲。

「致用之學」或者「能夠致用」的學習，不太容易定義，多數學者主張「經國濟世之學」才是致用之學。研究者認為，這般界定太沉重，多數的人不容易達成，多數的人做不到或不容易達成的註解，就不是最佳註解。研究者認為，致用之學指的是對於個人之食、衣、住、行、育、樂，日常生活用得上，能夠改善生活品質或者奠定後續學習基礎的學習，均稱為致用之學。「致用之學」是「學以致用」，是教與學的事務，是事畢其功的最終意涵；教學本身就是教學以致用，而學習達到學以致用才算真正的事畢其功。「能夠致用的學習」豐富了學生的學習生活，奠定邁向未來的希望，領導與學習的對話聲音，交互作用的節奏，彩繪著希望之聲。

第三節　醒世清韻：一位「人盡其才」的教師

　　用「鐘鳴大地」來註解教師，第三個意涵是：教師像「醒世清韻」，總是對著他的學生耳提面命。人的一生最為珍貴，然時光歲月無情，稍縱即逝，一晃一世，人要珍惜生命，珍惜學習光陰，珍惜師生共學的情緣，在有限的人生歲月中，盡「充分學習」之才，盡「開展潛能」之才，盡「優勢專長」之才，也盡「適配人生」之才。這耳提面命的聲音，是較為低沉的鐘聲，像醒世清韻，也伴隨著學生的一生。學生的學習歷程，從小學、中學到大學，總會有教師的醒世清韻，協助學生免於沉淪太深，順利度過荒唐輕狂歲月，回歸「人盡其才」的軌道。教師的醒世清韻，呼喚著學生「人盡其才」，也呼喚著自己「人盡其才」，專業示範給學生楷模學習。

一、盡「充分學習」之才

　　「人盡其才」有四個層次的意涵：第一個層次要學生能夠善盡「充分學習」之才。學生的知識才能經由學習而來，有學習才會有知識，以及應備的能力，學生要願意學、喜歡學、積極熱情的學、勤奮持續的學，才能盡「充分學習」之才。學生本身的個別差異很大，大部分學生都需要老師引導、示範、帶著做，才能養成好的學習習慣，進入充分學習的軌道。教師的聲音時而低沉，是學生的醒世清韻，扮演著「人盡其才」的教師，要學生從善盡「充分學習」之才開始。

　　如何善盡充分學習之才也是有經營要領的，教師可以從下列幾項重點著力：(1)定時學習：除了專注於學校安排的課程學習之外，學生的自主時間仍然要定時學習，每天有固定（如三十分鐘到二小時）定時學習時間，完成教師交代的課業、習作及預習或精熟學習；(2)適量學習：每位學生的個別差異大，學習時間長短及學習內容質量都要順應學生需求，適量規劃，

才能充分學習；(3)區隔學習：學生的身心發展與體能心智適應是學習效果的基礎，動靜分明的區隔學習，才能收「充分學習」的綜效；(4)習慣學習：指導學生養成優質的學習習慣（如定時、適量、正確、永續）之學習；(5)要領學習：如系統思考、本位經營、知識管理、績效責任以及個別知識藝能的學習方法與技巧，都可以幫助學生有效學習，盡「充分學習」之才。

二、盡「開展潛能」之才

學生的潛能無限，但個別差異很大。依據 Howard Gardner 的多元智能理論（theory of multiple intelligences）觀點，人的潛在智能概分為七至八種（語文、數學、繪圖、肢體、音樂、人際、內省、自然觀察者），且強弱與結構不一致。教師的使命是透過教與學及各種教育活動，啟發、激勵、導引學生的「存在潛能」，經由學習而開展出來，每一個學生都能盡「開展潛能」之才，教育才算成功，教師也才算完成應盡的時代使命。教師激勵、導引、啟發學生的聲音，就是學生的醒世清韻；學生要珍惜生命、珍惜時光、珍惜自己的遺傳秉性，善用學習資源，追隨教師，盡「開展潛能」之才。

教師如何幫助學生盡「開展潛能」之才，可以參照下列幾項作為：(1)常態教學：教師要遵照課程綱要及學校本位課程發展，信守常態教學，因常態教學才得以確保學生各種潛能有普遍刺激、啟發的機遇；(2)布建領域相關學習資源系統：學生的各種潛能多元存在，愈豐富的附加學習資源，愈能夠順應所有學生不同的需求；(3)開發教師任教科目（領域）學生的學習護照：分基礎級、優級及特優級三級，檢核自己授課學生，至少要有基礎級認證，並提供個殊學生發展優級及特優級潛能；(4)配合學校所有教師共同規劃，布建各領域（科目）分級，加深加廣學習資源系統及多元學習社團。

三、盡「優勢專長」之才

學生的潛能經由學習而開展，盡「充分學習」之才，主要藉由充分學習，普遍誘發各種「存在的潛能」，盡「開展潛能」之才，重點在促使「存在的潛能」能有機會表現發展，變成看得見的能力。盡「優勢專長」之才，則進一步期待學生能藉由學習歷程，展現自己的優勢專長之才，對自己的各種潛能來說，是優勢智能明朗化的展現，對與同儕或他人之間的比較而言，是個人的「亮點」與「相對優勢」之專長才藝。盡「優勢專長」之才，可以增添生命的意義價值，可以讓個人在社會群體生活中、職涯競爭中，得心應手，行行出狀元。一位「人盡其才」的教師，本身就是盡「優勢專長」之才的教師，也總是對他的學生耳提面命，幫助學生每一個人能在「優勢專長」之才，彈奏著「醒世清韻」的樂章。

教師協助學生盡「優勢專長」之才，也是可以經營的，除了前述兩階段的重點措施之外，也可以參照《教育經營學：六說、七略、八要》一書「實踐要領」（八要）中的相關要領（鄭崇趁，2012），例如：(1)優勢學習：激勵興趣主題閱讀、參與專長社團活動、展示主題學習成果，以及積極爭取競賽展演；(2)順性揚才：了解環境，順勢推移；掌握專長，提供舞台；經營亮點，匯聚能量；順勢而為，日有所進；(3)本位經營：專長與優勢都是教出來的，也是學習而來的，每一個人的背景條件及性向興趣都不會一樣，唯有經營本位，善盡本分本業學習，結合自己的在地資源，逐次發展自己的優勢專長成為系統品牌；(4)知識管理：製作學習檔案，留存完整學習紀錄，參與展示學習成果，建置自己的學習成果網頁（系統整理核心知識），主動參與各種教育競賽活動，深化學習成果與知識運用，盡「優勢專長」之才。

四、盡「適配人生」之才

人盡其才的第四個階層意涵，在能盡「適配人生」之才。人的潛能獲致充分開展之後，對個人而言，要能夠充分自我實現，自己的理想抱負與現實生活吻合，自覺是滿意幸福的；對個人隸屬的組織單位而言，是有效的智慧資本，充滿動能貢獻，受到同仁的認同與尊敬。個人自我實現的程度及動能貢獻的程度都與自己開展的潛能水準適配，此稱之為「適配人生」或「幸福人生」。教師教學與學生學習，都在追求幸福人生，盡「適配人生」之才。

教師教導學生盡「適配人生」之才的要領約略如次：(1)適性開發：優勢智能明朗化，個人具有相對專長及服務社會，多元潛在能量得致適性開發；(2)適力經營：每個人都努力於學習及生活，但不勉強、不強求、不超越能力所及的適力經營；(3)適量成就：學習與生活累積的成就，其績效總量符合個人的能力表現；(4)適度幸福：幸福人生是每一個人的夢想，在學習的每一階段都要有「適度幸福」的感覺，才得以營造一生的「幸福人生」及「適配人生」。

教師的聲音是醒世清韻，常對學生耳提面命，人的一生要盡「充分學習」之才，要盡「開展潛能」之才，要盡「優勢專長」之才，也要盡「適配人生」之才。自己做一個「人盡其才」的教師，也帶領著自己的學生，努力經營著「人盡其才」。

第四節　師道鐸音：一位「才盡其用」的教師

用「鐘鳴大地」來詮釋教師，第四個意涵是：教師像「師道鐸音」，傳承創新人師責任，鐸聲悠揚，日復一日、年復一年，傳唱教育，歌頌「傳道」、「授業」、「解惑」、「領航」的神聖使命，註解「人盡其才」之後，「才盡其用」的繁榮社會。鐸聲是學校教育的鐘聲，鐸聲更是教師樂為人師的聲音，師道鐸音，象徵著一位「才盡其用」的教師，教師自己本人「才盡其用」，以自己的才德智慧盡情奉獻學校，教育學生發揮最大的生命價值，也對國家社會有著最尊榮的奉獻；他（她）教過的學生，也都能「才盡其用」，為整個社會譜一曲「人才爭輝」的樂章。

一、知行合一的教育

「才盡其用」的第一個意涵即「知道了就做」——「即知即行」，強調知行合一的教育。對教師而言，用自己知道的知識、技能、理念教導學生，知行合一，就是才盡其用；對學生而言，在學習歷程中，學到什麼知能，就展現相對的作業或實作成果，就是知行合一，才盡其用。知而未行或知而不行，就難以驗證，此知是否為真知，也難以確保知識的取得是否存在，能停留多久，對個人是否具有「實質價值」。知行合一的教育是師道鐸音，是師生才盡其用的第一道鐸音。

教師教導學生篤行「知行合一」的教育，可從下列幾項重點著力：(1)表達所學：知行合一的教育，先要了解學生是否「真的知道」，是以在教學歷程中，要安排諸多對話及提問回饋情境，讓學生回答問題或表達「學到什麼」，確認學生「真的知道」；(2)操作學習：實施做中學（learning by doing），用操作行為連結知行合一；(3)實物作業（或評量）：運用完成教育作品的實物評量方式，呈現知行合一的教育；(4)競賽展演：激勵學生直

接或間接參與競賽展演活動，以參與及競賽成果，實踐知行合一的教育。

二、品德實踐的教育

才盡其用的第二個重點在於品德實踐的教育，學生的學習通常分成「知識」、「技能」、「情意」，品德教育屬於情意教育的範疇，相對較為抽象，平時的觀察與考評不易施作。研究者認為，品德的形成建立在「好習慣」與「服務心」的實踐之上，兩者的交織可以「穩定情緒」、「發展情感」、「培育情操」，成為全人格教育。品德教育是第二種師道鐸音，教師與學生搭建了人類社會的溫厚人情與倫理秩序。

品德教育的實踐得依下列五大步驟執行：(1)邀集相關人員討論學生最需要的品德核心價值；(2)依據品德核心價值的順序，排列為中心德目，每週由導師闡述核心價值的意涵；(3)按年級由教師們討論發展最適合該年級學生，實踐核心價值的行為規準三則，貼在教室公布欄，導引學生實踐力行；(4)這三則行為規準，一條為「好習慣」，一條為「服務心」，第三條則酌採名人經典語錄；(5)規範每一班級學生實踐篤行的質與量，並要求簡要的回饋評量機制（鄭崇趁，2013a）。

三、服務助人的教育

才盡其用的第三個重點在於服務助人的教育。生命之用在於服務人類，個人才德不一，能夠服務助人的程度也差別頗大，「才盡其用」的要義在「有多少才就服務多少人」、「有哪方面的才或能量，就為哪方面的人或事服務」，服務助人，成就萬物，百業興隆，福國利民。教師從教學歷程中示範服務助人的教育，學生從合作學習、服務學習的教育活動中，實踐服務助人的教育。師生的服務助人教育是師道鐸音的梵唱，傳唱「人之所以為人」的群性，傳唱「人類繁榮昌盛」的旋律。

　　服務助人教育的實踐力行，可以從下列幾項重點著力經營：(1)勞動學習：在家、在校、在社區勞動學習是服務助人之始，也是鍛鍊身體動能之優質習慣；(2)服務學習：列為各階段教育的正式課程，為學生發展多樣性服務助人的實踐工作，在服務中學習，也在學習中助人；(3)助人學習：推動童軍教育，信守智、仁、勇三達德，日行一善，由助人實踐中學習，也由學習中實踐幫助他人、支持他人、成就他人，傳唱師道鐸音；(4)共鳴學習：同理心與共鳴性的了解，是人際互動與溝通的最重要元素，經由同理心的學習與訓練，可以增進與人互動的品質與情誼；共鳴學習是才盡其用的情感面向，得以賦予服務助人的教育價值。

四、經國淑世的教育

　　才盡其用的第四個重點在於經國淑世的教育。人的一生要有經世濟民的胸懷抱負，才盡其用的人最崇高的「用」，用在能夠為國家社會（全體人民）貢獻價值、創發新價值，能有大用。師道鐸音在歌頌教師為國家培育人才，而培育人才的範圍至為寬廣，包括各行業的「基層服務人才」才盡其用，可以提升全民生活品質；各行業的「主管經理人才」才盡其用，可以創發百業興隆榮景；各行業的「領導人」才盡其用，可以經國淑世，提升國家競爭力與全民幸福指數。經國淑世也是所有教師與學生的共同夢想，也藉由教育歷程，教師帶著學生努力實踐，是師道鐸音歌頌的崇高標的。

　　經國淑世的教育也是可以經營的，教育當局與教師們可以從下列幾個事項著力：(1)價值教育：教育的價值在教「人之所以為人」，對個人來說是充分自我實現，對組織來說就是有效的智慧資本，而經國淑世是最有效的智慧資本；(2)能力教育：教育的本質在開展每一個人的潛能，促使人盡其才、才盡其用，才盡其用的極致在為國家所用，為大多數人服務，是經

國淑世的教育；(3)認同教育：認同可以引導能力的滋長與發展方向，師生要認同自己、認同在地、認同家鄉、認同國家，開展能力為了奉獻自己的家鄉社會才盡其用，用在經國淑世；(4)實踐教育：對師生而言，經國淑世的氣度胸懷與理想抱負，並非當下直接行為表現，需要實踐教育來滋養鍛鍊，例如：應先做好知行合一的教育、品德實踐的教育、服務助人的教育，才得以進而實踐經國淑世的教育。經國淑世的教育由「能力」×「博愛」×「致用」三者交織而成，是才盡其用最崇高的實踐力行。

師道鐸音，傳唱千古，彩繪大地，旋律悠揚。教師帶著學生，人盡其才，才盡其用。才盡其用的實踐，可以從知行合一的教育、品德實踐的教育、服務助人的教育、經國淑世的教育加以註解歌頌。

二部曲
朝陽東昇・使命

　　教師有使命，像朝陽東昇。教師是新世紀責任良師，要扮演「教書匠與教育家」、「表演者與大導演」、「選書人與創作師」，以及「育英才與博濟眾」的角色責任。教師要創新教育的新價值，從教學、研究、輔導、服務四大使命中，彰顯「專業、精緻、責任、價值」的個人核心價值之追求。教師要專業示範四大承諾：承諾帶好每位學生、承諾教好每一堂課、承諾輔導弱勢學生、承諾承擔績效責任。教師像「啟明之光」，在成就知識公民；教師像「希望之光」，在成就世界公民；教師像「溫厚之光」，在成就自主公民；教師像「智慧之光」，在成就責任公民。

第五章 師道目標
〈孕育新世紀責任良師〉

　　本章的章名，研究者原欲使用「師資培育目標」，簡稱「師培目標」，唯多次唸它之後，覺得「師培」二字的聲音之意並不雅緻，且如用台語唸，更有負面意涵，是以決定用「師道目標」來「闡述孕育新世紀責任良師」的內涵。本章為二部曲之首，全篇之名為「朝陽東昇‧使命」，朝陽乃起頭之光，乃啟動之光，乃溫厚之光，乃多彩之光。「師道目標」像起頭之光，培育未來的教師，像朝陽一般啟動人心，溫厚大地，建構多彩繽紛的世界。

　　「師道」者，為師之道也，用來形容一位教師的「使命」或「角色責任」頗為貼切。我國教育家劉真先生曾於 1974 年編了一本《師道》的書，內容集合我國近代教育學者，分別撰述國內外五十位教育家的簡要生平、教育思想與對教育的貢獻，看了會有文天祥「正氣歌」中的經典名句出現（感覺）在腦海；「風簷展書讀，古道照顏色。」師道的「道」就是軌道、大道、得道、康莊大道。師資培育的目的與功能就是在培育基層教育（中小學）的教師，這些教師應扮演學生的經師、人師以及責任良師，本章以副標題「孕育新世紀責任良師」來註解師資培育目標的時代訴求。

　　本章分為四節闡明師道目標：第一節「教書匠與教育家」，依劉真先生的智慧論述為基礎，註解經師與人師的使命及經營要領；第二節「表演者與大導演」，說明責任良師必須專業示範，表演如何學習的大戲給學生看；也要扮演大導演的角色，執導「教」與「學」的每一齣單元戲；第三節「選書人與創作師」，說明數位時代的教師要會幫學生選擇學習書籍與知識資料，更要會創作教材教案（著作）給學生直接學習，選書人與創作

師兼重，才是責任良師；第四節「育英才與博濟眾」，以學生為主體來看師道，受益的對象不但要得天下英才而教育之，更需要博施以濟眾，帶好每一位學生。

第一節　教書匠與教育家

劉真（1991）曾發表〈教書匠與教育家〉一文，轟動整個華人社會，被喻為是對「教師的使命」作最好的詮釋之一篇論著。一位責任良師不但要做好教書匠，更要做好教育家的角色，教書匠有四大條件：(1)法定的教師資格；(2)豐富的教材知識；(3)純熟的教學方法；(4)專業的服務精神。教育家則有四項精神：(1)慈母般的愛心；(2)園丁班的耐心；(3)教士般的熱忱；(4)聖哲般的懷抱。「教書匠」以「書」為重心，以「言教」為主；「教育家」以「人」為重心，以「身教」為主。真正的教書匠難求，真正的教育家更難求，都是每一位教師嚮往與應努力學習的對象。

研究者讚嘆劉真先生的見解，除了個人終身實踐力行之外，也認為當代的教師可用更為現代化的語言來註解「教書匠」與「教育家」的綜合意涵。

一、教育理論的實踐家

學校是教育理論的實踐場域，而教師就是教育理論的實踐家。教師依據教育理論來從事教學，依據教育理論來編製課程，也依據教育理論來教育學生，更依據教育理論來輔導學生。教育理論也是傳承創新當前教育機制的脈絡源頭。教師要扮演好教書匠的角色責任，需要實踐課程發展與教學原理攸關的理論；教師要扮演好教育家的角色責任，更需要實踐教育哲學、教育心理學及教育社會學攸關的理論。理論實踐能力愈強，愈能夠讓

教師成為卓越的教書匠與教育家。

　　教師要實踐「人的教育發展」理論，例如：生理發展理論、Piaget 的認知發展論、Erikson 的任務發展論、情緒→情感→情操的全人格教育理論、語言學習關鍵期理論、Super的生涯發展彩虹理論、體適能適配度等與學生生理、心理、認知及學習發展有關的理論，協助每一位學生從未成熟的人「教育發展」成為成熟人、知識人、社會人、獨特人、價值人、永續人（鄭崇趁，2013b，頁 73-74）。

　　教師要實踐「教與學」的原理學說，教育的核心歷程在教師的「教」，以及學生的「學」，有效的教學相關理論，包括：「編序教學」、「多元智能理論」、「教學八大原則」、「協同教學與班群教學」、「激勵策略」、「團體動力學」，以及「形成性評量與多元評量」等；與學生學習相關的理論則有：「學習三律」、「學習型組織理論」、「知識教學目標理論」、「情意教學目標理論」、「技能教學目標理論」、「體適能（檢測與教學）」、「十大基本能力」、「健康促進學校」、「適性發展教育」，以及「三適連環教育」（適性、適時、適量）等。教師們經常想到「教學及學習」的理論、原理、學說，讓這些教育前輩的智慧資產，直接被運用在課程設計、班級經營計畫、教學方法選擇、教材呈現秩序、分組同儕學習、班群與網絡支持系統設計、執行綿密的形成性評量、個殊化與支持性的補救教學、要求學生產出性的學習，以學生的學習作業及學習作品作為學習成績評定的主要形態（鄭崇趁，2013b，頁 75-76）。

二、課程教學的執行者

　　教育的核心技術在「課程設計」、「班級經營」、「有效教學」，以及「輔導學生」，四者都要教師實踐篤行、親力親為，是以統稱為「課程教學的執行者」。每一位教師除了依據編班排課的職務編配，擔負「責任

班級」領域學科的教學之外，也要負責學校本位課程研發與任教班級的班級經營，經由「課程設計」、「班級經營」、「有效教學」、「輔導學生」的歷程，實踐「課程統整」，教導學生帶得走的「核心知識」與「核心能力」。

教師扮演「課程教學的執行者」角色，隨著新時代訴求，責任良師應完備下列幾項工作目標：(1)配合校本課程規劃，編製三至四個單元主題教學的教案，銜接校本課程發展與任教領域的課程統整；(2)發展任教領域的自編教材達 20 至 25%，實踐教師專業自主及順應學生本位需求；(3)參與專長領域學習社群，與學校教師合作，共同完成行動研究或領域教學方案；(4)取得領域教學認證，藉由專長授課，帶好每一位學生；(5)開發任教領域「補救教學教材」，善盡「立即補救教學」之責任；(6)任教學生領域核心能力通過「基本能力」檢測逾 85%以上。

三、教育問題的解惑師

「傳道、授業、解惑、領航」是本書第三章所詮釋的「人師角色」，傳道在傳生命創新之道，授業在授知識藝能之業，解惑在解全人發展之惑，領航在領適配生涯之航。從教育事務的本身來看解惑，教師扮演的是「教育問題的解惑師」，教師要解學生「學習之惑」，要解學生「交友共學之惑」，要解學生為何要「參與教育活動之惑」，也要解家長「如何共同教育孩子之惑」，要解家長「孩子遇到教育問題之惑」，要解大眾「教育政策問題之惑」，更要解社區民眾「本位經營教育之惑」。學生與家長的所有教育問題，都需要請教老師，期待老師能夠適時逐一「解惑」。新時代責任良師，就是教育問題的解惑師。

「解惑師」的名詞易懂，但經營與實踐頗難，教師本身要擁有高標準的「教育專業素養」，以及豐厚實用的「教育實踐經驗」，才能為學生及

家長提供滿意的解惑師角色服務。

每一位責任良師要刻意經營下列幾個事項：(1)修習教育專業、專門學分一百個學分以上：教育事業是極其專門的行業，大學畢業的同時，要有六十個學分以上的教育專門學分，在任職教師五到十年間要進修教育（教學）碩士學位，一生要修習一百個學分以上；(2)要擁有教育學門相關的碩博士學位：臺灣中小學教師全面碩士化已是明顯趨勢與基本需求；(3)掌握新近教育政策的內涵與核心價值：會用核心價值論述說明政策的內容與必要性；(4)掌握學生發展特徵與學習關鍵期：學生的發展階段特徵與學習關鍵期可解大部分家長與學生共同之惑。

四、生命風格的領航人

教育事業是教師帶著學生經營的教育行業，學校是師生的共同舞台，核心的事務是「教」與「學」的循環律動，很多老師一輩子教書，四十年永續經營，教過的學生成千上萬；很多學生從幼兒園開始接受教育，小學、國中、高中到大學，至少十六年以上，學習過的師長也至少數十上百。每一位學生的「行為習慣」與「生命風格」，大多數是從他（她）的老師身上學習而來的。教師事實上是學生「生命風格的領航人」，教師要向學生領航專業示範，用自己的專長知識帶動學生有效學習；教師要向學生領航做事的方法要領，追求個人效率與組織效能；教師要向學生領航人際互動品格，也要向學生領航食、衣、住、行、育、樂的生活品味風格，活得精緻、自主、有品、精彩，度過幸福豐富的一生。

生命風格的領航人是一種潛移默化的作用，多數的教師本身並未察覺自己的專業行為表現及生活常態取向，已經被自己的學生模仿、效法，甚至於影響深遠，成為階段性的「時尚風格」。新時代的責任良師應刻意經營下列幾個事項：(1)勤奮教學：教師的本業及本分就是教好自己的學生，

帶著學生當下學會該學的知識或技能；唯有勤奮教學的教師，深耕本業、善盡本分的教師，才是學生敬重與學習的標竿；(2)傳授要領：學生的學習、生活與人際都需要要領，能夠傳授學生學習、生活及人際要領的教師，對於學生的幫助最為實惠，學生會感恩而仿效，而形成風格；(3)行為標準：教師對於學生的課業要求及品德行為表現均要商定客觀的、可行的標準，大家一視同仁，以標準的行為模式，形塑學生風格；(4)幽默風趣：幽默風趣的教師，能帶給學生學習樂趣，運用希望、積極、正向的態度面對新時代挑戰，是學生競相仿效學習的個殊風格。

第二節　表演者與大導演

「教書匠與教育家」是從人的職務來詮釋教師，本節「表演者與大導演」是從「教育的方法過程」來詮釋教師的角色內涵。新世紀的責任良師，教學像演戲，教師自己本身是表演者，同時也是大導演，要演好教學大戲不容易，要執導每一單元的「共學大戲」更不容易。從表演者的立場來看，教師要能充分掌握單元和新知識與核心技術，才能帶領學生表演表達學習內容。從導演的立場來看，教師要能深入掌握每一個學生的基本情境，安排可以個別發揮的角色，運作最大價值的劇情，執導篇篇有效學習的戲夢人生。學校是舞台，師生合演了教育人生大戲。

一、開發數位教學影片教材

教學數位化是「知識經濟時代」必然的發展趨勢，電子白板教學、電視影片教學、數位學習課程，是二十一世紀教育方法的主流趨勢，每一位教師均應面對。新世紀的責任良師，不但要學會操作電子白板，進行數位影片教學，確保學生的學習與時代同步發展，在最迅速、最短的時間內學

會單元的核心知識與核心技能，同時也要承擔開發自己任教領域數位教學影片教材的責任，為「校本課程」及「課程統整」做出最具價值的貢獻，讓教師及班級學生自己當主角，演出「單元教與學」的最佳教學影片教材。教師就是表演者，同時也是大導演，數位教學影片就是新世紀教育產品，同時也是教師個人最珍貴的知識資產。

以研究者親身經驗為例，研究者近年致力於「經營教育之學」的研發，2012年出版《教育經營學：六說、七略、八要》一書，2013年出版《校長學：成人旺校九論》一書，2014年出版的本書《教師學：鐸聲五曲》，乃係配合教育部推動「磨課師」（MOOCs）數位教學課程開發計畫；該計畫從2014至2016年間將上述三本書拍攝成「校長學36講次」、「教育經營學63講次」、「教師學60講次」的數位教學影片，研究者及博士班修課的學生（多數為中小學現職校長）都是表演者，研究者也同時兼扮大導演的角色責任。中小學教師要會使用多元系列的教學影片，也要能配合校本課程的研發，結合領域課程統整的需求，自編5～20%的教材及教案，其中自認為最精華或最專長的5%，可以優先開發成數位教學影片教材，讓教師自己及學生都是表演者，教師同時也是大導演。

二、指導學生藉由表演分享學習成果

藉由「分享」（share）促進「知識螺旋」（knowledge spiral）是知識管理的核心技術，教師的單元教學，都要安排學生「群組共學」與「分享學習成果」，運用類似戲劇的表演方式，有劇情的將核心技術與學習要領專業化成「劇情」表演出來，最能獲致同學的共鳴。對演出的學生而言，深化學習，沒齒難忘；對觀察的學生而言，潛移領會，共鳴學會。指導學生藉由表演分享學習成果，可以活化教學，增益學生「統整」、「綜合」、「應用」的學習。

以表演分享學習成果是要「花時間」的，一般領域的教學，不太可能每一單元都有時間指導學生演戲。責任良師可以經營下列幾個事項：(1)規劃兩次表演：運用期中及期末實施表演分享學習成果，提供學生至少有兩次演出機會；(2)結合表演藝術課程：經營表演藝術的學習，統整重要領域核心知識的學習成果；(3)在各領域課程的學習成果展示中，綜合考量運用「戲劇表演」的成分與比例；(4)將「表演分享成果」列為班級經營計畫的主軸，直至成為「常態性」班級主要「教」與「學」的重要形態之一。

三、編製領域學習成果教學影片

用「表演分享學習成果」會有「領域性質」的限制，部分「純知識」傳遞的教學，有否必要轉化成「學習共同體」般的「戲劇教學」，必須由教師「專業自主」的決定。但所有領域學科，都可從「編製領域學習成果教學影片」開始，累積二、三年的教學成果資料，就可提供給學生觀摩，結合當年度自己的學習成果，發展期中及期末的「表演分享學習成果」，逐漸增加「戲劇表演」的比重與可行性，促成學校大部分的老師都從各領域的教學及班級經營計畫中，帶著學生編織「人生大夢」，實踐各種「教育大戲」。教師是表演者，同時也是這齣大戲的大導演。

四、學校定期舉辦「班級戲劇比賽」

「戲劇教學」在臺灣的教育界正在啟蒙，流行的程度尚未普遍，主要原因有四：(1)教與學的起點需要由教師端「專業示範」戲劇表演，並非教師最優先專長，多數教師不選擇從表演開始；(2)表演要經過「刻意排練」，所費時間較多，很難在固定的教學時數內完成，採用戲劇教學過多，會影響整個領域（學科）的教學進度；(3)教育政策及學校措施從未倡導「戲劇教學」，多數教師與學生的「覺知」有限；(4)師資培育課程之「教學原

理」、「教材教法」未必有介紹「戲劇表演教學法」。

　　數位時代已經來臨，「影片教學」已成為新世紀教育的主流趨勢，各領域學科教學都需要豐富多元的數位教學影片，結合學校本位管理、本位課程及學生主體，課程統整的需求，每位教師都已被要求編製自己任教領域（科目）的主題教學教案，這些「自編教材」最精華、最珍貴的部分可拍成教學影片，分享給學校教師同仁，並數位典藏流通，才能代表學校的本位課程、特色課程，以及教師個人在教學上的貢獻與產品。教學影片的成功與否建立在班級學生的「戲劇教學」，教師及學生都要「很會演戲」，都能夠將單元的核心知識及核心技術「表演出來」，讓觀賞的人有「知的雀躍」、「情的共鳴」，以及「意的提升」，用戲劇的美來實踐教育目標。

　　是以學校應定期舉辦「班級戲劇比賽」，激勵「表演分享學習成果」，並以競賽活動，提供師生觀摩學習「戲劇教學」的技術與要領，也要依領域或學科籌組「教師專業學習社群」，共同研討如何將領域的核心知識及技術，轉化為可以用「戲劇表演」的元素，進行「跨領域的統整與運用」，協助每一位教師都成為成功的表演者，也是一位優質的大導演。

第三節　選書人與創作師

　　從「知識管理」的觀點來看新世紀教師的角色責任，教師是幫助學生辨識可用知識、統整知識、創新知識的「選書人」，再從「學生主體」、「本位經營」、「校本、班本課程」的觀點來看，教師任教的每一門課，都應該秉持「教學專業自主」，為自己的學生選擇「最合適」的教科書及補充學習教材，最好是編輯一本符合時代及這個班級學生共同需求的講義，依據講義帶領學生學會「課程綱要」規劃的「單元核心知識及核心技術」，藉由學生「知識基模系統重組」的「教」與「學」歷程，培育學生帶得走

的基本能力。這本最適化的教科書、講義、補充教材，就是教師個人的教育產品，是一種創新的成果，教師變成了學生共同的「選書人」及「創作師」。優秀的選書人不容易，真正的創作師更難，然而都是當代教師必須實踐深耕的角色責任。教師如何善盡「選書人與創作師」的角色責任，下列幾個事項應予留意。

一、選擇教科書與補充教材

中小學的領域教學教科書是由學校教師召開「課程發展委員會領域小組會議」所決定，全校使用統一的版本。大學的教科書通常由授課教授決定，有的一本，有的二、三本，有的沒有固定的教科書，依據教授本人的「主題教學」，PowerPoint 的內容講到核心主題，再由教授介紹或增印一些補充教材由學生自主閱讀，自主課程統整。為學生選擇優質而合適的教科書與補充教材，成為每一位教師的重要使命（Mission）。

為學生選擇教科書及補充教材，可參照下列幾項經營要領：(1)難度適中：目前同一科目（或領域）的教科書均有多元版本提供選擇，每一版本的特色個殊，教師應依據學生背景程度選擇難度適中的教科書及補充教材；難度中等，最能夠激發學生學習動能，效果通常較佳；(2)方法在地：中小學「教科書」與教師的「教學指引」是整套的設計，教師在決定教科書之前，應先閱讀其教學指引設計，配合選用適合在地資源與本土化統整之教學方法，為優先考量的教科書；(3)習作妥適：學生的習作也是教科書「套裝軟體」的一部分，學生習作的內容要能充分練習單元的核心知識與核心能力，決定教科書之前，也需要參照習作編製妥適性的程度；(4)評量多元：多元化教學評量的設計，要能有效回應知識、情意、技能的完整學習。

二、自編主題統整的教材與教學教案

從自己任教的學科領域出發，幫助學生有效學習，並進行「課程統整」，實施「完整的學習」，習得「帶得走的能力」是當代教師的使命，也是 2000 年以後「國民中小學九年一貫課程綱要」的主要精神（課程統整）。是以每位教師均應為自己授課的學科或領域，自編數個主題單元教學教案並編製補充學習教材。「課程統整」的實踐，若從「產出面」觀察，教師自編的教材教案愈多，代表「統整」的深度愈佳。

自編教材達學生學習總量的 20 至 25%，是二十一世紀教師的時代責任，此一角色責任並非遙不可及，每一位教師若能循序經營、永續深耕，均可成為新世紀的責任良師：(1)參與群組行動研究：教師的任教領域專業學習社群，以行動研究的方式，共同發展領域學校本位課程及教材；(2)自編主題教學教案：自編教材通常由自編教案啟動，有教學上的需要，再由教師蒐集重組教學上需用的自編補充教材，教案結合補充教材就逐漸成為教師珍貴的自編教材；(3)串連參考補充教材：教師把領域中各單元的補充教材，重新組合串連，為新年級學生規劃系統（統整）學習教材，就是教師的自編教材；(4)形成系統教學講義：逐年精緻化的系統教學講義，就是教師個人最佳的自編教材，系統化的教學講義代表教師善盡「選書人」與「創作師」的角色責任。

三、編製領域學習講義及學習要領

教師能夠為授課班級學生提供系統化的學習講義，並提示核心單元的學習要領，是教師善盡「選書人與創作師」的第三個使命，這一個使命建立在「單元核心知識」如何藉由「關鍵教材」，幫助學生「容易學會」。教師本身有其既定的知識基礎及教育觀點，也有其「判斷自己學生如何迅

速學會」的經驗背景，為授課學生選擇「師生共教共學」的教材，編製成領域學習講義，作為教科書之外的補充教材，甚至於直接取代教科書（教師也可將經典版本的教科書列為補充教材而非主要教材）。

精緻化、系統化的講義內容有兩大來源：一為國內外名家學者最知名的著作，依據單元主題串連，提供學生學習及教師講解分析的藍本；另一為教師自己的著作，是教師累積多年教學經驗以及對這些核心知識及核心技術，用自己「知識基模系統重組」的成果，發表出版自己的著作。針對第一種來源，教師扮演的是四分之三「選書人」及四分之一「創作師」的角色，教師有責任為他的學生們「選讀學習」到主題知識最「經典核心」的論述。針對第二種來源，教師扮演的是四分之一「選書人」及四分之三「創作師」的角色，教師也有責任教導學生們經過自己「課程統整」之後的教材。但是教師自己創作的教材，有時仍然比不過「經典教材」實用，是以教師如果使用自己的著作當成講義或教科書，仍要有 20 至 50%介紹學習「經典教科書」或「經典補充教材」，帶動最大價值的學習。

四、研發領域教學教科書及專門著作

用自己的著作當成學生的教科書，是每一位新時代教師的「共同願景」。自己研發的著作教材當作學生直接學習的知識教本，對教師而言具有兩大崇高意涵：(1)充分自我實現的人：教師的著作就是教師本人的理想抱負，就是教師本人對教育觀點的主張與實踐，能夠在教學的實務層面直接被使用；「理想」與「現實」吻合，教師自我實現的感受最高，活的有意義、有尊嚴、也最有價值；(2)有效智慧資本的人：著作就是教師的教育產品，著作在教學現場被使用，代表教師是一位有產品、有績效、有動能貢獻者，教師本身就是有效的智慧資本。「人之所以為人」在追求充分的自我實現，在扮演學校（組織）有效智慧資本的角色，校長然，教師亦然。

研發領域教學教科書及專門著作偏重「創作師」的角色程度，「編輯講義」屬於「半創作」，是「創作師」的終極詮釋，我們都期待，中小學教師在教學時有五分之一至四分之一的教材是他個人的（或參與團隊的）專門著作，大學教授則用自己的著作當成主要教材，唯有自編教材及自主創作教材達到此一比率，才是「教學專業自主」的理想境界。教師的使命是學生的「選書人」，同時也是教育的「創作師」，選書人教導學生「系統結構」的核心知識與核心能力；創作師教導學生「統整課程」的實踐與帶得走的能力，「創作師」從自編教材啟動，從出版教科書及專門著作深化。

第四節　育英才與博濟眾

「得天下英才而教育之，一樂也」，是中國傳統教師最為津津樂道的經典名句；「帶好每一位學生」是臺灣二十年教育改革對於教師最大的期望，也是所有教師共同的心願。兩者交織，構成了新世紀責任良師的使命：「育英才」與「博濟眾」。「育英才」是指只要經過教師教過的學生，都會是英才，都會擁有相對優勢專長；「博濟眾」則是指教師能夠實現「帶好每一位學生」、「成就每一位孩子」的教改願景與時代訴求。教師永遠是快樂的，樂為人師，樂育英才，也樂於博施濟眾，以成就每一位學生為樂。育英才要從「優勢學習」與「因材施教」入手；博濟眾則要從「順性楊才」與「有教無類」著力，兩種角色責任有時合而為一，有時要視「學生來源」與「個別秉性」而有些許差異，這都需要「責任良師」永續經營，勤奮深耕。

◆ 一、「有教無類」兼重「因材施教」

「有教無類、因材施教」是我國傳統師道的標竿，也是我國教師引以為傲的教育哲學，它與「教育機會均等理念」及「多元智能理論」媲美，並存於當代世界，也是「適性教育」的總源頭；它將細水長流，流遍整個地球，流經歲月的長河，但也會隨著教育理論的研發，而持續有「新意涵」與「新價值」的註解與闡述。

「有教無類」的當代教育意涵，要結合「教育機會均等理念」及「多元智能理論」來統整分析。有教無類是指教師的教學，不可因為學生的來源背景條件不同，而有不一致的對待，要一視同仁，沒有僵化的類別或族群，尤其要確保弱勢族群學生、成就落後學生、適應困難學生，都有「均等」的受教機會、「均等」的受教過程，以及「均等」的適性發展。「有教無類」亦指「學生本身的多元智能」及「優勢智能」有均等的激勵教育環境，以及「優勢明朗化」的機會。

「因材施教」的當代教育意涵具有四大指標：(1)順性揚才教育：也就是順應學生秉性、條件，客製化的教育；(2)激發優勢教育：結合多元智能理論觀點，激發每一位學生優勢智能明朗化的教育；(3)因材施教教育：依據教材難度及學生起點行為，決定教學方法與學習歷程的教育；(4)普遍卓越教育：每一位學生自己的相對優勢智能都能得到激發與明朗化，每一個人在學術（知能）及職涯上均有產能貢獻，是一種邁向普遍卓越的教育。

◆ 二、「順性揚才」觸發「優勢學習」

「順性揚才」一詞，研究者自 2009 年啟用以來，逐漸被大眾接受。「順性揚才」是深化的「適性教育」，「適性育才」強調我們教育教導學生，要「適合」學生自己的「性」；然而怎樣才「適合」，係由教師與家

長「大人們」認為的、決定的，是以我們的「適性教育」實施了百年，但是「不適合」學生「本性」的教育場景比比皆是。「順性揚才」的啟示來自〈道德經〉的「上善若水」（上善若水，水可就下，因材器使，成就萬物；教育若水，激發潛能，順性揚才，玉成眾生）（鄭崇趁，2012，頁317-333）。「順性」更是以學生為本位，我們要順應學生的背景習性，順應學生的喜好興趣，順應學生的潛在性向，順應學生的優勢專長，順應學生的理想抱負，揚其可揚之才。

「順性揚才」觸發「優勢學習」，讓教師的神聖使命既能「育英才」，也能「博濟眾」。原本即菁英優秀的英才，在優勢學習之後，更能以優勢專長服務社會，澤民富國。原本並非菁英族群的一般學生，「順性揚才」觸發的「優勢學習」，是一種符合興趣和性向的學習，是一種順應相對專長的學習，是一種發展特色風格的學習，也是一種善用環境配備的學習，更是一種統整資源的學習（鄭崇趁，2012，頁299-315）。是以每一個學生都能成就其「相對優勢專長」，其相對優勢專長發揮在「學習」與「志業」上，則行行可以出狀元，個個都有動能貢獻。就每一位教師而言，「育英才」十分重要，「博濟眾」更為重要。

三、「自我實現」創造「滿意人生」

教育界的人都清楚，「自我實現」（self-actualization）是 Maslow（1954）需求層次理論的五大需求（生理需求、安全需求、愛與歸屬需求、尊榮需求以及自我實現需求）之一，而且是最高層次的需求。每一個人之所以長期接受教育，都期待自己能夠經由教育，獲得知識能力，追求自我實現，唯有自我實現的人才能擁有「滿意幸福的人生」，自我實現的人活得才有意義、才有價值、才有尊嚴，才是「人之所以為人」。研究者出版《校長學：成人旺校九論》（鄭崇趁，2013b）一書，將「自我實現論〈成

就人的尊嚴價值〉」列為全書首章，強調教育的本質與功能就是在幫助每一個人「自我實現」，校長與教師本身要能夠自我實現（當上老師、當上校長），也要幫助他的所有學生自我實現。「理想」與「現實」吻合就是自我實現，自我實現可以是一次性的（人生的終極理想抱負），也可以是階段性的、累進性的、生活性的，教師教育學生，要教導學生追求生活性的、階段目標性的，以及累進性的自我實現，創造階段性的滿意人生，再逐次累積追求終其一生的自我實現。

觀察教師自我實現的指標，概略有五：(1)認同學校教育，樂於教學，日常生活有品質；(2)教學研究效果滿意，獲得學生及同仁的激勵回饋；(3)具備教師核心能力及優勢專長，優勢專長有發揮的舞台及自己滿意的表現；(4)任教學生的學習成果表現達到平均水準之上，並能幫助學生個人自我實現；(5)有明確的教育核心價值及妥適的理想抱負，且有相對的成果產品（如著作、教材、作品、競賽獲獎）流傳（鄭崇趁，2013b，頁32）。

教師教導學生追求自我實現，可從下列五大指標經營：(1)樂在學習：學習是學生階段的生活軸心，學生喜歡學習是自我實現的起點；(2)知的雀躍：學習人生充滿著「我學會了」、「我懂了」的心情，能獲得知識技能，形成知的雀躍；(3)情的感動：學習歷程帶給學生個人溫暖、幸福、支持、關照，具有情的共鳴與感動；(4)意的滋長：智、仁、勇三達德是人類珍貴的情操，也是學生學習自我實現的崇高指標之一，在楷模學習歷程中，學生本人「大仁、大智、大勇胸懷」滋長的程度也是觀察指標之一；(5)滿意學習：符合自己興趣和性向的學習，學習的成果自己是滿意的，也符合學生各自的抱負水準（鄭崇趁，2013b，頁34）。

四、「智慧資本」造就「有用棟樑」

「學以致用」、「經世濟民」永遠是教育最崇高的目的，教師的神聖

使命是「帶好每一位學生」，既要「育英才」，更要「博濟眾」，整個國家社會都期待。「學校教育是百業興隆的上游工廠」，全國教師們盡力「帶好每一位學生」之後，這些學生長大成年都成為各行各業的「基層人力」與「領導人才」，是國家社會的「智慧資本」，是國家社會的「有效的智慧資本」而非「靜態的智慧資本」。

「智慧資本」（intellectual capital）原係管理學使用的名詞，指的是人力資源中，能夠創發組織新價值或動能貢獻的無形資產。因為是「無形資產」，難以直接辨識，有時「靜止而無用」，有時會產生「動能而有貢獻」。是以在教育領域上的應用強調「經世致用」的智慧資本教育，教師本身要先扮演好「有效智慧資本」的模範角色（很會教書、教好每一位學生、有教育品質績效、對學校教育產生動能貢獻），也要把學生教成「有效的智慧資本」，具有「厚實的核心能力」，認同自己的國家、社會及自己選擇的生命志業，並且願意實踐力行，奉獻所學，成為「有用棟梁」。

本章撰述「師道目標」，闡明「孕育新世紀責任良師」的四大面向，前三個面向以教師本身為主體出發，教師的角色責任在「教書匠與教育家」、「表演者與大導演」，以及「選書人與創作師」，第四個面向則配合「翻轉教育」的潮流，融合「學生主體」及「社會主體」出發，論述教師的角色責任要能均衡「育英才」與「博濟眾」。四個面向與各節之主要內容說明，均以現代教育的常用語言註解，期能釐清章節內涵的核心知識、核心技術以及教師學習的核心能力。

第六章　核心價值
〈傳承新教育價值創新〉

　　價值（Value）是「人之所以為人」的目的之一，教育在教人之所以為人，理想中的人，就是要活的有意義、有價值、有尊嚴。教育在傳承人類的「核心價值」（Core Value），也在配合時代與隸屬群體「組織任務」的發展，創新價值，豐厚人類的生活，賦予生命更為多彩的意涵，而對組織有貢獻，獲得敬重，活得有尊嚴。「價值」是教育經營的核心元素，人活著為了價值，人接受教育也是為了學習累增自己的能力與價值；教師從事教育工作，更是為了傳遞知識與創新價值；學校的存在，是提供師生教育的舞台，也是傳承創新知識價值的舞台。新世紀的責任良師，其重大的使命在傳承新教育的價值創新。

　　本章分為四節論述核心價值：第一節「核心價值的內涵分析」，以「人的共同需求及心願」與「組織任務」交織的價值取向，作為「核心價值」的成因與內涵分析；第二節「教育組織的核心價值」，以我國《中華民國教育報告書：黃金十年、百年樹人》（教育部，2011）一書所揭示的「精緻、創新、公義、永續」等四大核心價值為主軸，分析教育組織與教育政策應反映的核心價值；第三節「教師的核心價值」，從教師使命（mission）及角色責任（accontability）的觀點，論述教師應備的核心價值；第四節「核心價值的政策意涵」，說明闡述人文、適性、均等、民主、創新、永續、精緻、卓越等八大核心價值的政策意涵。

第一節　核心價值的內涵分析

教師應了解「人」的核心價值，尤其是「自己」的核心價值，才能夠執行「教人之所以為人」的教育使命；教師也應了解「國家社會」的核心價值，才能夠掌握文化的底蘊（人民大眾的心願與需求），順應社會的核心價值，教導學生成為多彩豐富的「社會人」；教師更應了解掌握「教育」的核心價值，結合教育政策與學校措施，教育自己的學生成為「充分自我實現」的人，同時也是學校、社會、國家「有效智慧資本」的人，且有滿意、成功、有用，獲致認同、尊敬、具有幸福意涵的「價值人生」。

一、核心價值來自「人的共同性」（需求及心願）與「組織任務」交織的價值取向

人很難獨處生活，人必須活在社會的各種不同群組系統之中，例如：家、學校、任職單位、社區、宗教、政黨、專業社群，以及各種正式及非正式組織之中，只要是「人的組合」就會有不同的任務目標，人本身的共同性（需求及心願）與該組織任務目標交織的價值取向，就形成了該組織的「核心價值」。以「家」為例，我們為什麼要結婚成家？為什麼中國的五倫強調「造端於夫婦」？因為男女有共同的「需求——性」，以及「心願——欽羨的對象」，籌組家庭（組織）之後可以「繁衍子孫——永續經營」，可以「交互支持——關照幸福」；是以2013年4月研究者赴北京師範大學講學期間，該校有位副教授新婚不久，兩家餐敘時特別跟我們分享，他們準備結婚時曾「約法三章」，我們問「哪三章」？他說「忠誠、孝順、努力」，我們立即認同，豎起大姆指向他表示「太好了」，並且向他進一步解釋「家是可以經營的」，這三個詞在前一段時間稱為「兩人的共同願景」（Vision），如果用新近管理學的說法，最適合稱為「核心價值」（Core Value）。

核心價值本即存在人的各種組織系統之中，若有被揭示喚醒就「清楚明確」，若「沒人提出」或「大家沒感覺」就潛藏淡化，不再是那一群人共同的需求、心願時，組織任務目標就會逐漸模糊，組織存在的需求性也就由濃轉淡，沒有「存在」的必要。是以「核心價值」代表任何一個「組織系統」的「文化價值底蘊」，是支撐組織系統存在的元素與緣由，組織的「核心價值」明確，組織同仁都「了解」、「認同」並且「實踐力行」時，組織同仁的凝聚力最強，共識最深層，同一方向與步調的量能最大，最有競爭力，也是組織單位最為興旺的時期。教育單位長期以來，不為國人滿意，教育競爭力不如預期，其因素之一，在於從業人員（尤其是教師）不了解這個行業（組織系統）的核心價值，歷代的教育領導人也沒有適時的揭示宣導，是以大家都努力忙於教與學的工作，但是不知道「價值」在哪裡？我們為什麼要這般忙碌？

二、核心價值會隨著「時空」、「階層」與「任務」而流動變遷

任何組織系統都是「人」的組合，「人」的共同性應大於個殊性，所以部分的學者（如研究者博士班學生）主張，「核心價值」既然是人的共同價值取向，人的共同價值是「不變的」、「永恆的」。然而，經過課堂的多次討論後，我們幾乎可以確定「核心價值」會因為「人的群組」不同而會轉變與流動；不同的人在不同群組中，他們建構的「核心價值」就不盡然一致。而影響核心價值流動轉變的因素，則有「時空」、「階層」與「任務」。

就「時空」而言，亞洲傳統東方文明與歐洲西方文明的核心價值並不一致。我國春秋戰國時代，百家爭鳴，九流十家所詮釋之人的核心價值迄今仍為人所樂道，尤其是「儒、道、墨、法」四家所主張的「核心價值」

（儒——仁、義、禮、恕；道——無為；墨——兼愛、非攻；法——理性、規範）之影響最為深遠。歐洲中古世紀有一段黑暗時期，當時因為政教合一，整個社會以「來生、升天」為核心價值，是以強調「勤勞、苦修」；迄至文藝復興運動，核心價值才又從「天上」掉到人間，強調「當下」與「人文」，人類應該追求現世「活著」的「幸福」，不再為了「來生」而努力。「時代與空間」是核心價值流動的第一個因素，就當前二十一世紀而言，伊斯蘭教派國家、共產主義國家（如北韓）的核心價值確實與民主主義國家並不相同，人類為什麼要活在這世界上，個別國家的「價值的解釋」就不會完全一致。

就「階層」而言，從國家→省市→鄉鎮→學校→處室→專屬社群→個人，每一個「相屬系統」組織的核心價值，也會流動變化而不同，這是因為「組織任務」的性質、內涵外延不同所致。以研究者任職的大學而言，全校的核心價值是「敦愛篤行、傳承創新、精緻大學」，而學校中的研究發展處，因為要執行四大任務：計畫發展、研究創新、產學合作，以及國際視野，研究者在 2011 年擔任首任研發長時，就將研究發展處的核心價值（Core Value）定為：精緻、實用、擴能，以及前瞻，以帶動回應前述四大任務的深層註解及發展方向。

再以同一階層、不同部會組織為例說明：同一群人如果在國防部做事，它的核心價值就會被要求是「安全」、「忠誠」；同一群人如果在外交部做事，它的核心價值就會被要求是「平等」、「互惠」、「王道」；同一群人如果在社會福利部做事，它的核心價值就會被要求是「公平」、「正義」、「博愛」。臺灣教育人員共同的核心價值是什麼？2010 年第八次全國教育會議（教育部，2010）及 2011 年《中華民國教育報告書：黃金十年、百年樹人》一書所揭示的核心價值是：精緻、創新、公義、永續。是以階層組織的任務不同就會形成不同的核心價值。

三、「階段任務」是促使組織核心價值流動的因素

有多位「博士校長」曾與研究者探討過，學校的願景形塑如果將願景（Vision）、使命（Mission）、核心價值（Core Value）同時呈現，那豈不每校的核心價值都接近，相似、相同，而且可以用上百年千年？研究者的回答是：如果把Mission翻譯成「階段任務」，那麼順著階段任務，在揭示其相對應的核心價值時，則每一個學校都可以依據其實際發展階段，而有不同的核心價值與願景形塑內涵。

例如：教師及校長分發到一所長期安逸、士氣低迷、學生嚴重流失的學校，若學校發展的階段任務是「穩住陣腳、常態經營、重塑品牌」，其核心價值可以是「責任、積極、活力」，師生善盡責任來穩住陣腳，不再安逸沉淪，教師及校長積極努力，拉抬學校常態經營，確保能夠帶好每一位學生；教師與學生能重新展現活力，熱衷於教與學的教育活動，跳脫士氣低迷不振的校風。如果教師及校長分發到一所已經「常態經營」的學校，教學正常化，師生關係優質，學生來源平順，但也受到少子化影響，需要因應，其學校發展的階段任務是「本位經營、發展特色、邁向卓越」，核心價值則可以是「績效、創新、品牌」，運用「績效」來導引師生本位經營的成果，再運用「創新」來誘發幹部及教師發展學校特色，並建立系統品牌來彰顯學校追求卓越的績效。不同的階段任務可以讓「經營幹部」選用學校當下最適合的「核心價值」，再運用其「價值論述」來經營學校。

四、個人的「核心價值」是個人「自我實現」方向與程度的基石

從個人的立場來看「核心價值」，核心價值是個人的「潛意識文化」，是個人最深層的「意識形態」，也是個人的「人生哲學」，在中國的歷史長河中，老子與莊子的「道尚自然」、「無為而治」、「無為而無不為」，

以及陶淵明的「田園將蕪胡不歸」之「出世」核心價值影響深遠。研究者在師專畢業之時，人生的願景目標訂在「樂為人師，奉獻鄉梓」，所以接受政府分發，回到雲林縣的海邊學校，開啟教育人生，當時的核心價值並不明確，現在給予界定應當是：「感恩、奉獻、自然、幸福」，而當時的想法是：「我已完成師資培育的完整課程，要將所學貢獻鄉梓、侍奉老母，教一群有緣的學生，找一位知心的伴侶，過神仙般的生活。」現在回想二十世紀六〇年代的臺灣中小學教師，尤其是農工子弟，窮苦出身的教師多數存在著這樣的核心價值。

教師個人的核心價值會直接影響其「追求自我實現」的方向，以及自我實現深耕的程度。有的教師將「教學」事業與「出世」核心價值（人生觀）結合，將自己經營為「有品質、有品味、仙風道骨的教師」，是一位善盡責任的教師，但與世無爭，充分自我實現，且有個殊風骨。有的教師將「教育志業」與「積極入世」的核心價值結合，將自己經營成為一個「成就人，旺學校」的好老師、好幹部、好校長，終其一生在從事「立己達人與暢旺學校」，充分自我實現；同時也是學校、社會、國家的有效智慧資本，活得有意義、有價值、有尊嚴。因此，教師個人的核心價值，將直接帶動教師自我實現的方向與實踐程度，攸關國家整體教育的興衰與成敗。

第二節　教育組織的核心價值

教育組織單位從大到小，只要是一個「單位」，就應該有核心價值的揭示。運用核心價值的論述，來帶動同仁「了解」、「認同」與「實踐」，能凝聚組織同仁向心力，觸發同仁的動能貢獻，提升單位組織的教育競爭力。就教育單位而言，中央與縣市教育行政單位〔教育部及縣市教育局（處）〕以及其內的一級單位（司、處、組、科）、各級學校以及其內的

一級單位（教務處、學務處、總務處、研發處為主）、各種社會教育機構單位（如圖書館、社教館、科學館、體育場、文藝中心、教育研究院）及其附屬一級單位，都應配合其單位組織之「任務目標」及「願景領導策略」之操作，定期適時揭示組織單位的核心價值。

一、教育部頒布的全國教育核心價值

從公部門（官方）的教育史料觀察，迄至目前為止，並未發現有正式公告的教育核心價值，唯在 2000 年之際，楊朝祥部長任內，曾經帶領教育部同仁共同研議「新世紀教育的共同願景」（Vision），在其向教育部同仁講話時，揭示「全人教育、溫馨校園、終身學習」十二個字的共同願景，就其「詞意」而言，既是「共同願景」（Vision），也屬「核心價值」（Core Value）。2004 年，杜正勝部長頒布施政四大綱領，以「創意臺灣、全球布局：培育各盡其才新國民」為願景，強調「現代國民」、「臺灣主體」、「全球視野」、「社會關懷」的四大綱領，用當代的經營要領來說明：願景（Vision）是創意臺灣、全球布局，任務（Mission）是四大綱領，而核心價值（Core Value）是適性育才。

2008 年，臺灣的政治史上發生了第二次的「政黨輪替」，國民黨重掌政權，鄭瑞城先生接任教育部長後，將 2008 至 2012 年的施政藍圖在教育部網頁公告，Vision（願景）調整為「提升教育力，永續創新局」，綱領（近似 Mission）增列為五個：「優質學習」、「適性揚才」、「公益關懷」、「全球視野」、「永續發展」，而核心價值未明確表達。迄吳清基先生接任教育部長後，於 2010 年召開第八次全國教育會議，2011 年頒布《中華民國教育報告書：黃金十年、百年樹人》，其願景（Vision）為：新世紀、新教育、新承諾；核心價值（Core Value）為：精緻、創新、公義、永續。

二、直轄市、縣市教育局（處）頒行的教育核心價值

我國《教育基本法》頒訂之後，國民基本教育的主管權責改由教育局（處）主導，亦定期揭示教育核心價值，作為凝聚所屬學校及教育單位同仁的經營方向與向心力。研究者於 2014 年 10 月 2 日上網閱覽主要縣市的教育局網頁，列舉說明如次：

1. 臺北市：使命（Mission）為「推動教育發展，提升教育品質、國民素養及國家競爭力」；願景（Vision）與核心價值（Core Value）為「二十一世紀優質新教育：培育身心健康、社會關懷、多元創新、終身學習、全球視野的現代化公民」；核心價值（Core Value）及經營策略為：(1)校園安全化；(2)教育民主化；(3)學習生活化；(4)學校社區化；(5)教學多元化。

2. 高雄市：願景與核心價值為「人本、活潑、創意、前瞻」。

3. 臺中市：願景與核心價值為「創新、卓越、人文」。

4. 新北市：2014 教育實踐年架構圖，如圖 6-1 所示。

圖 6-1　新北市 2014 教育實踐年架構圖

資料來源：新北市政府教育局（2014，頁 4）

　　由前述四個直轄市教育局在網頁上公告的資料分析，我國地方教育行政單位尚屬「願景及核心價值」共用的年代，就連首善之都臺北市，雖已發展到明確區隔「使命」、「願景」、「核心價值」、「經營策略」，但其用詞、文意與邏輯系統，精緻連結度仍需強化。唯有地方政府教育主管單位會同教育部定期公告教育的核心價值、任務目標，以及共同願景，各級學校才能參照連結，擬定自己學校本位的經營方向與策略。

三、學校及處室的核心價值

　　學校是師生建構的組織系統，其主要職能在辦教育也就是「辦理人的教育工作」，那學校教育組織的核心價值是什麼？學校的「存在」已有數千年歷史，過去「管理學」尚未發達階段，經營學校沒有核心價值（Core Value）的論述，但有「校訓」或「立校精神」，我們仔細分析這些校訓或立校精神的詞性與意涵，與當代的核心價值十分類似。以研究者任職的學校「國立臺北教育大學」為例，1969～1974年的「師專」期間，校訓是「良師興國」，學校改制為師範學院之後的校訓是「敦愛篤行」，良師興國與敦愛篤行都是核心價值。「北京師範大學」的目前校訓「學為人師、行為世範」，其中的「人師」、「世範」也都是核心價值。這些核心價值彰顯了「師生同仁的心願、需求」，也呈現學校辦學的目標與理念。

　　再以國立臺北教育大學的研究發展處為例，研究者在2011年擔任首任研發長時，因應研發處四大組織的任務需要，將研發處的核心價值定為：「精緻、實用、擴能、前瞻」，以「精緻」回應「計畫發展」的任務，以「實用」呼應「研究創新」的任務，再以「擴能」回應「產學合作」任務的需求，以「前瞻」彰顯「國際視野」任務的方向。用當代的願景（Vision）、使命（Mission）、核心價值（Core Value）表示，其系統架構如圖6-2所示。

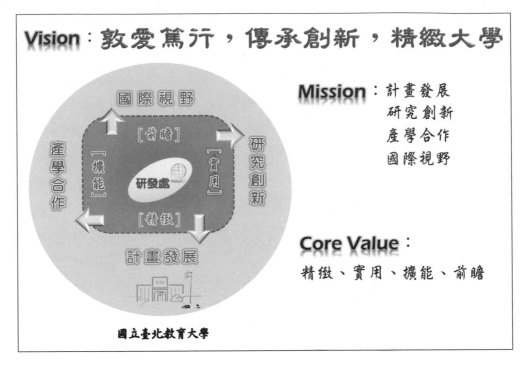

圖 6-2　國立臺北教育大學研究發展處的任務目標與核心價值

　　再以國立臺北教育大學的教育政策與管理研究所為例，研究者在擔任所長期間（2004～2009年）揭示了三大願景（核心價值）：「愛、希望、著力點」，其意義為：

愛──傳承教育價值之愛。

希望──教育永遠帶給人類希望。

著力點──找到經營教育的著力點。

四、教育學術單位的核心價值

　　教育學術單位，如國家教育研究院、國家圖書館、國立自然科學博物館、國立科學教育館、社會教育館、文化中心、運動場、美術館、藝文中

心、健康中心等廣義的教育研發、教育服務或文化休閒組織單位，也都是
教育單位，提供更廣義的「人教人」的服務工作。這些組織單位有其任務
目標，也應揭示其「核心價值」，結合「願景領導策略」作為組織發展的
定位與價值論述，增進同仁服務實踐的意義度，擴增組織服務的量能與績
效。

國家教育研究院經過十數年的籌備，終於在 2010 年完成立法後揭幕，
首任院長吳清山教授為國家教育研究院定位，並揭示願景（Vision）、組織
任務（Mission）及核心價值（Core Value），如圖 6-3 所示：

願景（Vision）：教育政策發展智庫、領導人才培育重鎮、課程測評研
發基地。

組織任務（Mission）：研究、研習、服務。

核心價值（Core Value）：品質（Quality）、團隊（Unity）、創新（In-
novation）、真理（Truth）、卓越（Excellence）、行動（Action）。

圖 6-3　國家教育研究院的任務目標與核心價值

資料來源：國家教育研究院（無日期）

　　臺北市立萬芳醫院是一所公辦民營的教學醫院，由臺北醫學大學以附設教學醫院的性質經營，在邱文達先生擔任醫院院長期間，經營績效與口碑獲致國人普遍肯定，當時的臺灣首富郭台銘先生，還特別指定萬芳醫院為其定期健康檢查的醫院，一時傳為美談；世界各國到萬芳醫院參訪其「醫院管理」的團隊來自六大洲，達數千人以上。2009 年，醫院標示的願景宗旨與核心價值如次：

願景（Vision）：達成最高品質之國際一流大學醫院

宗旨（Mission）：(1)醫療：以病人為中心的全人照顧；

　　　　　　　　　(2)教學：持續培育菁英的大學醫院；

　　　　　　　　　(3)研究：建立卓越創新的研究重鎮；

　　　　　　　　　(4)服務：成為國際水準的醫療團隊。

核心價值（Core Value）：品質、卓越、創新、同理心、社會責任。

　　其中，在核心價值的設定上，「品質」是為了實踐「醫療」的任務，是以在大廳上還有另一標語──「品質是萬芳的尊嚴」。「卓越」引導「教學」任務的方向，「創新」就是「研究」任務的指標，「同理心」是「服務」任務的最大需求，因為醫院服務的對象都是病患和家屬，大家都是心急如焚，最需要同理心。另外，還加了一個整體醫院的核心價值，以公辦民營的型態善盡「社會責任」。

第三節　　教師應備的核心價值

　　「人」與「組織」的交互作用，產生了「生命任務」，生命任務的實踐產生了「核心價值」的探究與形成。過去的人類，活了一輩子，勞苦一生，為了生存做過太多工作，執行過很多重大任務，生命也豐富而多彩，

但不一定探討過「生命願景」與「核心價值」。「生命願景」（Vision）、「職能任務」（Mission）與「核心價值」（Core Value），是「管理學」與「教育學」融合交織後的新學術產品，因為運用在很多大企業公司的組織帶動上，具有明顯效果，才逐漸引進教育領域；首先運用在「教育行政學」中融合教學，現在則直接應用在「校長、主任培育課程」、「校本課程設計」、「發展特色學校」的組織領導上。

研究者更進一步主張，「組織」是人組成的，「組織任務」的執行與實踐應該有「核心價值」。「人」是組織的「元素」，「個人」本身也應該有「核心價值」的探討，研究者並且相信，「組織」都是由一些「本身核心價值」接近的人所組成的。「教師」是組成「學校」與國家「教育事業」的主要「元素」，教師「個人核心價值」的總和，才是學校及國家教育事業的核心價值，兩者愈趨於一致，教育事業愈能興旺而蓬勃發展。

教師個人的核心價值建構在四個元素之上：「生命觀點」、「職能任務」、「角色期望」，以及「專業素養」。「生命觀點」是指一個人的「文化潛意識」，也就是自己的「人生價值觀」，有人「樂觀」，有人「悲觀」，有人「積極入世」，有人「消極遁世」，生命觀點是教師個人核心價值的最深層元素。「職能任務」是指「教師職務」的法定權責，通常規範在《教師法》及《師資培育法》中，但也要經由教師個人的正確解讀與體認，體悟的深淺也會影響自己核心價值的建構與取向。「角色期望」是指社會大眾（尤其是學生及家長）對教師的角色期望，以及教師個人對此期望角色的覺知與重視程度，都會影響「核心價值」的內涵。「專業素養」是指教師能夠為「教師職能」與「角色期望」所表達的專業核心能力，專業核心能力愈能到位，「核心價值」的內涵愈為健康精緻。研究者試擬自己（教師、教授）的核心價值為：「專業、精緻、責任、價值」，並用願景（Vision）、任務（Mission）、核心價值（Core Value）三者並列方式呈

現如次：

願景（Vision）：自我實現、責任良師。

任務（Mission）：教學：導引學生成功學習；

研究：創發學生本位知能；

輔導：扮演學生支持鷹架；

服務：拓展教育服務能量。

核心價值（Core Value）：專業、精緻、責任、價值。

從願景來看，教師個人要追求自我實現，讓自己的「理想」與「現實」吻合，過一個「滿意人生」。但也要符合《師資培育白皮書》公告的基本訴求（時代的角色期望），扮演好「責任良師」的角色職能，善盡教師的本分責任，共同為國家培育「責任公民」。從任務來看，教師的四大核心任務（Mission）是教學、研究、輔導、服務，我們都給它適當的詮釋與簡潔的說明，並且以「學生為主體」來闡述教師的任務內涵。再從核心價值與任務的銜接來看，用「專業」來彰顯「教學」任務的價值取向，用「精緻」來標示「研究」任務的價值意涵，用「責任」來概括「輔導學生」任務的價值訴求，用「價值」來拓展「服務人生」任務的意義尊嚴。「專業、精緻、責任、價值」可做為教師個人的四大核心價值，此四大核心價值對於教師角色的綜效指標，再予以說明如次。

一、專業自主的教師

「專業」核心價值的實踐，就是教師核心職能表現上的專業自主。教師從事的是教育工作，教育的核心技術有四：課程設計、班級經營、有效教學，以及輔導學生，這四個方面均要有「專業」且「自主」的實踐作為，才是符合新世紀的時代良師。教師要有能力發展校本及學生本位課程，教

師要能夠執行專業而有效教學，學生的學習績效卓著，並且歷程滿意，教師也要具備同理心與諮商輔導的初階技巧，適時關照支持他的學生。

二、精緻研發的教師

「精緻」核心價值的實踐，也要普遍展現在教學輔導與教育經營的面向上，讓課程教學是精緻的、情境教材是精緻的、師生關係是精緻的、教學成果也是精緻的。研發的精緻成果展現在課程教學上，就是教師能夠為學生設計本位課程與自編教材，能夠實踐精緻而到位的課程統整與學生喜歡的教學方法。展現在教學情境上，教師要能按月調整教室的教學布置，搭配教學進程與學生學習成果，發揮最佳的「境教」氣氛。在師生關係上也是精緻的，教師能夠像〈學記〉所說的：「道而弗牽，強而弗抑，開而弗達。道而弗牽則和，強而弗抑則易，開而弗達則思」（導引而不強迫，強化而不壓抑，啟發而不說盡。導引而不強迫師生關係和諧，強化而不壓抑學習就很容易，啟發而不說盡學生就會進一步思考），精緻的師生關係是開展學生潛能的重要基石。在教學成果方面，教師的領域教學、學科教學、社團教學、計畫性的教育活動，都要指導學生留下學習作品，安排成果展演，參與競賽活動，並進行知識管理，教師的教學研發成果也是精緻的。

三、責任楷模的教師

「責任」核心價值的實踐，在提供學生「專業示範」與「負責到底」的「責任楷模」。「責任良師」是指教師本身具有「責任的素養」，能夠教出具有「責任的學生」。教師的責任表現在「教會每一位學生」、「不放棄任何一個孩子」、「有實質的責任績效」，以及「學生也有主動承擔責任的行為表現」。教師要教會每一位學生，教與學的「專業示範」要到位，學生學習才有效果。教師不放棄任何一個孩子，就需展現「負責到底」

的精神，能夠針對落後的學生適度的補救教學，直到學生學習達到一定的標準。教師的責任績效要從自編教材、教育產品（含著作）的質量，以及學生基本能力檢測的通過率觀察。教師也要為「責任績效」負責到底，給學生「楷模學習」，才能共同培育「具有責任的學生」，造就「責任公民」。

四、價值創新的教師

「價值教育」本身就是一種核心價值，本章探討教師的核心價值，副標題強調「傳承新教育價值創新」，代表教育的本質含有「價值創新」的重要意涵，教師扮演「價值創新」的角色行為，就是「價值」核心價值的實踐。責任良師要能夠從：「成就人」、「好課程」、「優學習」、「有產品」等四個著力點來創新教育價值。教師要能成就自己（當上責任良師），也要成就他的每一位學生；自己有卓越表現，每一個學生在學習歷程上都有優勢亮點，這就是教育新價值。教師要能夠為學生設計最符合其最需要的本位課程，好的課程可以創發學生最大的教育價值。教師要能夠引導學生產生團體動能，得到最高的學習效果，每一個人都學會單元核心知識，就是創新學生的教育價值。教師也要帶著學生留存管理「教學」及「學習」的教育產品，這些教與學的教育產品愈豐富且愈精緻，可以創發後續的教育，創新並傳承教育的新價值。「價值」是教師所以為教師的「核心價值」，今後將逐次地發展成「教師價值領導」。

第四節　核心價值的政策意涵

「核心價值」是組織群體的「文化底蘊」。核心價值經過揭示公告以後，它就具有「目標」與「政策導引」功能，例如：本章第三節「教師應

備的核心價值」，其所揭示的「專業、精緻、責任、價值」就應該是「師資培育」政策的規劃目標。核心價值也可用來回應和檢核政策的「妥適性」，愈符合核心價值的政策，就愈符合組織成員與顧客的需求；妥適性高，就能夠永續經營，符合度與妥適性不高，就不是好的政策。是以 2011 年教育部公布的《中華民國教育報告書：黃金十年、百年樹人》所揭示的「精緻、創新、公益、永續」是以「目標」的名稱呈現，並未標示為「核心價值」。

　　研究者長期探討臺灣教育的核心價值，2012 年出版《教育經營學：六說、七略、八要》一書，其中第一章價值說（鄭崇趁，2012，頁 3-20），從「人」與「組織任務」交織的價值取向，揭示二十一世紀臺灣教育的八大核心價值：人文、均等、適性、民主、創新、永續、精緻、卓越。並以人體做隱喻，如圖 6-4 所示（「人文」為首，踏著「均等」與「適性」的腳步前進，著重「民主」、「創新」、「永續」的歷程，邁向「精緻」且「卓越」的教育成果）。摘述其教育政策經營指標，如表 6-1 所示，提供教師們參照。

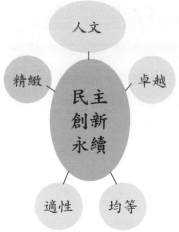

圖 6-4　二十一世紀臺灣教育的核心價值

資料來源：鄭崇趁（2013b，頁 145）

表 6-1　二十一世紀臺灣教育核心價值的政策意涵

核心價值	教育政策經營指標
人文	• 教育目標為德、智、體、群、美五育均衡發展。 • 課程設計兼重現代科技與人文品格。 • 教學歷程順應個別差異，因材施教、有教無類。 • 學生主體順性揚才，促使優勢智能明朗化。 • 人的意義、尊嚴、價值高於一切。 • 每一個人均有能力接受十二年基本教育，（接受完整的）十二年基本教育已成為基本人權，政府有責任促成。
均等	• 全民普及教育：全民入學，實施十二年國民基本教育。 • 標準精緻教育：基本教育階段，每一個學校均有符合標準的師資、課程、設備。 • 弱勢優先教育：弱勢族群學生獲致優先妥適的照顧，包括：生活支持、學習支持以及適應支持。 • 多元適性教育：提供個別化、多元化、民主化的教育歷程，進行適性課程與教學。 • 普遍卓越教育：每一位學生的優勢智能都能得到啟發，每一位學生均有相對的亮點與產能。
適性	• 學生本位的教育：以學生本身的意願、基礎條件、學習性向做前提的課程設計。 • 編序發展的教育：重視學生循序漸進的學習，將教育活動或教材編序成為學生容易學習的方法。 • 興趣主動的教育：配合學生學習興趣，激發學生主動學習。 • 優勢學習的教育：從學生優勢智能著力，促使學生容易獲得學習成果，形優輔弱，實踐教育目標。 • 適時適量的教育：配合學生學習關鍵期，提供適量的學習教材，累增適性教育成效。

表 6-1　二十一世紀臺灣教育核心價值的政策意涵（續）

核心 價值	教育政策經營指標
民主	• 多元參與的教育決定：人和教育活動設計與計畫方案的實施，均經過多數教師的共同決定歷程。 • 自由選擇的課程方案：學校對於教育目標的達成，提供多元管道與課程方案設計，由師生自由選擇。 • 尊重關懷的友善校園：民主化的教育也就是友善的校園，能夠尊重包容另類師生的存有。 • 個人自主的學習社團：除了正式課程之外，學校設計多元智能學習社團，提供個人自主學習。 • 標準檢核的認證系統：學生成就的評量發展，成為具有一定標準的多元多階層認證系統。
創新	• 大學教授重視知識創新的研發（研究）。 • 中小學教師強化教學知識的重組（新課程教材研發）。 • 教育領導人能夠帶動組織創新與知識管理。 • 企業領導人願意挑戰創新產品研發。 • 一般國民願意參與多元學習社群，終身學習，過創新生活。
永續	• 教育資源之開發能夠永續經營者列為優先考量。 • 生態教育與資源整合成為教育經營的新重點。 • 永續經營、持續發展，成為學校辦學與教育人員策定生命願景的新指標。 • 學校校舍建築與環境規劃成為綠建築、新能源開發、資源再生、永續環境之典範。 • 「永續」成為現代人的信仰、態度與能力，更需要教育來傳承。

表 6-1　二十一世紀臺灣教育核心價值的政策意涵（續）

核心價值	教育政策經營指標
精緻	・優質條件的師資標準：教育人員的專門知能經過高標準檢核，碩士師資比例超過 50%，邁向全面化。 ・規劃完備的施教歷程：教育品質表現在 CIPP〔背景（context）、輸入（input）、過程（process）與結果（product）〕全面完整的歷程。 ・核心知識的多元模式：課程設計有機化，並且以核心知識建置多元模式，供學生自主選擇學習。 ・能力本位的績效品質：學生的學習成果以基本（核心）能力的達成做檢核，績效品質達成率 85%以上。 ・情境教育的永續校園：教育的整體環境是友善的、永續的，是具有教育人性化的情境園地。
卓越	・實施一至十二年級學生基本能力檢定制度，所有學生的領域表現能力通過率均在 85%以上。 ・基本教育階段「一校一特色、一生一專長、一個都不少」成為普遍卓越教育的註解。 ・高等教育階段「一系一特色、一師一卓越、一生一亮點」成為普遍卓越教育的註解。 ・整體社會的教育建設，提供處處可學習、時時可學習的情境，社區大學普及到鄉鎮。 ・成人進修教育結合職能證照，普遍提供國民專長學習與志業轉換的機會。

資料來源：修改自鄭崇趁（2012，頁 12-17）

第七章　實踐篤行

〈實現新承諾專業示範〉

本章使用「實踐篤行」為章名的主要理由有四：(1)「實踐」在教育領域中具有豐富的意涵，例如：「執行」、「融入」、「完成」及「實現」之意（鄭崇趁，2012，頁 76）；(2)當代的教育經營需要教師的「執行力」，但教育事務又不方便稱之為「執行力」；(3)實踐具有「複製文化」、「傳承文明」、「創新人類生活機制」的綜合意涵，是啟動教育化及制度化的動名詞；(4)「新承諾」的篤行實踐是當代教師最大的願景（Vision）與核心價值（Core Value）。是以，研究者喜歡使用實踐與篤行兩詞，在2012 年出版的《教育經營學：六說、七略、八要》一書中的第四章「實踐說」（頁 73-89）為六大原理學說之一，第十章「實踐篤行策略」（頁177-190）則為七大經營策略之一，讀者可以參閱。

師道責任的實踐篤行包括：(1)教育愛的傳承與實現；(2)關照能的培育與篤行；(3)執行力的開展與實現；(4)責任心的播種與傳揚（鄭崇趁，2012，頁 187-190），本章參照其內涵，結合 2011 年教育白皮書頒行的教育願景「新承諾」，以及本書第六章揭示的「教師核心價值」，闡述新世紀教師如何實現新承諾？如何以「專業示範」來「實踐篤行」新承諾？

本章分為四節論述說明：第一節「承諾帶好每位學生」，相信沒有不可教的孩子，絕不放棄任何一位學生，盡己之力，善待每位學生，點亮學生個別亮點，邁向普遍卓越；第二節「承諾教好每一節課」，每一個授課單元均有學生應學的核心知能，唯有教好每一節課，才能善盡教師的本分職責，也才能真正帶好每位學生；第三節「承諾輔導弱勢學生」，弱勢族群學生在後現代社會中持續累增，需要每位教師都承諾給予支持關照，輔

導輔助；第四節「承諾承擔績效責任」，將教育愛、關照能、執行力、責任心的實踐篤行成果，進行知識管理，定期檢核。

第一節　承諾帶好每位學生

　　「帶好每位學生」或「成就每個孩子」已成為臺灣教育改革二十年以來的共同願景；從官方的文獻資料與學者著作的文章中，都相繼的提出「帶好每一位學生」。臺北市更從 2009 年起推動「教育 111 標竿學校」認證，三個 1 的內容就是「一校一特色、一生一專長、一個都不少」。這三個 1，期待每一個學校都有教育特色，每一位學生都至少有一項相對專長，並且一個都不少；學校教育能夠普遍關照到每一位學生，全民學習，順性揚才，普遍卓越，可以說是具體實踐「帶好每位學生」的有效政策。除了臺北市持續推動外，2014 年在澎湖縣、宜蘭縣及新北市試辦推廣，亦有相當豐厚之績效；在 2014 年，這三個縣市共有 28 校獲得「教育 111 標竿學校」認證標章。

　　「帶好每位學生」既然是當前教育界的共同願景，是大家共同努力的指標，那麼應該由誰來承擔此一重責大任？應該由誰來真正實踐？在每一個教育人員都有責任的前提下，誰可以真正地「著力」？誰的努力、如何耕耘才能真正地帶好每位學生？我們可以概括地分成兩方面探討：教育行政人員及各級學校教師。教育行政人員必須做好兩件大事：「推動帶好每位學生的相關政策」及「激勵支持教師們努力帶好每位學生」。而各級學校教師則是真正的實踐篤行者，教師必須經由「價值認同→專業示範→形優輔弱→順性揚才」的順序，才能共同達成「帶好每位學生」的共同願景，其經營要領有四，概要說明如次。

一、認同學生個別價值

教師「承諾帶好每位學生」的第一個要領是「認同學生個別價值」。每一個學生都有其生存價值、受教價值、學習價值，以及發展價值，每一個學生的基本人權、尊嚴，及其意義價值，要得到教師及所有學生的認同與保障，每一位教師均須教導自己的學生，認同所有班級學生的個別存在價值，也要讓每個學生充分了解自己在教育團體中的「角色地位」，以及應遵守的團體規範。「群己和諧」與「同儕共學」是學校教育運作的基本型態與教育方式。

「價值認同」是「承諾力行」的啟動條件，教師要先「認同學生個別價值」，才有可能真正承諾「帶好每位學生」，並實踐篤行。教師「認同學生個別價值」的經營，可以參照下列幾項原則：(1)省思原則：定期（平時）反省自己的觀念態度與實踐作為是否一致，「帶好每位學生」已成為全國教師的「基本素養」；(2)檢核原則：每次上完課，適時檢核一下自己的教學歷程，有否忽略了部分學生的學習參與度；(3)加強原則：部分單元學習落後或不完整學習的學生，能獲得立即而適度的補救教學；(4)順性原則：學生個別差異很大，教師要順性揚才，揚其可揚之才。

二、均等關照學生發展

「帶好每位學生」的第二個要領在「均等關照學生發展」。教師要充分理解「教育機會均等理念」，以及 John Rawls（1971）的正義論（A theory of justice）之基本主張，然後在實際教育的情境中，「均等關照學生發展」。教育機會均等理念主張三個均等：入學機會均等、受教機會均等，以及適性發展均等；各國實踐「教育均等」的策略通常有六：全民教育、標準教育、多元教育、精緻教育、卓越教育，以及終身教育（鄭崇趁，2012，頁 53-54）。正義論的核心主張有三：(1)正義即公平；(2)法律之前

人人平等（均等原則——公正）；(3)弱勢優先（差異原則——公平）。是以教育的現場，要優先妥適照顧好弱勢族群學生，再追求全面性的均等、精緻教育。

　　教師「均等關照學生發展」有兩個層次的意涵：第一個意涵在「人與人」之間的「均等教育機會、歷程與發展」，前面已有概述；第二個意涵是「自己本身」之間不同面向的均等發展。鄭崇趁（2012）出版《教育經營學：六說、七略、八要》一書的第五章「發展說」主張，教育在協助每一個人充分發展成六種人：成熟人、知識人、社會人、獨特人、價值人，以及永續人，教育的六大功能及其與人的發展關係，如圖 7-1 所示。教師

圖 7-1　人與教育發展的六大功能關係結構圖

資料來源：鄭崇趁（2012，頁 93）

在教育學生的歷程中，要均等關照學生這六種角色的「全人發展」，家長在教養孩子的過程中，亦應適度地關照孩子的全人發展，避免偏頗。

三、點亮學生優勢專長

教師實踐「帶好每位學生」的第三個要領，即是要研讀Howard Gardner的多元智能理論（The theory of multiple intelligences），以及中國傳統「有教無類、因材施教」的教育主張，點亮學生的優勢專長，促使每一個學生都能「優勢智能明朗化」，每一個人都能夠展現自己相對的優勢亮點，對於組織群體具有動能貢獻，也能伸展各自的才華與理念，在群體中活得尊嚴而有價值，而每一個學生也對自己都有階段性「自我實現」的感覺，充滿健康成長、滿意成功的學校生活。

教師點亮學生優勢專長的要領，可以參照下列幾項方法：(1)配合學校政策，申請「教育111標竿學校」認證中的第二個1──「一生一專長」，基本教育階段三年級以上迄十二年級，都可經營政策帶動，教師領導學生「學習專長」到「專長認證」，促使每位學生專長明確化、認證化，證明自己有優勢專長；(2)學校發展多元藝文及運動社團，並實施學生專長認證：學生的優勢專長可經由社團活動來激發與補強，如再規劃配套的「專長認證」機制，也可彰顯學生的優勢專長亮點；(3)教師的班級經營計畫，要規劃促成學生「專長探索」→「專長學習」→「專長表現」→「專長認證」的經營歷程，班級教師都能點亮所有學生的優勢專長；(4)領域教師的專業學習社群，規劃領域學科的年級「專長認證」機制，逐步點亮學生的多元專長優勢。

四、通過基本能力檢測

教師實踐「帶好每位學生」的第四個要領，在協助其所任教的學生，

都能通過該領域的基本能力檢測。臺灣在 2010 年成立國家教育研究院之後，其三大任務之一為「課程測評研發基地」。國家配合十二年國民基本教育的實施，應建立 K-12 的基本能力檢測機制。每一年級的學生，都應配合學校或縣市政府的整體規劃，每年進行「基本能力普測」，學生能夠順利通過「基本能力檢測」，才能代表教師有真的「帶好每位學生」。

因此，國家教育研究院的「測驗及評量研究中心」要負起研發領域及基本學科的數位評量題庫，每一年級的每一領域或學科，至少應有三千至五千題之間，並依難易度排列，學生施測可以直接由「電腦操作」選題、作答及評分。學生可以自主施測一至三次，電腦直接多次輸入成績，告知通過與否、通過等級，以及與「校平均數、縣平均數、全國平均數」之距離；題庫每年更新 5～10%的題目，學生基本能力檢測成績及在校成績的平均，應當作升學的最重要依據，國中會考或基測則應免再實施。

學生基本能力檢測的成績就是教師的「績效責任」，教師所教班級的該科（或領域）之基本能力檢測全數通過，超過全縣平均值，或呈現「穩定成長」，代表教師在該領域的教學有「帶好每位學生」；如果成績非但沒有「達標」，而節節退步，代表教師應設法改善課程教學，補強學生的「核心知識」與「基本能力」，才不致於擔誤學生，無法帶好每位學生。

第二節　承諾教好每一節課

責任良師的第二個承諾在承諾教好每一節課，「教好每一節課」是「帶好每位學生」的基石與「實踐篤行」的內涵之一。「帶好每位學生」並不容易，需要教師們「每一節課」的勤奮經營、努力堆疊，才能做到。本節從「微觀」的立場論述教師「教好每一節課」的重要性與價值，喚醒教師經營常態教學的意識，為提升實質的教育競爭力奠基。研究者觀察，教改

二十年以來，「教育競爭力」沒有明顯提升，主要原因在於教師們沒有關注到「平時授課」（每一堂課）的重要性，沒有要求自己「每天」、「每節」都要扮演好「責任良師」，沒有為自己的每天授課設定理想之「標準作業流程」（S.O.P），是以平時的教學績效時好時壞，很難真的「帶好每位學生」。

一、排定學期授課進度

教師教學是以領域或學科為單位，並以學期的時間長度做規劃——中小學二十週，大學十八週。過去的教師通常依據「教科書」教學，一學期把一本書上完，配合段考，評定學生學習成績，就已「功德圓滿」、「善盡良師之責」。當代的教師，「教科書」要學校或自己選定，除了教科書的教材之外，教師本身要增補數個「主題教學」教材，以實踐課程統整，也要將「歷年教學心得」及「學生學習問題與瓶頸」適度融入教學，創發當年學生學習的最大價值。是以新世紀責任良師，應善用寒假及暑假備課時段，排定下學期自己擔任教學的所有領域（學科）之「學期授課進度」。

領域（學科）的「學期授課進度」要符合下列幾項規準：(1)書面化：每一門課要有 A4 三張至四張的篇幅；(2)主題化：每一門課的核心主題（約六至十二個主題）安排在哪幾週（含授課日期），要有明確標示；(3)知識化：將每一單元的次要議題或核心知識（通常每單元有三至六個），亦予以標示陳列，排定這些核心知識的預訂授課時段；(4)文獻化：預為學生準備單元學習的「延伸閱讀」或「核心文獻、資料」，屆時操作網路連結學習，豐厚學習資源。

二、發展單元授課簡案

「教好每一節課」也非垂手可得，需要教師們的「刻意經營」。用心

勤耕的教師，會將每一門課的「單元教學」預為準備，發展單元授課簡案，此一簡案沒有「單元活動設計（教案）」般的詳盡設計，但可為教師的「教學準備」及實際的「教學歷程」做最大貢獻。簡案可發揮下列四大功能：(1)掌握教學目標與核心知識；(2)預為準備優質教學方法與教具媒材；(3)提供師生共同孕育「教」與「學」的方向，強化「準備律」；(4)選擇妥適且較佳之學生學習評量方式。

因此，發展單元授課簡案要符合下列幾個要件：(1)格式簡明：簡案就是要簡明的「教學規劃」，要有教學目標、教學要領（核心知識主體）、教學方法、備用教具、教學時間規劃、流程脈絡，以及評量方式；(2)目標明確：單元教學簡案的最大功能在於提醒教導者與學習者「單元學習目標」是什麼，應視為最優先基礎提列；(3)核心學習：為了實現教學目標，「核心學習」是教案準備最重要的焦點，簡案亦要陳列核心學習事項（連結核心知識與學習方法）；(4)文獻分析：教師要將自己以往閱讀文獻與教學經驗最重要的心得酌予提列，以文獻分析歸結授課亮點；(5)評量方式：尤其是實作評量，須扼要撰寫實作流程與評分標準。

三、迎接當日授課教學

教師授課時當下之心情，會影響教學品質。教師本身的教學表現會受「當天」心情的影響，很難百分百的「理性客觀」，而順理成章的「教會所有學生」、「帶好每位孩子」。過去較為封閉的教育時代，曾有部分教師，教書像撞鐘，每天到學校上下班，遇到排課的時段，就拿起教科書走進教室，「像和尚唸經」般，將「經書」誦讀一遍，補充講解書本「意涵」，就由學生作作業、寫習作，自求多福，然後像學生們所說：「師父引進門，修行在自己，大家好自為之。」這也是「城鄉教育落差」與「教育競爭力疲弱不振」的主要原因。

　　當代新世紀「責任良師」，要跳脫過往「毫無準備」的「不良習慣」，用「積極態度」與「全心全意」的心情，迎接每日的授課教學，如此的「態度心情」也是可以經營的，可參照下列幾項作為：(1)價值觀：將教育的價值論述，持續的演練與輸出，讓「教育工作」對自己產生最高價值；(2)使命感：「帶好每一位學生」是教育人員（尤其是教師）的共同使命，自己是教師，強化捨我其誰的使命感；(3)責任心：自己的國家自己救，自己的學生要自己教好，自己應該教好自己該上的每一堂課，要把每一堂課上好，每天面對它、迎接它，享受它的績效、享受它的價值；(4)實踐力：教育的成果也是經營來的，也是每天「教」與「學」耕耘而來的，每一節課的「核心知識遞移」，就是專業示範的實踐篤行——我是教師，我要迎接每日的授課教學，以「實踐力」來創新教育價值，提升自己生命的意義與尊嚴。

四、檢核學生學習成果

　　「教好每一節課」的最終考評，要看學生這一節課學到了什麼？有沒有實現教學目標？有沒有學到應備的核心知識與核心能力？在這一節課中，「教」與「學」的歷程，有無產生「知識螺旋」（knowledge spiral），順利帶動學生「知識基模系統重組」。是以每一天的每一堂課結束之前，教師應用五分鐘左右作「學習評量」，了解學生有否學到核心知識，以及教學目標的達成程度，而主題學習單元學習完畢之「總學習評量」最為重要，是學生單元學習之後，完整知識及精熟程度之考評。唯每一節課的「階段評量」，是形成性評量的一種，其落實實施仍有四大功能：(1)引起學生關注學習，因為教師已習慣下課前必有評量；(2)了解核心知識遞移程度，做為下次教學的參照；(3)立即回饋學會的學生，給予滿意回應，增進後續的學習效果，實踐效果律；(4)做為單元教學整體時間規劃、調整與學習方法設計上的參照。

二十一世紀的「責任良師」，應為自己授課科目（領域）的單元教學，自編評量題庫及多元評量方式，教學第一年，可參照「教學指引」及「學生習作」蒐集多種版本的教科書試題，彙編串連，教學第二年增加自編的試題比例，教學第三年之後，應發展個殊化的多元評量方式（包括實物作品之完成）以及超過 50%的自編試題，並將學生單元評量成績進行數位儲存，知識管理，作為學生學習總成績的一部分，每一單元的部分評量試題亦可抽出，做為每一節課結束前的學習成果檢核。

第三節　承諾輔導弱勢學生

教師的第三個承諾是承諾輔導弱勢學生。教育是人教人的工作，「教學」中需要「輔導」，「輔導中教學」是教師執行「教學」工作之一體兩面。現在教師之工作意識覺醒，部分教師認為學校設有輔導諮商人員，輔導學生是這些專任人員之責任，與教學工作不同，不應該是一般教師的工作之一。如此的看法與見解，對教師個人並沒有好處，輔導學生工作既推不掉，又做得心不甘情不願，整天不快樂，重要的是會影響教學績效，沒有辦法把學生教好，難以帶好每位學生。尤其是每一個班級學生之中，平均有 10～25%的弱勢族群學生，這些學生的生活、學習與適應，需要教師在教學的同時，即給予適度關照輔導，發揮輔導的教育功能，才得以實現「教育機會均等」與「適性教育」，彰顯人文、適性、均等的教育核心價值。

一、了解弱勢學生對象

學校行政人員（如輔導處或學務處），每年均有調查管控學校弱勢族群學生，並予以分類列冊，標示學校協助之教育與輔導資源。班級教師及

領域科任教師均應了解自己授課班級中的弱勢族群學生對象，尤其是學習落後學生，教師應在教學中給予刻意關注，進行「教學中輔導」，期待他（她）及時趕上進度，當下單元學習不再落後。對於適應困難學生與行為偏差學生，要先了解其「個殊行為取向」，在運作團體共學時，酌予調配，才能創發全班學生最有價值的學習效果。

　　教師們平時的同一門課，每一天可能會跑到不同的班級授課，中小學一節課就換班級、換教室，大學通常二節課（二學分）或三節課（三學分）也要換學生、換教室，教師個人與受教學生都是流動的，要一般教師記住弱勢族群學生的「人」與「名字」，並在教學中給予適時關照，乃需要一些行政要領。有部分學校已能用電腦匯集，並配合教務處教師排課成果，為每位教師授課班級，將所有「弱勢族群學生」名冊個別製作，開學不久即分送給每位教師，並在教師會議及領域課程小組會議中，宣導及討論如何輔助這些學生。

二、搭建支持網絡鷹架

　　為弱勢族群學生搭建支持網絡鷹架，是一般學校輔導學生的具體作為。學校輔導室（處）的同仁幹部會結合校內外教育輔導資源，依據「三級預防輔導機制」及「鷹架理論」，為全校需要輔助的學生（統稱弱勢族群學生），搭建「學生支持網絡系統」，此一輔導學生支持網絡系統包括三大次級系統：生活支持系統、學習支持系統，以及適應支持系統。教育部曾於 1999 年起推動「輔導工作六年計畫」，1996 年起推動「青少年輔導計畫」，以及 1998 年起配合教改十二年行動方案的實施，推動「建立學生輔導新體制：教學、訓導、輔導三合一整合實驗方案」，強化了「學校輔導工作金三角：認輔制度、生涯輔導、輔導網絡」，並以學校輔導網絡支持系統之建構，成為華人國家學校輔導工作的驕傲。

　　教師配合搭建學生的支持網絡鷹架系統，應具體實踐哪些事項？在1998年之「建立學生輔導新體制：教學、訓導、輔導三合一整合實驗方案」中已有較明確之規範，鄭崇趁（2006b，頁186）曾分析教師之系統職責與三級預防，如圖7-2所示。

　　教師的六大職責包括：(1)有效教學（輔導理念融入教學）；(2)教學中輔導（辨識學生行為問題的能力）；(3)導師（班級經營、團體動力）；(4)認輔教師（個別關懷、愛心陪伴學生）；(5)了解網絡（掌握資源）；(6)危機處理（應變運作程序）。前三項屬於「初級預防」，第四項屬於「協助次級預防」，第五項及第六項為「協助三級預防」。就教師服務功能而言，前四項為個別功能，教師個人為之即可達成，後兩項則為整合功能，要由學校整體規劃帶動。

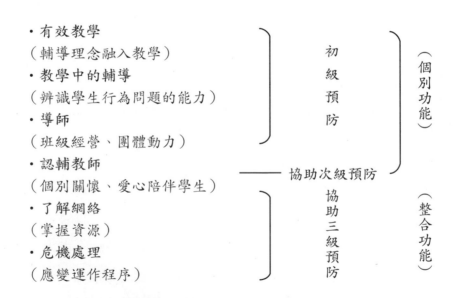

圖 7-2　教師系統職責與三級預防

資料來源：鄭崇趁（2006b，頁186）

三、認輔個殊需求學生

1994 年教育部頒行「推動認輔制度實施要點」，鼓勵中小學教師及社會義工志願認輔適應困難及行為偏差學生，開啟了我國「教師認輔制度」的新時代。然而推動迄今，部分學校的全體教師參與認輔學生，每位教師成為「學校認輔網絡」中的網點，結合三級輔導預防機制，有效協助有個殊需求學生。有部分學校的「志願參與認輔教師」約為學校教師的三分之一至五分之一，教師們認為「認輔教師」仍要有「二級預防輔導」的基本素養，擔任認輔教師是在協助輔導教師人力之不足；亦有少部分學校沒有推動「認輔制度」，教師亦不知道什麼叫「認輔制度」。是以，實施績效參差不齊，教育行政單位也沒有明確的管考機制，教師們對於自己是否要參與「認輔學生」，也沒有一致的觀點與作為。

「認輔制度」是一般教師參與學生輔導工作最直接而便捷的管道，在當前的社會環境及時代訴求，教師一定要參與「輔導學生」。輔導學生的方法與深入程度繁多，但一般教師能夠也最方便參與的，便是「認輔制度」，直接對「有個殊需求」的學生，認輔一至兩位，對其實施「個別關懷、愛心陪伴」的認輔，具體的操作行為僅止於「晤談」、「電話關懷」、「家庭（或電話）訪問」，並酌予摘記認輔紀錄。因此，認輔制度的主要精神在「志願」、「助長」、「布網」，以及「教育」。研究者仍然期待，二十一世紀的「責任良師」，是每一個教師都是「學校支持網絡系統」中的網點，網點愈綿密、學生愈幸福，學校的教育功能就愈能發揮，學校的教育競爭力也就愈強。

四、參與輔導網絡運作

輔導網絡是「教育部輔導工作六年計畫」（1990～1996）以及「建立

學生輔導新體制：教學、訓導、輔導三合一整合實驗方案」（1998～2006）的重大成果。學校都知道結合校內外教育及輔導資源，能串連社區資源網絡（如家長會、農會、職業工會、宗教團體）、社會輔導網絡（如張老師、生命線、少輔會、心理諮商師、社工師）、家庭支援系統（如家人、親屬、朋友）、醫療網絡（如公私立醫院、精神科醫生、心理治療師）等，布建學校輔導網絡系統。學校輔導網絡系統包括六個次級系統，如圖7-3所示。

　　教師本身是學校輔導人力之一，應積極參與「教學中輔導」及「認輔制度」，協助建置學生輔導資料，了解學校及社區之輔導設施，適時指導學生善加利用；參與自己班級學生的輔導活動，並了解班級學生輔導測驗的結果，以及是否有需要支持協助或轉介輔導之對象，參與班上學生之「輔導個案會議」。唯有每一位教師均積極參與輔導網絡運作，扮演最佳「網點」，學校才能有效支持全校師生，舒緩學生偏差行為與適應困難，提升輔導的教育功能。

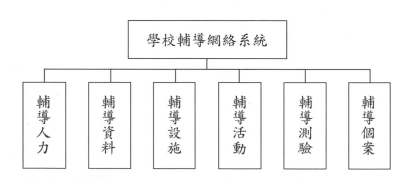

圖 7-3　學校輔導支持網絡系統的內涵
資料來源：鄭崇趁（2013b，頁91）

第四節　承諾承擔績效責任

　　績效責任（accountability）的概念型定義是：「教育領導人經營學校（組織）時，能將組織事務權責明確分工，賦予同仁承擔事務責任，適時進行單位及個人績效考評，獎勵責任績效績優之同仁，並要求尚未完成責任績效同仁者負責到底，完備自己得負責任的事務。」操作型定義則包括「明確分工——職務編配系統化」、「承擔責任——工作任務責任制」、「績效評鑑——成果考評標準化」、「獎勵績優——薪資待遇績效制」，以及「負責到底——責任承擔法制化」（鄭崇趁，2012，頁335-340）。過去教育競爭力薄弱、教育品質不夠理想，教育界長期被要求教育改革，事實上與國人「績效責任」觀念不明，以及不知如何操作有關。因此，研究者將「績效責任」列為《教育經營學：六說、七略、八要》一書的第七個「實踐要領」，以十八頁的篇幅，專章說明其緣由意涵、教育組織的績效責任、教育人員的績效責任，以及領導人如何經營操作績效責任。

　　教師的主要職能在於帶好每一位學生，並擔負「教」與「學」為主軸的教育工作。分析而言，表現在課程設計、班級經營、有效教學、輔導學生，以及研究服務等五大層面之上：教師要能掌握課程統整精神，執行學校本位課程，並為授課學生安排最佳的課程設計；教師要能實施班級經營計畫，帶領學生班級學習，實現教育目標；教師要能有效授課，教會學生領域（學科）核心知能之學習，獲得應有的基本能力；教師要能輔助關懷學生，支持其生活適應、學習適應與心理適應，順利成長發展；教師要能研究發展，適時發表研究著作及編撰教材。

一、課程設計的績效責任

　　教師要承諾承擔課程設計的績效責任，教師「課程設計」的績效責任

可從下列四個面向觀察：(1)是否參加學校課程發展委員會運作，擔任授課領域小組課程委員；(2)是否了解學校的課程整體系統結構，以及校本課程的主軸與特色；(3)有否專長課程產生：如行動研究報告、主題教學教案、研究著作或文章論述；(4)是否能在學期結束前進行課程評鑑：檢討全學期的課程設計與實施的一致性和妥適度，以作為下年段課程決定的基石。「課程設計的績效責任」在於提高教師教學的方向性、意義度與價值化，提醒教師重視「原始課程設計」的鉅觀本質與學生本位的微觀思維，導引課程實踐的方向性。從參與課程討論與研發教育產品來增進課程教學的意義度，並運作課程評鑑來自我品質管理，建立持續改善機制，以創發課程的最大價值。

　　教師實踐「課程設計的績效責任」，可以從下列幾個事項著力：(1)掌握「課程統整」原理：課程設計的旨趣在為學生的學習進行課程統整，讓學生最有效、方便而學到「帶得走的能力」，是學校本位管理、學生本位主體，以及在地資源運用的課程統整；(2)解析「領域課程」能力：學校領域專業學習社群教師需共同解析每一領域年級學生之核心能力，並依單元陳列，做為學校「課程設計」的參照基礎；(3)標示單元「核心知識」：為了提供學生學習的核心能力，單元的「核心知識」及「核心技術」應該有哪些，唯有「核心知識」能夠促成「核心能力」之課程，才是好的課程設計；(4)運用「在地資源」媒材：要運用在地的自然文史資源為教材，自編成主題教學教案，結合選用的教科書作為教學，實施「教師主動」、「學生本位」的課程統整，就是教師承擔課程設計的績效責任。

二、班級經營的績效責任

　　班級經營有兩個意涵：級任導師對於導生的班級經營，以及科任教師對於課程領域班級的班級經營。前者的班級經營是導師的責任，導師要與

學生幹部討論，擬定班級經營計畫，帶領全班學生依計畫實踐，重點在運作班級團體動力，從生活品德規範、秩序整潔習慣、學習共同體、班級競賽活動與榮譽的爭取。後者的班級經營是各領域（學科）授課教師的責任，每一位授課教師均應為他（她）所授課的班級學生擬定「學科班級經營計畫」，排定單元主題教學進度、教學方法規劃、體驗實踐活動安排，以及課程統整資訊，並預為準備必要的教學資源與教具（例如：預借視聽教室、展演廳、實驗室、聯絡參訪單位等）。

導師的「班級經營計畫」及領域（學科）教師的「學科班級經營計畫」要形成教師必然的「績效責任」並非容易，要有「教師評鑑」、「校長示範帶動」，以及「教師價值認同」才有可能順利實施。尤其是「教師價值認同」部分，應認為每年為自己的導生擬定「班級經營計畫」，為自己授課班級擬定「學科班級經營計畫」是自己的基本責任，是自己接受「教師評鑑」的基礎指標之一，這樣一來才會願意「實踐篤行」，用心經營常態教育中的兩大主軸。

導師的「班級經營計畫」要注意下列四大原則：(1)班級本位：不是教師專長本位，也不是個別學生本位；(2)連結學校特色：無論學校教育的特色為何，均需要班級教育活動來串連實踐；(3)啟發團隊動能：激勵班級學生珍惜同儕共學因緣，運作團隊共榮，形優輔弱，優質活力班級氣氛；(4)挑戰榮譽指標：班級經營可以帶動學生設定學業及才藝、運動競技榮譽指標，共同努力耕耘實踐。「學科班級經營計畫」也要注意下列四大原則：(1)規劃單元主題教學時程：依班級特性決定主題優先順序與教學時段；(2)標示單元核心知識藝能：班級經營在確保學生能夠實際習得各單元的核心知識及藝能，需要明確指標引導；(3)決定體驗實踐教育活動：每一學科（領域）的彈性統整教學，要預為規劃設定，聯絡親師生及參訪單位，共同為學生的參訪學習預為準備；(4)規劃班級學生最佳群組學習系統：班級共同

活動與學科（領域）最佳群組學習系統可以一致，也可以不一致，以學生能夠普遍獲得核心知識為最優先考量。

■ 三、有效教學的績效責任

從前「教師」的刻板印象是「教書的」，代表教師的主要職能在「用書教學」；現代的「教學」強調「有效」，意指教學的歷程不應只是「把書教完」，學生還要能夠「有效學習」，學到他（她）該學到的「知識」、「技能」、「情意」。「有效教學」的績效指標可以從下列四個重點觀察：(1)自編教材比例：中小學教師每一學科（領域）要有 10～25% 之間的自編教材，大學教授則應一律使用自編教材，且自己的著作要超過 50%；(2)教學歷程學生滿意：教學是為學生學習而設的，教師的帶動要能夠讓學生在快樂中學習，學生要對學習成果自覺滿意；(3)通過教學評量：學生的學習結果若通過教師自主實施的單元教學評量，代表這一單元的「教」與「學」是有效的；(4)學生的每年基本學力檢測學科（領域）達到縣市平均（或學校平均）水準以上，或逐年呈現穩定進步。

教師實踐「有效教學的績效責任」可以從下列幾個事項著力：(1)掌握「教學原理」及「有效教學方法」：如教學八大原則、學習三律，以及各種教學法的精神、旨趣、運用時機；(2)學習「數位教學」：如操作電子白板、影音電視媒材運用，或是在教學中使用電腦立即連結雲端資料教學；(3)標示「核心知識」的最佳教學法協助學生最有價值學習；(4)預為編擬「核心知識」的評量方法與題目；(5)每一單元教學都有合適的「補救教學」之規劃及實施，設法帶好每一位學生的「單元學習」，讓學習績效「一個都不少」。

四、輔導學生的績效責任

教師參與「輔導學生」的觀念、方法、要領在本章第三節已有論述，本節針對教師在這方面應予承諾例行的「績效責任」應如何檢核，再加以補充，以求篇章的連貫。教師輔導學生的績效責任可依據「建立學生輔導新體制：教學、訓導、輔導三合一整合實驗方案」中規劃的「教師輔導學生六大系統職責」，轉化為「責任績效」指標，並加以檢核。這六大系統是：(1)有效教學（輔導理念融入教學）；(2)教學中輔導（辨識學生行為問題的能力）；(3)導師（班級經營、團體動力）；(4)認輔教師（個別關懷、愛心陪伴學生）；(5)了解網絡（掌握資源）；(6)危機處理（應變運作程序）。

就「輔導學生的績效責任」而言，可以轉化為下列六大指標後，按季（三個月或採期中、期末）檢核乙次：(1)反省自己的教學歷程，有否融入基本的輔導理念，如同理心、共鳴性的了解、哼哈哲學、價值回饋等融合的程度；(2)了解自己任教班級的所有學生，尤其是弱勢族群學生、行為偏差傾向學生與適應有困難學生，平時上課中，是否有關照這些學生的學習情形；(3)能夠在教學中覺察學生行為問題，適度介入，維護其基本學習效能；(4)班級經營計畫中列有協助弱勢族群學生的具體作為，維持班級組織氣氛優質活力；(5)擔任認輔教師，個別關懷、愛心陪伴學生，每年至少兩位；(6)每年參與學校輔導網絡活動及危機應變演練至少一次。

五、研究服務的績效責任

目前，大學教師已全面博士化，中小學教師全面碩士化亦可在十年左右實現，教師「高學歷」已成為教師的「基本條件」與「時代訴求」。二十一世紀稱為「知識經濟時代」，「創新」是知識經濟時代的「核心價

值」；臺灣的文化進程正好處於「現代化」與「後現代」糾結的時代，「核心價值」多元繽紛，是一個「變化」與「轉機」的年代，可能持續遲滯，亦可能像股票漲跌般，又要挑戰萬點以上，展現一片榮景。「全球在地化」、「在地全球化」，國際教育與學校本位課程、發展學校教育特色，都需要高學歷教師的配合。碩士以上的教師才有撰寫碩博士論文的經驗，可以執行學校需要的行動研究，可以開展自編教材、實踐課程統整，可以針對有需要的學生立即進行補救教學，有能力帶領學生搜尋雲端資料庫，有能力實施國際教育，實踐研究服務的績效責任。

二十一世紀當代的教師，其研究服務的績效責任之概要指標有五：(1)有撰寫完成碩士或博士論文，擁有碩、博士學位；(2)中小學教師每二至三年至少參與完成一份行動研究報告；大學教師每年至少發表一篇學術論文，或每六年至少有一本專書出版；(3)中小學教師每兩年至少參與一次以上「專業學習社群」之類的行動團隊，團隊學習時程至少半年以上；大學教授每三年至少要有一次以上服務指導中小學專業學習社群之經驗；(4)研究服務之教育產品能與課程使用之自編教材結合串連，既能滿足正式課程需求，亦能創化推廣服務價值（擴能）；(5)中小學教師每學期均能參與「學校社區化、社區學校化」的研究服務工作，至少一次以上；大學教授每年參與「產學合作」的事務至少一件以上。

第八章　朝陽東昇

〈造就新時代責任公民〉

　　教師學的第二部曲以「朝陽東昇・使命」為篇名，分四章探討教師的使命（Mission）：第五章「師道目標」、第六章「核心價值」、第七章「實踐篤行」，與第八章「朝陽東昇」。「師道目標」說明孕育新世紀責任良師的脈絡；「核心價值」闡明當代教育組織及教師個人的核心價值，分析教師「傳承創新核心價值的新教育」使命；「實踐篤行」論述教師運作專業示範來實現帶好每位學生的新承諾。本章「朝陽東昇」則詮釋教師的神聖使命──「造就新時代責任公民」。教師的使命連結教育願景「新世紀、新教育、新承諾」的方向，強化責任良師的培育，核心價值的創新，承諾專業示範，實踐力行，共同造就「新時代」責任公民。

　　朝陽東昇，象徵著「責任良師」的使命，像早上的太陽緩緩升起，是一種啟明之光、是一種希望之光、是一種溫厚之光，也是一種智慧之光。啟明之光，照亮大地，萬物事理從此明白，成就萬千學子，成為知識公民；希望之光環繞宇宙，學海無涯，串連全球，成就師生，成為世界公民；溫厚之光和諧溫暖，傳遞人性溫情，順性揚才，成就自主公民；智慧之光，多彩繽紛，貫穿百業，彩繪人生，成就責任公民。

　　本章分為四節論述說明：第一節「啟明之光：成就知識公民」，說明教師像甦醒萬物的朝陽，開啟人類知識探究的光與熱；第二節「希望之光：成就世界公民」，詮釋教師像照亮世界的晨曦，璀璨繽紛，帶給人類無限希望；第三節「溫厚之光：成就自主公民」，形容教師像劃破夜空的曙光，溫暖大地，豐富人間溫情，激發生命的動能與價值；第四節「智慧之光：成就責任公民」，闡述教師像啟動百花齊放、百業興隆的智慧之光，領導

人類活得光亮，責任中有各自的風彩。

第一節　啟明之光：成就知識公民

用「朝陽東昇」來註解教師的使命，第一個意涵是：教師像朝陽的「啟明之光」。早上的太陽由東邊升起，照亮大地，萬物甦醒，就像教師的光與熱，喚醒沉睡中的學子，開始一天的學習，告訴學生「一天之計在於晨」、「一年之計在於春」；早上的光亮最柔美，早上的空氣最清新，早上的頭腦也最清醒，最適合學習。是以有晨讀習慣的學子都會有高人一等的成就，能夠利用清晨深耕的人，都會有豐富的教育產品，成為有知識的人，造就名副其實的知識公民。教師像啟明之光，教師的使命在開啟學生知識探索的動念與方法，在增益學生知識螺旋的契機與實踐，在傳授學生知識統整的要領與系統結構，在發展學生知識深耕的脈絡與智慧。

一、開啟學生知識探索的動念與方法

John Dewey 曾說「教育即生活」，教育的開始，是由父母親教孩子「如何生活」開始的，後來的教育變成今天的學校教育，是為了串連系統性的「生活知識」，將有規則或系統性的「生活知識」由食、衣、住、行、育、樂串連成教材或教科書，再由學校請專門人才（教師）來教，而且分工愈來愈細，隨著孩子的生理與心理（認知）成熟度，規劃成系列的有系統結構之學科課程，再劃分為國小、國中、高中、大學、研究所等不同層級的教育階段。教師是啟明之光，教師的使命就是開啟所任教學生對於知識探索的動念與方法，學生對他（她）所教的知識充滿興致，喜歡學習，也很有要領地學會單元（領域）的核心知識與技能。

學生對於知識探索的動念有四：(1)需要：為了生存、生活或求學目標，

會主動努力地探索知識；(2)任務：學生為了完成單元領域學習的任務（如作業、評量或實物作品），會依教師的指導，探索知識、練習精熟，完備任務；(3)優勢：學生對於自己優勢專長的知識若特別有興趣，會加倍深耕，較之於一般學生更能掌握領域（學科）知識本身的深層結構；(4)方法：學生會因為喜歡老師的教學方法，或同儕共學的方式而熱衷於探索這門課或這一領域的知識技能。是以教師要開啟學生探索知識的動念與方法，可先依前述四大方向著力。

二、增益學生知識螺旋的契機與實踐

「知識螺旋」（knowledge spiral）是指，每一個學習者的內隱知識與正在學習中的外顯知識，產生對話、交流、融合的效應。知識螺旋效應愈佳，學會核心知識與技能的程度就愈好。知識螺旋效應不明顯，代表學習歷程不完整，對學習者沒有產生學習效果。因此，知識螺旋是有效學習或成功學習的必要元素，而事實上所有的知識遞移，都必須經過學習者本身的知識螺旋。教師像朝陽東昇，是學生的啟明之光，教師的使命之二，在增益學生知識螺旋的契機與實踐。

學生在學習中是否有產生「知識螺旋」？可從下列四個指標觀察：(1)專注喜歡：對於教師教授單元的知識產生興趣，喜歡學習、專注學習，運用存在的內隱知識不斷與當下學習的外顯知識對話交織；(2)思考發問：有知識螺旋效應的學習，常因螺旋效應的思考而帶來疑惑進而發問，從問題與提問的內涵可以觀察知識螺旋的深度；(3)熱衷討論：學生熱衷於討論，代表一種心得分享與問題待解決，兩者都是知識螺旋所造成的現象；(4)發表見解：學生喜歡就自己學習的成果發表出來，代表學生此一學習的「知識螺旋」效應有發揮預期效果，學生真的有學到該學的知識與技能。因此，在教師的教學歷程中，要經營學生的專注喜歡、思考發問、熱衷討論，以

及發表見解，來增益學生知識螺旋的契機與實踐。

三、傳授學生知識統整的要領與系統結構

「知識基模系統重組」是教師的「教」與學生的「學」之最佳註解。對教師而言，每天的教學、每單元的教學，都是「知識基模系統重組」的演出或呈現；對學生而言，每天的學習、每一堂課的學習，也都是「知識基模系統重組」的學習過程。學習型組織理論將此一現象名之曰「改變心智模式」，是從其「結果」來描述；知識管理理論名之曰「知識螺旋」，是從其歷程上著眼。事實上決定「知識基模系統重組」是否成功或失敗的元素，在於學習者本身「統整的要領」及「重組之後的知識結構」，統整的要領愈好，系統重組的效果愈快速，品質愈佳，重組之後的知識也會具有「系統結構」的形式與深度。「統整的要領」有時是天生的，有時是需要教師「專業示範」的，教師像朝陽東昇的「啟明之光」，第三個要義即是傳授學生知識統整的要領與系統結構。

教師「知識統整要領」的經營可從下列幾個事項著力：(1)學習方法的探討：提供每一領域（學科）單元學習的最佳方法，帶領學生啟動統整要領；(2)學習習慣的養成：帶領學生養成練習、思考、深耕、精熟的學習習慣，才會有真正的系統重組之知識產品；(3)完形知識的教學：專業示範給學生「完形知識」與「完形技能」，帶領學生經由統整要領習得完形知能；完形的知識與技能本身就是一種具有系統結構而完整的知識；(4)系統思考的訓練：會「系統思考」的人會增強其統整要領的掌握與發揮，教師在每一種單元學習歷程中，多安排學生使用「系統思考」方式學習，增強其統整的能力與要領。

四、發展學生知識深耕的脈絡與智慧

　　教師像朝陽東昇的「啟明之光」，第四個意涵是要帶給學生方向與智慧，知道深耕的方向，彩繪人的一生。學習所得之「知識」與「智慧」造就人的「價值」與「尊嚴」，教師教學一輩子，最大的價值在指引學生學習的方向，從知識探索的方向中「獲取生活智慧」。「學習的方向」具有三個意涵：(1)當下知識的處理要領：教與學的歷程就是教師帶著學生「處理當下知識」，處理當下知識的要領，是要讓知識產生意涵與價值，即為「方向」；(2)知識系統化的趨勢：知識邁向系統結構的存在，也是方向；教師啟明學生，也就是協助其「重組建構」知識的系統方向；(3)專長優勢知識的深耕：教師教導班級學生共同學習知識，也能兼顧學生個別化知識的探索、發展與深耕，學生專長優勢知識脈絡的形成與深耕，就是學生「優勢智能明朗化」的方向。

　　發展學生知識深耕的脈絡與智慧，可以從下列幾項教學要領的經營進行：(1)發現的喜悅：善用學生群組學習，安排情境，提供學生多元探索知識、發現知識，從發現知識的喜悅，觀察學生喜愛知識的性質與方向；(2)創意的激勵：學生較有創意的知識，代表學生潛在知識脈絡與「可發展性」的知識脈絡；(3)成就的脈絡：學生展現的多元成就中，哪一方向、類別、性質的知識最優，就是值得學生深耕的方向；(4)績效的傾向：教育績效代表學生受教過程中，「教育品質」成果最為豐厚的部分，是以代表個人達成教育目標的符合程度，也是學生智慧表現的知識方向與脈絡。

第二節　希望之光：成就世界公民

用「朝陽東昇」來註解教師的使命，第二個意涵是：教師像朝陽的「希望之光」。朝陽就是晨曦，晨曦照亮世界，帶給人類永遠的希望，晨曦的光亮讓人與世界結合，只要有人的地方就有太陽、就有希望。全世界的每一個角落，只要太陽照得到的地方，都是人類的希望。晨曦是希望的起頭，晨曦也是散播希望，帶著人類邁向世界的每一個角落，教師的使命像希望之光，教師像晨曦，帶領學生探索天地萬物，邁向未來，永遠充滿希望，日復一日，年復一年，傳承人的文化，創新人的文明，普照著人類永遠不變的「希望」。教師的光亮在傳承新人類的希望，成就每一個人成為世界中的公民。

一、解析人類文化的特質

教師像希望之光的晨曦。教師希望成就每一個學生都能成為世界公民，然成為世界公民的首要條件，就要能夠了解人類各種不同的文化與文明，尊重不同文化的存在與事實。太陽的光亮照到哪一個地方，就為那個地方的文化帶來希望，帶來新的意義與價值。是以教師本身要具備「世界人類文化發展史」的基本素養，在教與學的歷程中，要融入各種領域（學科）適度解析人類文化教育，讓學生多元學習世界人類生態，像是晨曦般註解「人類文化」的存在，尊重多族共榮的希望。希望之光普照世界，造福全球，邁向未來，創新每一個學生的希望。

二、統整多元文化教育

成為世界公民的第二個要件，是要深入了解學生可能面對、相處、服務對象的文化特質，並且給予包容、認同。有包容、認同的服務交流，才有真實的價值與希望。當代的教師要有能力統整多元文化，要有能力融入

教學，實施多元文化的教育；當代的學生要包容、認同多元文化，才得以走向世界，成為世界公民。

多元文化由本土文化開始，教師要先教導學生了解本土文化、認同本土文化教育，以本土文化為基石，逐漸擴大了解整個國家的社會文化，再擴大了解他國他族的文化底蘊及風俗民情，將自己的、國家的、世界的文化材，篩選為教育材，適時地帶領學生探索、體驗、省思、尊重、認同。熱愛自己鄉土文化的人，才有可能尊重包容他族文化，才有體認世界的理想；對自己鄉土文化有貢獻的人，也才比較有可能對世界文化與文明產生貢獻。教師要教導學生，做好本位經營，才得以胸懷世界，成為世界公民。

三、強化國際語言能力

成為世界公民的第三個要件，是要擁有與世界溝通的能力、具備國際移動的能力。「語言」是溝通的工具與主要媒介，擁有多國語言能力的人，才得以行遍天下，為不同國度的人服務，才得以為生長在另一個世界的人創價，增加人性的光彩。教師是希望之光，教師帶給學生的光與熱中，要強化學生國際語言能力的學習，不管任教在哪一領域或學門，都應該適度地與國際語言統整。在日常教學中，讓學生習慣國際語言、應用國際語言，適度強化學生國際語言能力，增加其放眼世界、邁向國際的可能性與能力。

國際語言能力的學習尚有下列兩大原則要關注：(1)國際語言的學習與運用仍然建立在國家本土語言的基礎之上，學生應該優先學會並精熟國家本土語言，基礎穩固之後，學習國際語言才能踏實，才不會捨本逐末，沒有為自己帶來擴展價值的目的；(2)國際語言能力包括非強勢的國際語言，尤其是在大學階段，鼓勵學生學習第三國、第四國語言也是不錯的選擇；學生學習得好，就有可能據此優勢，走進世界，實現夢想，創造希望，成為道地的世界公民。

四、增加數位學習教學

成為世界公民的第四個要件是數位學習。資訊科技創造了數位學習時代，數位學習可以跨越地域與時空，當代的學生透過數位學習的機會與比例不斷提高，新時代教師必須順應此一趨勢，在教學歷程中，增加數位學習教材，指導學生操作現代科技，學習全球化的教育材。就算使用傳統教學方法，也可以同時介紹給學生數位補充教材與授課主題相關的數位學習資料庫，運用自主的數位學習，來加深、加廣課程的進階學習。教師也有責任透過各類知識庫的搜尋連結，為學生「本位經營」的需要，提供學生最適化的數位教學資料引導。教師像朝陽東昇的「希望之光」，教師的使命之一，在教導學生透過數位學習，通往世界，成為世界公民。

數位學習是每一位學生自主學習的有效工具，它就像一座大海般的數位圖書館，提供每一個人主動用它的機會，但不保證每個學生都能學會，也並不表示每個學生只要數位學習，就不再需要接受傳統的學校教育。教師的責任有三：(1)開發影音的數位學習教材，提供學生使用數位學習單元的核心知識；(2)提示單元核心知識、核心技術，以及最佳的數位學習方法與要領；(3)進行數位學習之後的討論與評量，實踐課程統整，確保學習品質。

第三節　溫厚之光：成就自主公民

教師像朝陽東昇的第三個意涵是「溫厚之光」。教師像早上太陽的柔美，照給人類溫暖，照給生命溫度，照給生命活力，教師厚實了學生一天的心情，厚實了學生每一天的求知之夢，厚實了學生天天踏實的生活。教師的溫厚之光，成就學生成為成熟人、成為知識人、成為社會人，更重要的是成就學生成為獨特人，成為一個有別於「社會人」中的「獨特人」，

是一個專業自主公民。

一、自由地探索知能

　　教師的溫厚之光，其首要之意在關照學生的意願與自由，順應教育的「自願性」規準。溫厚之光甦醒學生意識，尊重學生自由選擇的教育，順性揚才，也尊重學生興趣與需要的程度，自主學習，溫厚之光充滿溫暖，就像《禮記・學記》中的描述：「道而弗牽，強而弗抑，開而弗達。道而弗牽則和，強而弗抑則易，開而弗達則思。和易以思，則善喻矣！」用現代的語言來描述，就是引導而不強迫，加強而不壓抑，開啟而不說盡；讓學生在和諧、容易學會、增加思考的情境中接受教育，每位教師都是學生的溫厚之光。

　　關照學生的意願與自由，教師須掌握下列幾項經營要領：(1)預習機制：為學生的學習建立預習機制，由學生的預習成果及課堂表現了解學生的意願與起點行為；(2)啟發教學：搭配學生的預習機制，教學方法要以啟發式教學為主，包括以提問法引導學生發表預習成果，以分組討論法激發同儕共學，整理預習知識焦點；(3)核心知能：無論採用何種教學歷程，教師的統整活動與學生的學習評量，都要聚焦於核心知識、核心技術、核心能力的歸納與檢核；(4)標準機制：部分教學評量未達標準的學生，要有適時補救學習的措施，確保每一學生的單元學習達到標準機制，有整齊而均等的教育品質。

二、民主的教學歷程

　　溫厚之光的第二個意涵就是民主，教師對待學生必須永遠的尊重，引導學生的學習活動要符合民主的程序。Dewey（1916）曾出版《民主與教育》（*Democracy and Education*）一書，主張「教育即生活」、「教育即經

驗不斷地改造」、「民主生活與全民教育」、「生活實踐民主」、「全民教育促成人類真正的民主」。「教」與「學」是教育的主要型態，教師要培育「自主公民」，就要從民主的教學程序實踐，將教與學的歷程設計成為「民主的實踐」，是一種民主的學習生活，是一種尊重學生自主的學習生活，是一種學生有選擇的學習生活，更是一種學生自我負責的民主學習生活。朝陽的溫厚之光帶來全民教育、帶來民主教育、帶來自主生活、帶來民主的生活實踐；教師是民主的工程師，教師的溫厚之光促成了人類的民主世代。

　　教師經營民主的教學歷程，可以從下列幾項要領著力：(1)設計民主情境：在教學的歷程中，主動安排與授課主題有關的民主情境標語，討論的過程安排代表制的民主推選機制（小組共推，為小組績效負責）；(2)實踐民主生活：如排長、小組長、領域小組領導，分別賦予民主責任，為大家服務成為榮譽與尊貴，讓民主生活與教學生活統整；(3)討論民主程序：同儕共學、群組學習也需要符合民主程序，討論程序的過程要由群組成員共同討論，教師在提供建議或模式之後，仍然尊重小組的民主決議；(4)省思民主限制：部分的知識技能學習是否會因講究「民主」而產生對個人的最大發展價值限制，師生均應避免，也要有超越民主的教與學。

三、自主的本位經營

　　溫厚之光的第三個意涵是「自主」，尊重學生的自主成長、自主決定、自主發展，成為一個「獨特的自己」。教師的教育之光普照所有的學生，為同一個班級的學生提供同樣的教材與教學方法，希望帶好每一位學生，學會單元的核心知識，但並不希望教育出「完全一樣的學生」，每一個學生都有他（她）個殊的背景條件與本有的內隱知識，每一堂課的學習都是一種「知識基模系統重組」的個別過程，它的「知識螺旋效應」不盡然一

致，個別的學習成果更不相同，我們之所以呼應教師們「承諾教好每一堂課」，因為教師的每一堂課就像朝陽的溫厚之光，成就每一位學生都能成為一位自主公民。自主公民才是社會的主流公民，自主公民才能創造真正的民主社會，也唯有自主公民，才符合「人之所以為人」的意義與價值。

　　教師培育自主公民要從「經營本位」著力，要從學生為主體的「本位經營」開始，致力於下列幾個事項的深耕：(1)本位的優質習慣：好的生活及學習習慣是成長發展的基石，學生個人本位的優質習慣才能創造最大價值；(2)本位的時間管理：每一個學生回到家之後的環境條件迥異，教師有責任輔導學生，規劃出個人本位的時間管理；(3)本位的優勢專長：學生在通過基本學力檢測之後，也要有個人本位的優勢專長，教師應輔導其取得自己的優勢專長認證；(4)本位的成果抱負：學生在學校中學習，應配合課程之實施，運用數位科技，建立自主學習成果知識系統外，應再針對自己的優勢專長，思考應有的成果標準與理想抱負，編織夢想、築夢踏實，自主創新希望。

四、永續地生涯求知

　　溫厚之光的第四個意涵是「永續」。朝陽東昇，日復一日，本身就是「永續」的象徵，教師的溫厚之光也是日復一日地照耀著每一位學子。教師的溫熱，本身就是「永續的」、「不會停止的」；當代的教育，也期待學生本身也能是「永續」的，「永續地生涯求知」，日復一日、年復一年地處於求知狀態，讓自己的知識藝能能夠與時俱進，永續經營，能夠永續自主學習，終身學習，養成生涯求知，永續處於「高知識價值且能與時俱進」的角色地位。教師的溫厚之光如朝陽東昇，永續伴隨。

　　教師如何經營學生的永續求知，可以從下列幾個事項適度著力：(1)養成讀書習慣：閱讀與寫作是終身學習與發展的基本元素，學生從小學到大

學畢業，教師要輔導學生養成每日定時閱讀與定期寫作、發表產品的習慣；(2)體驗交流共學：除了在學期間的領域（學科）教學，要多使用學習共同體的群組同儕共學之外，教師亦應帶著學生走出教室，體驗他校、他縣、他市、他國之交流共學，為學生布建更為寬廣的網絡資源學習系統；(3)階段成果展示：學生的學習具有階段性，教師應為每一個學生設定每年定期的成果展示活動，學校也應為學生設定每位畢業學生的成果展示，運用階段性教育成果，激勵學生永續經營持續深耕的動力；(4)適力本位經營：永續持久深耕才能為個人創發最高的人生績效與最大的價值，學生在學習歷程中亦應避免「用力過猛」而受傷折翼，或「自我沉淪」而蹉跎歲月；適力本位經營，才能造就責任而自主的新時代公民。

第四節　智慧之光：成就責任公民

　　用「朝陽東昇」來詮釋教師的使命，第四個意涵是：教師像朝陽的「智慧之光」，為人類帶來啟明的智慧，帶來希望的智慧，帶來溫厚的智慧，帶來風彩的智慧。文明的創發靠人類「知識基模系統重組」的成果，人類的價值與意義，依靠人的理性智慧加以統整創化。是以人類的歷史橫跨數千年，但人的「幸福程度」都不一定相同，有人飽受戰火蹂躪，民不聊生，有部分地區的人類就像鏡花水月，從未開發，沒有邁向現代化。智慧之光每天照耀著全世界的每一個地區人類，告訴他們怎樣才會有智慧的活著，在大家都能「生存發展」的基礎上，人類的理性智慧才得以創造新時代責任公民，教師的光與熱也才有實質的價值。

　　「責任公民新教育」是二十一世紀臺灣教師的時代使命，也是教師智慧之光的終極標的。責任公民的培育十分迫切，但卻不易兌現，教師猶須從下列四大方向著力，深耕經營。

一、將「責任」列為各級學校品德教育的核心價值

　　智慧是知識的結晶，也是知識的上位概念，用口語化的說法，智慧是屬於人與人相處要領的知識，智慧是追求人我共存、共好、共享、共榮的知識。有智慧的人不只能夠獨善其身，更能夠兼善天下，真正有智慧的領導人可以像孫中山先生一樣，以「人盡其才，地盡其利、物盡其用、貨暢其流」來經營一個國家。教師是學生接受的教育領導人，教師的責任使命是培育每一位學生能夠人盡其才、才盡其用，扮演成功的國家社會及自己家庭上的「責任公民」，「責任良師」培育「責任公民」，是智慧之光的首要意涵。智慧是導引知識正用的慧命，是融合智育到德育的主要橋梁，德育優先於智育，是目前教育界共同的看法，也是絕大部分家長對於子女的期待，有人就主張「我們寧可教育出一位品德健康而不一定有傑出工作表現的公民，也不要造就一位能力出眾而傷害社會的人」。每個層級的學校均十分重視品德教育，研究者認為首要之務，要將「責任」列為學校品德教育的「核心價值」，以中心德目的方式，由導護教師向師生公開說明「責任意涵」、有關責任的名人故事，並發表全校師生必須共同信守實踐的行為規條，養成「負責任」的良好習慣。各年級教師應以「責任」的意涵價值，共同商定年級學生可以力行實踐的「行為規準」三條（一條好習慣、一條服務助人、一條經典名句），直接公告揭示在班級公布欄，引導師生每天融入學習，強化責任的重要性與具體實踐作為。

二、從生活及學習中實踐「責任承擔」

　　「責任公民」是「責任學生」養成的，「有責任素養的學生」才得以造就有具體行為表現的「責任公民」。學生在校學習期間的責任是什麼？教師有必要經由「專業示範」的智慧之光，日積月累的薰陶帶動，始能養

成「責任承擔」的習慣與態度。教師必須引導學生從學習及生活中直接承擔責任：在學習上，學生的責任有四：(1)專注學習：學生有責任依據學校規定的課程，在教師領導下專注學習該學的課業；(2)完備習作：每個單元知識的學習，均有教師精心安排的習作作業或實物作品，學生有責任按時完成，完備單元學習；(3)精熟達標：部分的知識與技能需要練習始能精熟，始能記憶，做為後續學習基礎；(4)共學助人：當前的教育型態都是大大小小的群組學習，學生有責任認同群組，參與同儕共學，並能以助人共榮為己任，為自己的學習承擔責任，也為群組共學承擔共享、共榮的責任。

在生活上，學生的責任也有四：(1)秩序的責任：有效學習建立在有規律、步驟、順序的生活常態之上，學生有責任遵守學習秩序，遵守與班級同學共學的秩序，更要遵守教師智慧之光的「為學秩序」；(2)整潔的責任：學校是師生匯聚的場所，校園環境及師生個人的整潔是大家共同的責任；(3)服務的責任：「人生以服務為目的」（孫中山先生語），責任公民就是要為國家社會服務，學生的責任之一即是要實踐服務他人的習慣與態度；(4)健康的責任：學生要順利成長為成熟人、知識人、社會人，以及獨特人，必須要身體健康；學生有責任維護自己的身心健康，健康的身心是所有智慧的泉源。

三、激勵服務助人的習慣與態度

「服務助人」是人的責任之一，「服務助人」的教育指標，是要培養每一個人都「願意實踐力行」的行為表現，才能彰顯其真正的核心價值。服務助人的習慣與態度也是需要經營的，需要在學生時代逐步養成。「服務助人」行為也是品德教育的基礎元素之一，品德教育的核心內涵在「情緒的處理」、「情感的表達」與「情操的培育」，教師要教會學生面對自己的七情六慾（情緒）之存在，並處理得宜，有效管控；教師也要教會學

生情感表達得宜，發而皆中節（致中和）；教師更要培養學生大仁、大智、大勇的胸懷（成風範）。「情緒→情感→情操」三者的系統結構，如圖 8-1 所示，也稱為全人格教育，也是輔導工作的核心事務。品德教育的理論基礎來自「好習慣」與「服務心」（鄭崇趁，2011），能激勵學生服務助人的習慣與態度，不但需要教師教育智慧的實踐，也需要學生學習智慧的「價值認同」與「實踐力行」。

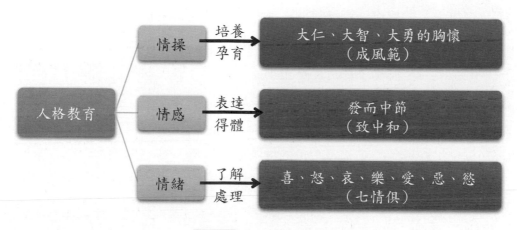

圖 8-1　全人格教育

　　教師經營學生「服務助人」的責任，可以從下列幾個事項著力：(1)將「服務學習」列為班級經營計畫的重點工作，由導師每年帶著學生在篤行服務中，學習「生命智慧」；(2)發展服務學習融入各領域課程的「主題教學教案」，交由各學科教師適時運用，全面性養成學生服務助人的習慣與態度；(3)推動三好校園：存好心、讀好書、做好事，啟發學生反省思考與躬行實踐；(4)結合家庭聯絡簿，登錄學生「日行一善」的篤行行為，親師共同培育孩子服務助人的習慣與態度；(5)專業示範激勵共鳴：教師必須每日（或每週）定期分享自己日行一善的生活點滴，描述自己服務助人的微小事件及其產生的溫馨效果，激勵學生共鳴，強化其意願與實踐。

四、培育大仁、大智、大勇的情操及智慧

　　教師的智慧之光，第四個意涵在「情操」教育。我們學教育的人，大都會向學生講述史懷哲（Albert Schweitzer, 1875-1965）先生的故事，他原本是數學家與哲學家，為了服務助人，三十歲以後改行學醫，取得醫師執照以後，立志遠赴非洲行醫，救助需要幫助的人類，史稱「非洲之父」；其大仁、大智、大勇的情操，是一種智慧的表現，成為一種人格風範。我們教育學生，雖然無法期待每個人都像史懷哲先生一樣，有能力被尊稱為「○○之父」，但我們仍然要歌頌他，並效法他的情操，「雖不能至，心嚮往之」，每一個學生都可以透過不同等級的「服務助人」，培育不同等級的「大仁、大智、大勇」情操。情感與情操教育，是一種智慧的結晶，是一種智慧的體現，中國古典的名句：「舜何人也，禹何人也，有為者亦若是」，從教育的立場來看，也泛指榜樣、情操、智慧的學習，不一定要有能力貢獻到像堯、舜、大禹般的偉大與貢獻。但有為者亦若是，一般人的服務助人也會對社會產生動能貢獻。

　　情操是個別化的教育成果，是可以經營培育的，教師應從下列幾個事項著力：(1)價值教育：教師要向學生論述單元主題知識學習的核心價值，適時推行價值教育，由價值的體認培育人的高貴情操；(2)溫情教育：人類的生活文化含有悲苦艱辛的層面，需要教師適時的關懷支持學生，學生的學習歷程才能有溫情共鳴；溫情教育也是情操形塑的基礎，享受過溫情的學生在長大成人之後，才有可能給他人溫情，共享和諧文明的社會；(3)公德教育：品德教育的發展趨勢之一是從「私德」到「公德」，公德就是一種情操，就是團體的核心價值，也是「品德知識」昇華為「品德智慧」的實踐；(4)負責教育：情操之所以不容易評估與觀察，主要在於「責任歸屬無門」，沒有人類情操的文化，究竟應該由誰負責，從無定論。研究者認

為，「負責教育」的推動，似乎可以改善此一窘境，教師負責專業示範給學生觀摩學習，學生從學習、生活、人際等三方面學習「負責」，標示任務目標、承擔責任，負責到底。負責教育為經國濟世、淑人惠民的情操奠基。

　　教師的使命像朝陽東昇，是一種啟明之光，成就知識公民；是一種希望之光，成就世界公民；是一種溫厚之光，成就自主公民；是一種智慧之光，成就責任公民。教師的啟明之光，要開啟學生知識探索的動念與方法，增益學生知識螺旋的契機與實踐，傳授學生知識統整的要領與系統結構，並發展學生知識深耕的脈絡與智慧，才能成就知識公民。教師的希望之光，經營要領在：向學生解析人類文化特質，統整多元文化教育，強化國際語言能力，並增加數位學習教學，才能成就世界公民。教師的溫厚之光，教師要帶領學生自由地探索知能、民主的教學歷程、自主的本位經營，以及永續地生涯求知，才能成就自主公民。教師的智慧之光，要將「責任」列為品德教育的核心價值，教師要輔導學生從生活及學習中實踐責任承擔，要激勵學生服務助人的習慣與態度，要培育學生大仁、大智、大勇的情操與智慧，才能成就學生成為責任公民。教師像朝陽東昇，開拓「責任公民新教育」的藍天。

三部曲
春風化雨・動能

　　教師展動能，像春風化雨。教師要展現自己的核心能力，驅動學生從優勢學習入手，經營師生成為「有能力」、「有專長」、「願意做」、「能創價」的有效智慧資本。教師要帶著學生建構新五倫及其核心價值：家人關係（親密、依存）、同儕關係（認同、共榮）、師生關係（責任、智慧）、雇主關係（專業、創價）、群己關係（包容、博愛），春風化雨新世界。教師像「春風送暖」，教育有感的生命；教師像「春風傳知」，教育覺識的生活；教師像「春風有情」，教育幸福的生涯；教師像「春風帶意」，教育大用的公民。

第九章　核心能力
〈優化人的知能素養〉

　　教師學的第三部曲「春風化雨‧動能」由本章開始，敘寫教師從「能力說」的本質與發展，強化教師自己的核心能力，藉由「春風化雨」的歷程，提升學生應備的核心能力，並對自己及學校產生動能貢獻，包括四章：第九章「核心能力」、第十章「優勢學習」、第十一章「智慧資本」、第十二章「春風化雨」。核心能力在優化人的知能素養，優勢學習在創化人的專長脈絡，智慧資本在活化人的動能貢獻，春風化雨在深化人的責任績效。

　　教育現代化之後，教育評量與評鑑從「機構」的評鑑，進展至「人」的評鑑，例如：「學生基本能力檢測」、「教師評鑑」及「校長評鑑」，人的「核心能力」受到前所未有的重視。核心能力一詞在教育界的用法並不一致，「基本能力」、「基本素養」、「核心能力」、「核心素養」經常混用，困難釐清，尤其是當代的大學評鑑，在評鑑指標上同時使用「基本素養」與「核心能力」，造成學校執行者與評鑑委員之觀點不同，評鑑的「標準化」與「專業化」很難兼顧。研究者主張，「基本素養」是指一個人的「內隱能力」，「核心能力」則為人的「外顯素養」，兩者原為同義，看不見的稱「素養」，看得到的稱「能力」，本書使用「核心能力」來統稱「基本能力」、「基本素養」及「核心素養」等用語。

　　本章分為四節論述說明：第一節「核心能力的內涵分析」，探討師生核心能力的來源、因素、定義、性質，以及其與組織核心技術的區隔；第二節「教師的核心能力及經營要領」，揭示教師的八大核心能力、指標內涵，以及提升教師核心能力之著力點；第三節「學生的核心能力及經營要

領」，闡述學生四個關鍵力及八大核心能力，並分析提升學生核心能力的可行作法；第四節「教育的核心技術及學校經營」，說明教育政策、計畫方案、課程教學、學生輔導、資源統整的核心技術及學校經營上的運用，連結人的「核心能力」到組織的「核心技術」，以有效經營教育事業。

第一節　核心能力的內涵分析

「核心能力」一詞已被社會大眾廣泛的使用，但是大家對它的意涵註解並不相同，它可大可小，有時看得見，有時若隱若現，有時根本看不見。核心能力泛指一個人的重要能力或關鍵能力，因為人存活於各種不同的組織系統中，組織要執行他的本業任務，對於其組織成員要求的「能力」就有所不同，所以什麼是人重要、關鍵、核心的能力，就要看組織單位的需求而定，例如：工廠生產員工需要的是「操作機器」的核心能力，公務員需要的是「擬辦公文」及「計畫管理」的核心能力，教師或教育人員需要的「核心能力」也就與工人及公務員不盡然相同，但大家都是「人」，基本的「知識」、「技能」、「能力」都有共通的部分，也有個殊的、層次有別的部分。

在職涯輔導上，我們期待每一個人都找到與他（她）的「核心能力」與「工作性質」適配的工作，他（她）才能有適配生涯，對自己自我實現，也對組織產生動能貢獻；避免核心能力超越組織需求太大，形成大才小用，沒有辦法盡情揮灑而鬱悶寡歡；或者核心能力趕不及組織需求，形成小才大用，辛苦度日、勞苦一生而缺乏尊嚴與價值。是以「核心能力」的探討，主要從「教育志業」的能力需求上，分析「教師」與「學生」的能力訴求及經營要領，優化教育人員的知能與素養，促使教師及學生都有「適配的教與學生涯」，過有用而幸福的一生。

◤ 一、核心能力來自遺傳及好的教育

黃一峰（2001）論述高級文官的核心能力，曾以能力金字塔（如圖9-1所示）來表達人的核心能力來源基礎。

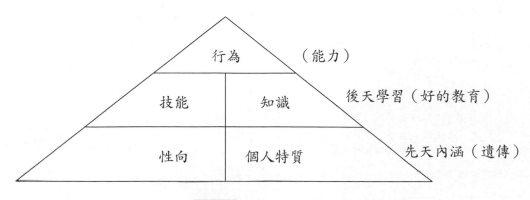

圖 9-1　能力金字塔

資料來源：修改自黃一峰（2001，頁43）

用「能力金字塔」來解釋核心能力之來源，核心能力就是一個人的「行為表現」，而行為表現來自「個人特質（含性向）」，以及每個人教育歷程中學到的「知識（含技能）」。個人特質多屬先天內涵（遺傳），知識技能則以後天學習為主（好的教育）。因此，核心能力的成因需要有好的遺傳（優質內在特質）及好的教育（提供知識技能的後天學習）（鄭崇趁，2012，頁23）。

核心能力是個人的行為表現，核心能力的表現也可以說是一種「社會行為」。社會系統理論解釋社會行為的成因來自下列三大因素：(1)人格特質（需求）；(2)角色期望（任務）；(3)文化民風（價值）。鄭崇趁（2006b）曾以社會系統理論，歸納分析當前中小學校長的核心能力來自下列五大因素：(1)辦學理念與實踐；(2)角色任務與功能；(3)教育革新與發

展；(4)社會變遷與需求；(5)績效責任與品質。其中(1)為人格特質因素；(2)為角色期望因素；(3)(4)(5)為文化價值因素。社會系統理論下的校長核心能力之成因，如圖 9-2 所示。

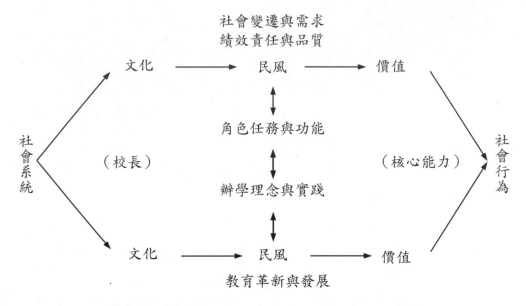

圖 9-2　校長核心能力的成因（社會系統理論觀點）

資料來源：鄭崇趁（2012，頁 23）

從社會系統理論的觀點來看，「人格」與「角色」是每一個人在「社會組織」中行為發展（核心能力）的雙主軸，但在發展歷程中，「教育」帶著每一個人與人類本身存在的文化、民風與價值交互作用、整合發展，因此「教育」本身也具有「中介變項」的性質。校長是優質的教師出身，其核心能力的探討已經屬充分「教育化」之後的教育人員行為表現，是以將校長的「辦學理念與實踐」列為人格特質因素，「角色任務與功能」列為角色期望因素，都是「好的遺傳」乘以「好的教育」才能得到的「核心能力」。

二、核心能力的定義與性質

鄭崇趁（2012，頁24）將核心能力定義如次：「教育人員為實現個人教育志業及達成國家教育目標，所應具備的關鍵行為表現能力。此種關鍵行為表現力來自個人特質、教育學習歷程、職務角色期望，以及社會文化價值所綜合交織的成果，又稱為核心能力。」此一定義有四個重點：(1)核心能力是關鍵行為表現力，來自於四個因素的交織：個人性向特質、教育學習歷程、職務角色期望，以及社會文化價值，是能力金字塔理論及社會系統理論的闡揚實踐；(2)強調「教育學習歷程」因素的重要性，主張「核心能力」是可以經由學習而強化的，教育培育的體制愈理想，教育人員才能具備足以勝任其志業、職務的工作能力；(3)核心能力是一種實踐目標任務的關鍵行為表現力，這種行為表現是觀察得到的，是可以具體描述的；(4)核心能力對個人的目的在促成自我實現，對組織的任務在達成組織目標，就教育人員（教師、學生）而言，就是實現國家教育目標。

核心能力的定義與性質是由企業界使用的「核心技術」及「核心能力」逐步演進而來的，企業界先重視「產品」的核心技術，再重視製作產品員工的「核心能力」。教育界原本使用「基本素養」及「基本能力」的名詞，現在才跟著改用「核心能力」，是以探討核心能力的性質要從企業界的觀點分析。企業界探討核心能力，多數採行 Prahaland 與 Hamel 的主張，他們將核心能力界定為：「組織成員個別技能與組織所使用技術的整合，可提供顧客特定的效用與價值，亦即指一組知識（knowledge）、技能（skill）與能力（ability）（簡稱 KSAs）的整合」，並認為此一定義的核心能力具有下列六大特質：(1)核心能力是一種累積學習的結果，是組織由過去到現在累積的知識學習效果；(2)核心能力是一種整合的績效，是組織內多種技術的整合；(3)核心能力是一種關鍵技術，可協助組織降低成本或提升價值；(4)核心能力是一種競爭優勢，也是組織競爭優勢的來源；(5)核心能力與核

心價值關係密切，且會隨著時代環境不同而改變；(6)核心能力需具備可應用性，其組織有多樣利基之產品（陳俐君，2008；鄭崇趁，2011b）。

教育界探討教育人員的核心能力，是以企業界原用的定義與性質為基礎，加上「教育學習歷程」的中介促進作用，將「核心能力」附加下列三個性質：(1)核心能力是可以經由教育來培育強化的；(2)教育人員的核心能力需要個殊化的「師資培育課程」來培養誘發；(3)核心能力的具體表現，其職前的「培育課程」與在職的「實習職能」同樣重要。因此，從教育人員的立場闡述其核心能力，具有下列五大性質：(1)個人性（以個別的核心能力為主軸）；(2)教育性（核心能力透過教育來培育）；(3)實習性（要有教育領域現場經驗）；(4)統整性（教導人的統整示範能力）；(5)目標性（要能符合眾人期望、實現教育目標為旨趣）（鄭崇趁，2012，頁25）。

三、核心能力與核心技術

產品（物）需要「核心技術」，人要有能力製造產品，這個能力稱為「核心能力」。教育人員要有能力從事「教」與「學」的工作，稱之為教師的核心能力及學生的核心能力。學校（組織）是教育事業的經營場所，是提供教師「教」與學生「學」的「教育工廠」，因此教育的「核心技術」，是指以組織（國家）立場，辦好教育、教會學生、提升教育品質的關鍵技術。是以教育的核心技術，通常包括：「教育政策」、「計畫方案」、「課程教學」、「輔導學生」、「資源統整」的規劃與實踐作為。

教師是生活在學校組織中的人，也是執行國家教育事業的主要成員。教師個人的「核心能力」與教育組織需求的「核心技術」往往是互通的，也可以說是「一體兩面」。本書主張教師有八大核心能力：(1)教育專業的能力；(2)關愛助人的能力；(3)課程設計的能力；(4)班級經營的能力；(5)有效教學的能力；(6)輔導學生的能力；(7)應變危機的能力；(8)研究發展的能

力。這是從個人（教師）的立場看，稱之為核心能力，此將在本章第二節詳加闡述說明。若是從「組織（學校）」的立場來看，其中的「課程設計」、「班級經營」、「有效教學」，以及「輔導學生」，也同時可稱之為「教育的核心技術」，本書將在本章第四節中，另以學校任務需求的立場加以系統整理，闡述運用。

四、核心能力的用與不用

　　教師的價值與尊嚴建立在「很有能力」及「很會教育學生」之上，能夠為國家培育有用人才，對學校產生動能貢獻。所以國家師資培育的目標有兩大方向：培育教師足夠的「核心能力」，以及教師對教育充滿「使命感」，願意奉獻自己的優勢專長（核心能力），幫助學生，造福國家社會。當前臺灣教育事業的發展未如預期理想（例如：社會大眾對長期教改的成果始終不滿意，教育單位成員與民眾看法落差太大），最大的原因在於，儘管師資培育的第一個方向尚佳，教師的產生必須經過「教檢」及「教甄」的嚴格考驗，千挑百選之後，才能取得「教師資格」，學校教師的「核心能力」是厚實到位的；但是師培的第二個方向卻長久被忽略，教師們「使命感」不足，沒有將自己擁有的「核心能力」充分表現出來，是以整體的教育績效不如預期。若用管理學的名詞來描述，教師取得教師資格是「人盡其才」，但實際的表現並沒有「才盡其用」，學校擁有龐大的「靜態智慧資本」而非「有效的智慧資本」。

　　從「學以致用」的觀點來分析教師的核心能力，概約可分成四個層次：「有與沒有」、「夠與不夠」、「用與不用」，以及「達與未達」。第一個層次「有與沒有」，是指教師有沒有教育核心技術所需求應備的核心能力，會不會教學、能不能教育「國家的孩子」（學生）。第二個層次「夠與不夠」，是指教師的核心能力能不能教好書，能不能成就每一個孩子（學

生），核心能力的「量與質」夠不夠「學生有效學習」的需求。第三個層次「用與不用」，指的是部分教師的核心能力很強，平時就勝任教學工作，猶有餘裕，但是不一定願意全力投入教育事業經營，核心能力「備而不用」。第四個層次「達與未達」指的是，教師的「核心能力」已經有機會「被用」或「直接使用」，然而有的發揮得淋漓盡致，有的是似達未達，「己立立人」而不一定「己達達人」。第一及第二個層次的「核心能力」訴求是「師資培育」的責任，國家的教師職前培育機制要培育所有的教師，擔任教師時都要「有」且「夠」的核心能力。第三個及第四個層次是「教育經營者」的責任，教育領導人（首長及校長）要能夠帶動學校教師「人盡其才、才盡其用」，也要能夠「己立立人，己達達人」，成就每一位教師都有厚實的核心能力，每一位教師的核心能力也都能發揮的淋漓盡致。

第二節　教師的核心能力及經營要領

　　本節承續前節，將有關核心能力的定義、性質、成因及相關論述，持續探討教師核心能力的建構元素、教師八大核心能力的內涵、教師經營核心能力的要領，以及國家經營教師核心能力的機制。主要旨趣有四：(1)讓教師了解自己核心能力的基礎元素，知道如何著力深耕；(2)揭示教師核心能力的名稱與內容，提供教師自我檢核；(3)提示教師本身經營要領，做為生涯自我進修機制系統之規劃；(4)提供國家師資培育單位，建構新師資培育政策的時代趨勢。

一、教師核心能力的建構元素

　　依據社會系統理論的觀點及核心能力的定義，教師的核心能力有四大元素：(1)教師性向及專業發展（人格特質元素）；(2)社會期望及時代使命

（角色期望元素）；(3)師培機制及進修系統（教育歷程元素）；(4)文化價值及教育革新（民風價值元素）（如圖 9-3 所示）。第一個元素「教師性向及專業發展」，係社會系統理論中的第一個主軸「人格特質」，包括教師個人是否喜歡與人接觸、是否喜歡教書、是否志願幫助尚未完全成熟的孩子，以及自己優勢智能明朗化之後，自己的優勢專長能否在教育事業上發揮。第二個元素「社會期望及時代使命」，係社會系統理論中的第二大主軸「角色期望」，包括《教師法》及《師資培育法》對於教師權責任務的描述，學生及家長對於教師的期待，以及社會大眾及教育人員共同對教師應然的角色期望。

第三個元素「師培機制及進修系統」，係指教師本身的「教育歷程」能否成為「責任良師」的培育及在職進修系統，包括職前培育系統，如大學畢業以上的基礎學歷、修畢教育學程學分、完成教育學分教育實習、通過教師資格檢定考試、通過教師甄選派用，以及教師在職進修系統規劃，

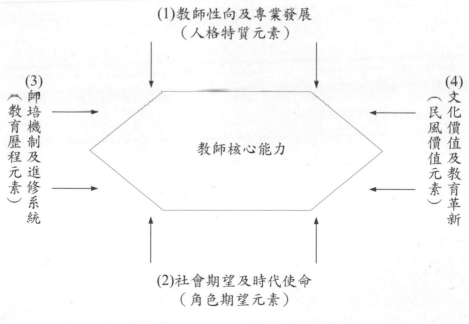

圖 9-3 教師核心能力的建構元素

例如：教師領域（學科）教學認證、中小學師資逐年碩士化方案、教師評鑑與教師分級機制。第四個元素「文化價值及教育革新」，係社會系統理論中的「文化、民風、價值」因素，它會對教師核心能力的形成與發展，具有潛在而深遠的影響作用，包括當代臺灣人的意識形態與價值觀、經濟成長、民主進程的文化因素對教師「價值取向」，以及後現代社會文化特質、少子化、功利取向對教育及教師的衝擊與影響。

二、教師八大核心能力的內涵

　　研究者出版《教育經營學：六說、七略、八要》（鄭崇趁，2012）一書，其第二章「能力說」（頁21-43）主張教師的核心能力有八種最重要：(1)教育專業的能力；(2)關愛助人的能力；(3)課程設計的能力；(4)班級經營的能力；(5)有效教學的能力；(6)輔導學生的能力；(7)應變危機的能力；(8)研究發展的能力。其中(1)、(2)合稱為「專業力」，(3)、(4)合稱為「統合力」，(5)、(6)合稱為「執行力」，(7)、(8)合稱為「創發力」，如圖9-4所示。教師八大核心能力的指標內涵，如表9-1所示。

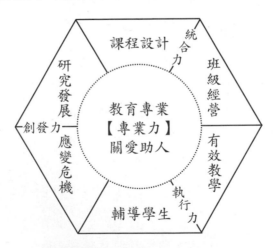

圖 9-4　教師的核心能力

資料來源：鄭崇趁（2012，頁32）

表 9-1　教師八大核心能力的內涵

核心能力	內涵
1. 教育專業的能力〔專業力〕	・對於人的教育有完整的哲學觀。 ・了解學生的生理與心智發展情形，能夠提供最適合學生的教育。 ・熟悉教育政策與學校措施，並能與個人的教育核心價值結合。 ・具有教育心理學、教育社會學、教學原理、輔導原理的基本素養與實踐能力。 ・具有論述教育活動與教學行為之價值或亮點能力。
2. 關愛助人的能力	・喜歡自己的學生，能夠有教無類、因材施教。 ・喜歡一般的學生，能夠主動關懷、伴其成長。 ・願意參與認輔學生，提供個別關懷，愛心陪伴。 ・教學中具有辨識學生行為問題的能力，能將輔導理念融入教學，幫助學生維持有效學習。 ・具備輔導原理及諮商技術的基本素養，在教與學歷程中，能夠有效協助適應困難及偏差行為學生。
3. 課程設計的能力〔統合力〕	・具備發展學校本位課程的能力。 ・具備發展任教領域主題教學方案的能力。 ・能夠參與任教領域課程與教學行動研究。 ・逐年累增自編教材比例至 20～25%。 ・能夠依據課綱設計領域課程教學計畫。
4. 班級經營的能力	・了解班級學生主要背景與起點行為。 ・能夠參照班級學生的共同性與個殊性，擬定班級經營計畫。 ・教師的班級教學能夠融合校本課程發展，設計主題教學方案。 ・導師的班級經營計畫，能夠融合實踐政策的重要教育主題及學校特色。 ・班級經營計畫及班級教學實踐，能夠激勵鼓舞班級士氣，形塑積極、主動、熱誠的優質班風。

表 9-1　教師八大核心能力的內涵（續）

核心能力	內涵
5. 有效教學 　的能力 〔執行力〕	• 能夠善用教學八大原則及學習三律，實踐於教學課堂之上。 • 能夠善用資訊科技媒材輔助教學。 • 能夠確保學生習得單元教學之核心知識、技能與情意。 • 能夠適時進行形成性與總結性教學評量，並為學生負完整的學習成果責任。
6. 輔導學生 　的能力	• 能夠將輔導理念融入教學。 • 教學中具備辨識學生行為問題的能力。 • 能夠運用班級經營及團體動力活動，經營優質班風。 • 能夠參與認輔學生，實施個別關懷，愛心陪伴。 • 能夠了解學校輔導網絡系統及危機應變運作程序，並參與實踐輔導學生。
7. 應變危機 　的能力 〔創發力〕	• 定期參與學校防災安全事件演練，了解危機事件處理程序。 • 發現學生偏差行為及異常表現，能夠適時關切，妥適處理。 • 指導學生教學實踐歷程，能夠嚴守安全規則，並熟悉可能的危機事件之正確處理程序。 • 熟悉學校危機通報系統，適時爭取資源，共同處理危急事務。 • 具備輔導危機事件對象學生之基本關照能力。
8. 研究發展 　的能力	• 具備碩士學位以上的基本學歷。 • 能夠參與主持教育行動研究，定期（至多五年）發表研究成果。 • 對於任教專長領域每年均有自編主題教學教案，五年內達成自編教材四分之一至五分之一。 • 能夠運用資訊科技建置教學檔案及專長領域教學資料庫，並逐年檢討改善。 • 能夠定期分享教學經驗，發表教學與輔導學生研發成果。

資料來源：鄭崇趁（2012，頁 33-37）

三、教師經營核心能力的要領

　　教師經營核心能力，在優化自己的知能素養，成就自己有「責任良師」的行為績效，能夠帶好每位學生，符合社會大眾對於「教師」的角色期望。教師的經營要領可從下列幾個事項著力：(1)定期檢核自己能力的指標：依據表9-1的核心能力指標內涵，每半年至少檢核乙次，發現有所不足部分，設法參與進修；(2)取得領域（學科）教學認證：領域（學科）的核心知識及教學方法隨著知識經濟時代的衝擊，發展快速，教師要取得領域（學科）教學認證，並配合時限更新，主授有認證領域學科；(3)規劃自己職涯進修計畫：如攻讀碩博士學位及短、中、長期國內外在職進修計畫，促使自己的核心能力發展與時俱進；(4)適時參與教育核心技術群組學習社群：從組織（學校）來看教育事業，教師的核心能力應用在教育事務上，把事做好的技術，又稱為核心技術；教師為了把教育的各項工作做好，必須適時參與各種專業群組學習社群，增進教育核心技術的增長，使自己的核心能力能夠表現得宜，發揮的淋漓盡致。

四、國家經營教師核心能力的機制

　　師資培育政策的調整，就是國家經營教師核心能力的機制。當前的師資培育機制存在下列幾個問題，影響了教師核心能力的虛實：(1)教師資格檢定考試在學生完成教育實習四學分之後舉行，讓「實習虛級化」，學生忙著準備考試，沒有務實實習；(2)教檢及教甄均先使用「選擇題」篩選考生，沒有檢驗教師的「論述價值」能力，難以觀察錄取教師核心能力的穩定性；(3)中小學教師碩士化比例逐年成長至50%左右，近年卻趨緩下來，對於國家教育、立即補救教學、行動研究與差異化適性教學的支持度鬆軟；(4)「教師評鑑」遲未入法，導致教師專業發展機制流於形式，教師欠缺續

效責任而有恃無恐。

研究者建議，師資培育政策得優先朝下列幾個方向規劃調整，以建立經營教師核心能力的有效機制：(1)將教師資格檢定考試改為國家高考，列為國家專門職業考試之一，並且在修完學程及實習之前舉行；(2)考取國家高考的教師以公費實習一年，實習學生由教育（師範）大學以教學碩士學分教學，學生實習完畢後必須取得領域（學科）教學認證兩科以上；(3)教師評鑑完成立法，立法後新進教師依法執行評鑑，檢核核心能力、專業發展及教學輔導學生績效；(4)規劃現職教師十至十五年間全面碩士化，為中小學教育品質與特色發展奠基；(5)規劃教師分級制及擴大教育績效獎金制度，激勵教師「人盡其才，才盡其用」。

第三節　學生的核心能力及經營要領

鄭崇趁（2012，頁37-43）曾對學生的核心能力深入分析，主張「學習中的學生」之八大核心能力最重要：(1)閱讀寫作的能力；(2)數學資訊的能力；(3)通識經驗的能力；(4)專門學能的能力；(5)時空美感的能力；(6)個殊才藝的能力；(7)優質習慣的能力；(8)服務助人的能力。研究者並配合大學評鑑指標，將「核心能力」與「基本素養」同時並列的要求，主張將第(1)、(2)項核心能力合稱為「學習力」，第(3)、(4)項核心能力合稱為「知識力」，第(5)、(6)項核心能力合稱為「藝能力」，第(7)、(8)項核心能力合稱為「品格力」。學習力、知識力、藝能力、品格力四者，又稱之為「基本素養」，其間之結構關係如圖9-5所示。

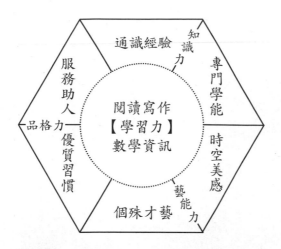

圖 9-5　學習者的基本素養與核心能力

資料來源：鄭崇趁（2012，頁 38）

　　從圖 9-5 觀察：「學習力」是學生各種核心能力的基石，能建構學生的學習力者就是傳統重視的讀、寫、算及資訊運用能力。「學習力」的外圍有三力：「知識力」、「藝能力」、「品格力」。呼應教學的三大目標：「知識」、「技能」、「情意」的學習，其中「品格力」研究者界定為「情意的學習」，是「與人互動」的行為表現，品德及品格的基礎，都來自「優質習慣的能力」，以及「服務助人的能力」之綜效，也包括了部分學者主張的「社會力」。

一、學生八大核心能力的內涵

　　學生的八大核心能力是指看得見的行為表現力，是隨著國小、國中、高中、大學、研究所的學習而會有層次上的不同，表 9-2 是研究者歸納分析的觀察指標（內涵），可綜合適用在不同的教育階段。

表 9-2　學生八大核心能力的內涵（觀察指標）

核心能力	內涵（觀察指標）
1. 閱讀寫作 的能力 〔學習力〕	・熟悉各階層教育（國小、國中、高中、大學）的基本識字量。 ・能夠順利閱讀各階層教育的教科書與參考書。 ・能夠通過一至十二各年級國語文基本能力檢測。 ・大學畢業生能夠取得本國語文及一種以上的外語能力證照。 ・寫作及口語表達能力符合各階層教育之教學目標。
2. 數學資訊 的能力	・順利通過一至十二各年級數學及資訊基本能力檢測。 ・大學理工商學院學生能夠通過數學必修課程，如微積分與工程數學。 ・大學生均能操作基本統計軟體。 ・各階層的學習者均能善用其數學及資訊能力，增進其知識、技能、情意學習效能。 ・學生能運用相對之數學資訊能力，提升生活品質。
3. 通識經驗 的能力 〔知識力〕	・學習者本身見多識廣，容易從生活經驗中淬取知識及能力。 ・學習者能夠將課堂知識與生活經驗結合。 ・學習者對於「人」與「事物」之間的知識取向較不明顯，較能均衡關照。 ・學習者對於同儕事務的意見表達，具有較高的共識性，較能處理公眾事務。 ・學習者具有相對較佳的全人格（處理情緒→表達情緒→孕育情操）之行為表現。
4. 專門學能 的能力	・具有潛在傾向的優秀學能（知識）。 ・表現相對專長的學術能量（知識）。 ・中小學學生具有相對優勢的領域知識。 ・大專以上學生主修系所的專門知識能量。 ・社會青年再學習的潛在能量。

表 9-2 學生八大核心能力的內涵（觀察指標）（續）

核心能力	內涵（觀察指標）
5.時空美感的能力 ─〔藝能力〕─	• 是一種對美的感受力與敏銳度。 • 能夠對時間、空間展現美的表現能量。 • 能夠對人與物建構更唯美的和諧關係。 • 能夠在學習組織與環境中找到適合自己發展的才藝潛能。 • 時空美感的能力足以支持發展個殊才藝的表現程度。
6.個殊才藝的能力	• 是一種藝能表現的潛在能量傾向。 • 是喜歡琴、棋、書、畫，並有相對優質表現；喜愛體能活動（球類、舞蹈、體操），並有相對傑出的表現。 • 喜愛藝文或運動類書籍，並將專長知能系統整理，常與同儕朋友分享。 • 對於個殊才藝具有相對廣博深入的研究，能以深層結構表達個殊藝能的本質意涵。
7.優質習慣的能力 ─〔品格力〕─	• 好的習慣多於不好的習慣（係柯永河教授用語）。 • 能有生活好習慣，規律生活，勤奮好學，動靜分明，身心健康。 • 能有學習好習慣，計畫選課，專注學習，當下學會，作業即時完成。 • 能有處事好習慣，積極任事，勇於承擔，追求績效，盡情表現。 • 能有反省好習慣，勤記札記省思，用心生活與學習，且有質感與效率。
8.服務助人的能力	• 是一種我為人人、人人為我的和諧共榮生活態度。 • 關照自己身心健康，能夠順暢成長發展，避免成為他人包袱。 • 擁有協助同儕的意願與能力，能夠適時分享學習成果，幫助大家有效學習。 • 熱心參與各類型服務團隊，積極傳播人類的愛與希望。 • 實踐「人生以服務為目的」，積極儲備服務能量，篤行助人淑世的願景。

資料來源：鄭崇趁（2012，頁38-43）

二、中小學學生的基本能力檢測制度

政府應推動 K12 學生基本能力檢測制度，針對每一個學生每一年級學習的領域（學科）進行基本能力檢測，觀察學生核心能力的發展情形，也做為「教師教學」與「學生學習」績效價值的評比參照。其政策規劃與實踐作為包括下列幾個事項：(1)由國家教育研究院建置「K12 學生基本能力檢測題庫」，每一年級每一領域（學科）至少三千題以上，依據難易度由易漸難，知識、理解、應用、分析、綜合、評鑑序列，並數位建檔；(2)每一年隨著時代變遷與知識重組發展，更新核心知識題目 5%左右；(3)每年六月由學校課程領域（學科）小組教師規劃學生在校電腦檢測日程，並將施測成績上傳國家教育研究院及縣市「學生基本能力測評中心學校」；(4)國家教育研究院每年（七月）公布「縣市」、「學校」及「班級」常模成績，提供教育領導人、學校教師、學生及家長充分了解學生核心能力的發展情形；(5)學生基本能力檢測成績超過縣市（區域）平均分數 10%，以及呈現穩定進步 10%以上者，教師及學生均應有具體獎勵措施；(6)學生基本能力檢測成績低於縣市（區域）平均分數 10%以上或有明顯退步跡象者，教師應為學生規劃補救教學機制，並參與領域（學科）教學方法或專門知能進修；(7)學生基本能力檢測成績及歷年相對變化狀況，應作為「教師評鑑」的基本指標之一。

三、教育階段畢業總成績的登錄與管理

學生的學習成績代表「學習成果」，從不同的學習成績，也可以觀察一個人的性向和興趣，學校所有領域（學科）成績的總和，既可以代表一個人教育階段的學習成果，也代表學生「多元智能」明朗化的軌跡。學校管理學生的學籍，更應該管理學生在這個學校中所有的「學習成績」，做

好學生學習成績登錄及必要的性向和興趣分析，每年向學生及家長提報；畢業時，除了畢業證書之外，還要同時發給學生「畢業學習總成績」，並且數位存檔，提供學生及其家長的「售後服務」，學生個人及家長有需要了解時，均可提供查詢、諮詢及分析服務，以做為下一階段學習的重要基礎。

四、教師經營學生核心能力的要領

學生的核心能力是學生整體的教育成果，也是學生從個別教師的課程中，學習而來的「能力」之綜效。也因為學生的核心能力是所有教師共同教育學生的成果，學生的能力好或不好很難清楚地辨識「責任績效」之歸屬，所以今日學生評比的成績不夠理想，個別教師都會認為：「不是自己的責任」，而是教育機制不夠好或其他大部分的教師不夠優質所致。

研究者認為，教師經營自己所教授的班級，把自己的學生教好，促使其學會領域的核心知識及核心技術且精熟通達，學生應備的核心能力就能水到渠成，表現應有的行為能力。教師可從下列幾個事項著力經營：(1)計畫教學：有計畫、有準備的教學可以確保學生有效學習，能學到應備的能力；(2)經營團體動能：善用學習共同體理論，妥適規劃學生群組學習系統，經營團隊動能，增進每一位學生有效學習，一個都不少；(3)數位輔助學習：多元使用資訊科技媒材，幫助學生快速學習，並輔助知識運用與管理；(4)強化統整教學：學生的核心能力來自學生對於已習得知識的統整；部分的學生能夠自我統整，部分的學生需要同儕協助才能統整，如果教師在教學單元知識的同時，能夠適時地「專業示範」，帶動學生聯絡相關知能，統整為可以表現的核心能力，學生的統整能量與速度必然加速，核心能力的具體表現就可以即時到位。

第四節　教育的核心技術及學校經營

產製產品的能力，稱為核心能力，把產品做好的關鍵技術，稱為核心技術，例如：當代的手機、電腦、影音媒材產品，都存著諸多核心技術，而且每一廠牌產製的產品，核心技術不一定一樣，產品的核心技術有的廠商會申請專利，保障其「發明核心技術」的著作權。是以企業界將「產品」的「產製配方」或「套裝軟體」稱為「零組件」，零組件的主要元素，稱為「核心技術」，員工擁有產製這產品（零組件）的能力則稱為核心能力。是以「核心能力」與「核心技術」是一體兩面，從產品本身來看，稱為「核心技術」，從人的立場來看，擁有核心技術的人就有「核心能力」。

類推到教育領域上，教育事業是「人」教「人」的工作，把教育相關的事做好之要領與技術稱為「核心技術」，包括：政策規劃、教育機制、課程配置、教學方法、教科書、教育輔具、教材教具、影音知識資料系統、研究報告、碩博士論文、文章著作、磨課師（MOOCs）課程發展等廣義的「教育產品」，都需要「教育的核心技術」，而此「核心技術」需要教育人員（尤其是教師）持續地研發，創新教育產品，增進教學效果，促進教育事業的蓬勃發展。本節針對政府及學校經營教育核心技術的要領建議如後，提供教師們了解與參照。

一、培育教育政策規劃人才及教育領導人才

教育行政機關的教育人員要負責教育政策規劃，教育政策會影響「教育核心技術」的普及、發展與創發。教育領導人要帶著所有教師運用「教育核心技術」來實踐教育政策，而教育行政的中高階層幹部及學校的校長主任，理當最熟悉教育核心技術，最會善用「核心技術」來規劃「教育政策」，擬定「計畫方案」，發展「系統課程」，帶動教師「有效教學」、

「班級經營」、「輔導學生」、「統整資源」，促進學校經營達到更高的效能與效率。

是以培育優質而現代化的教育政策規劃人才及教育領導人才，即成為學校經營的當務之急，他們是傳承創新「教育核心技術」的關鍵人物，他們應當修習「教育經營學：六說、七略、八要」及「校長學：成人旺校九論」兩門課（五學分），學教育經營學的「原理學說（六說）」，尋根探源，立知識之真；學「經營策略（七略）」，行動鋪軌，達育才之善；學「實踐要領（八要）」，著力焦點，臻教育之美；學「成就人，旺學校（九論）」，從自我實現、智慧資本、角色責任、專業風格著力，成就學校中的師生，已立立人，已達達人；從計畫經營、組織創新、領導服務、溝通價值、評鑑品質等五大核心事務深耕，暢旺校務。「六說、七略、八要、九論」就是教育經營廣義的「核心技術」。

二、布建教育數位環境資源與教育績效指標

教育的核心技術與時俱進，當代的資訊數位科技產品，如電腦、手機、影音媒材已改變了人類的生活形態，「教學」與「學習」的方法技術也跟著「現代化」、「數位化」、「未來化」、「智慧化」，這『四個化』要有「環境設施」的支持，師生要有「工具」才能操作與實踐，再運作較高明的「核心技術」來教育學生。因此政府應配合時代進程，加倍投資學校教育，布建數位學習環境資源，提供學生充裕的硬體及軟體設備，並鼓勵教師「翻轉教室」，設計數位學習教材教案，活化教學方法，傳承創新教育核心技術。

為確保教育核心技術能永續地傳承創新，教育部及教育局（處）應對其主管學校，頒訂「教育經營績效指標」，明確提列教育成果的檢核點，例如：學校中長程計畫及年度主題式教育方案、班級經營計畫及實施成果、

領域（學科）學校本位課程、教師教學檔案、行動研究報告、自編的主題教學教案（課程統整使用）、重要教育設施使用規劃及使用率登錄、輔導弱勢族群學生方案、領域（學科）補救教學計畫及成果資料。並鼓勵學校自辦「自我評鑑」，請專家學者及同儕優質教育領導人到校協助「專業檢核」，藉由辦學績效成果之檢核評鑑，傳承創新教育核心技術。

三、舉辦教育創新經營競賽與發展特色學校

政府及學校要傳承創新教育核心技術，可以運用「創新經營競賽」及「發展學校特色」的策略，來帶動創新核心技術，例如：電視影片的「奧斯卡金像獎」、「金球獎」、「金馬獎」，藝文界（出版界）的「金鼎獎」，世界級的「諾貝爾獎」等，這些獎項的設置皆在激勵創新人類生活文化的核心技術。是以教育領域的「學校創新經營獎」（Innoschool、GreaTeach）及教育部的校長領導卓越獎、教學卓越獎、閱讀磐石獎、空間創意獎，都是提升教育核心技術的有效策略。縣市政府層級的特色學校策略，例如：臺北市的優質學校及「教育 111 標竿學校」認證、新北市的特色之星學校、藝術角及小藝人認證、宜蘭的噶瑪蘭金質學校、澎湖縣的特色學校等，也都是傳承創發教育核心技術的篤行策略。

每一個學校除了配合教育政策申請競賽活動及標竿認證，成為有特色的學校之外，也可以在自己的學校內，推動學校創新經營計畫（即創新競賽活動），每一至二月就舉辦一次創新教育班級競賽，例如：創新教室布置、創新班級經營計畫、創新才藝比賽、創新社團成果發表競賽、創新數位學習比賽、創新服務學習比賽、創新電玩競技比賽、創新運動會趣味競賽、創新詩詞吟唱比賽等，不但可以營造積極活力的組織文化，又能夠傳承創發教育的核心技術。

四、實施教師評鑑、校長評鑑及學校經營 ISO 認證

教育的核心技術仍舊在教育人員身上，我們可以從教師及校長的工作表現上，看到核心技術被使用的程度；從學校及教育行政機關所完成的「教育績效」，來評斷「核心技術」的有無及品質層次。教育單位辦理教師評鑑及校長評鑑，就是要觀察人的「核心能力」及其執行教育事務的實際「表現績效」，此一績效價值可以從教師或校長使用的「核心技術」來加以評斷，核心技術愈到位，教育品質愈高，沒有用上核心技術者，教育價值不大。

「核心技術」到位的工作表現，教師可以通過教師評鑑，校長可以通過校長評鑑，學校經營也可以通過國際標準檢核，如 ISO 認證。教師評鑑與校長評鑑具有評鑑美學性質，凡是通過評鑑的教師或校長，就是具有「品質標準」的校長和教師。教育事業是一種極為專業的「人教人」之工作，擁有認證品質標章的教師，學生家長才放心把孩子交給他來教，家長也會為孩子選擇擁有「品質標章校長」的學校。學校的行政經營如能申請獲得 ISO 認證，代表這個學校的行政服務品質達到國際品質水準，因此是可以信賴的學校，是可以優先就學的學校。教師評鑑、校長評鑑，以及學校的 ISO 認證，都能證明學校經營時，「核心技術」是充分被使用，而且用得很「到位」，也代表了教育的品質水準。

第十章　優勢學習

〈創化人的專長脈絡〉

「優勢學習」與「順性揚才」是研究者撰寫《教育經營學：六說、七略、八要》一書時的最大心得，並將之列為「八大實踐要領」之二，各列專章敘寫，「優勢學習」為第十八章（鄭崇趁，2012，頁299-315），「順性揚才」為第十九章（鄭崇趁，2012，頁317-333），讀者可參照閱讀。優勢學習的概念型定義是：教育人員能從學生及環境最有利的層面著力，設計出最適合學生發展、教師發揮及行政運作的教育（教學）方案，來經營學校之謂；操作型定義則包括五項優勢的教育意涵：符合興趣性向的學習、順應相對專長的學習、發展特色風格的學習、善用環境配備的學習，以及統整資源系統的學習。

本章以「教師」的立場為軸心，分為四節論述說明：第一節「優勢學習的時代意涵」，分析多元智能理論及「有教無類、因材施教」與優勢學習的關係；第二節「教師優勢學習的經營」，說明當代教師優勢學習的發展指標，及其經營學習的要領；第三節「學生優勢學習的教育」，闡述學生優勢學習的必要性，以及在教育機制中，教師與學校如何布建學生的優勢學習；第四節「學校優勢學習的方向」，為「特色學校」及「校本課程」尋找理論基礎，並論述其經營發展的可行作為。

第一節　優勢學習的時代意涵

　　學生的學習要包括「知識、技能、情意」的學習，這是從教育的成果來看；學生的學習，要培育其「德、智、體、群、美」五育均衡發展的人，這是從教育的目標來看；學生的學習，要協助每一個人都能成為成熟人、知識人、社會人、獨特人、價值人及永續人，這是從教育對人的發展歷程來看；學生的學習，要兼顧「情緒處理、情感表達及情操培育」，這是從「全人格教育」的立場來看。本章主張學生的學習、教師的學習，以及學校經營的學習，都要從「優勢學習」入手，這是從教育的「方法策略」來看，屬於「教育經營學」實踐要領的運用，其主要的時代意涵如下所述。

一、優勢學習是多元智能理論的實踐

　　多元智能理論是影響當代教育最為深遠的理論，其核心論點有三：(1)人的潛在智能因子有七種或八種之多，每一個人的個別因子結構強弱均不相同；(2)激發每一個人的潛在因子得到充分學習是教育的責任，尤其優勢智能明朗化，是教育的使命；(3)孩子的優勢智能明朗化，學習可以得心應手，行行可以出狀元。這三個重點主張在教育的實踐上，就是「布建全人發展的教育環境」及「推定優勢學習的方法策略」。學校的整體教育環境設施、課程設計、教學資源的供給面，要足供所有學生激發其多元潛能的機會。在教育的方法策略上，則要進一步了解學生的優勢智能，安排優勢學習，促成優勢智能明朗化，讓每個學生都具備相對的優勢專長。「優勢學習」就是多元智能理論的具體實踐。

二、優勢學習開展人的專長及組織（學校）的特色

　　優勢學習對人的幫助是能夠開展個人的專長。教師如果關注自己的優

勢學習，就能夠提升自己的專業專門知能，讓自己的專長核心知識與核心能力持續優化卓越，並在教學現場得心應手，提高教學績效，也提高教師自己對學校及國家社會的動能貢獻。學生如果都能從自己的優勢入手，進行有效學習，則會凸顯自己學習的「效果率」，有效的學習增進後續的學習效果。學生能夠盡快地優勢智能明朗化，很快地擁有專長優勢，在整體的學習歷程上，能夠「形優輔弱，實踐目標」。優勢學習開展了教師及學生的專長優勢。

學校進行優勢學習，就可以開展學校的特色，成為有特色的學校，成為有品牌的學校，就是優質學校，有優質、特色、品牌的學校，大家搶著就學，無形中解決了少子化對於學校學生流失的重大挑戰問題。學校如何進行優勢學習，本章將在第四節中詳予說明論述。優勢學習是組織創新經營的第一個著力點，可以為每個學校營造學校的特色品牌。

三、優勢學習可以促成行行出狀元的理想境界

每個學生在學習上都有相對專長，相對專長的表現就是學習領域的狀元。每一個成年人選定的職涯工作，不管是哪一個行業，只要他自己做得愉快，得以勝任，與別人相較具有相對專長表現，那就是工作職涯上的行行出狀元。學生必須順著自己的性向和興趣，進行自己喜歡的優勢學習，教師也要帶著學生開闢各種優勢學習的管道與機會。

當代的社會是一個「學習型社會」，每一個人都要有終生學習的觀念，隨著數位時代的來臨，整個社會也是時時可學習、處處可學習，每一個人只要能夠進入「學習狀態」，並且從「優勢學習」入手，很快就能開展第二或第三專長優勢。從自己的優勢專長進行學習與就業，可以創造整個社會都是行行出狀元的理想境界。

四、優勢學習對人類的貢獻價值最大

優勢學習符合人性的本質，人都期待潛在的優勢被喚醒，有發展、有表現。優勢學習也符合人性的社會融合，人活在社會群體中，必須與他人一起生活、一起學習、一起工作，每一個人都能經由「優勢學習」，則生活、學習、工作都能處於自己及群體的相對優勢中，享受滿意、成功與幸福的生活，這是個人的自我實現，也是群體融合的最佳狀況，對人類的貢獻價值最大。

優勢學習對人類的價值也彰顯在下列三大教育理想：(1)主動積極：在優勢學習的帶動下，每一位學生和教師都能主動積極學習，努力開展個人的優勢專長；(2)活力永續：在優勢學習的激勵中，學生專注滿意，回饋明顯，教育現場處處都是活力永續的教與學，能創發教師及學生最大價值；(3)專長認證：從國小到大學，為了激勵學生優勢學習，學校會發展學生專長認證護照，導引學生優勢學習成果而得到專長認證。學習專長護照與各種職業證照都是人類發揮貢獻價值的資產。

第二節　教師優勢學習的經營

學生需要「優勢學習」，教師更需要「優勢學習」，在教師培育職前課程中，教師原來系所的主修知識領域就是「優勢學習」的歷程。教師在大學教育時，主修的系所是自己選擇的，是自己的性向和興趣所在，也是自己喜歡的專長優勢；大學畢業取得學士學位，理論上是「優勢學習」的具體成果。在大學教育中，選擇加修「教育學程」也是一種「優勢學習」的選擇，很多教師在當時要選讀學程時，都會覺得自己喜歡教人，喜歡帶著學生學習成長，「教師工作」符合自己的專長優勢。

　　教師的優勢學習可劃分為兩大階段：職前培育階段與在職進修階段。職前培育階段的優勢學習，在定位教師的身分別，例如：中學教師、小學教師或大學教授；又如國文教師、英文教師、數學教師、人文藝術領域教師或○○學科教師，教師的身分是師資培育職前教育階段「優勢學習」的成果。在職進修階段的「優勢學習」對教師的發展更為重要，具有下列三大意涵：(1)讓自己的專長專業與時俱進，累積個人在教育競爭市場中的更大優勢；(2)培育自己的第二專長，配合學校課程需求，為自己的專長發揮找到更為適配的優勢；(3)彌補原先師資培育階段的不足，穩固原有的優勢專長，並為自己的專長開展新的優勢。上述兩大階段的優勢學習是連貫的，教師應從下列幾個事項著力經營。

一、取得領域（學科）教學認證

　　教師的首要優勢展現在自己教學的主授領域或學科之上，並要證明自己的知識素養與核心能力符合「有效教學」的標準，最直接而可信的方法，就是取得教育部頒發的「領域（學科）教學證照」。每位教師能依專長領域（學科）授課，是學生最大的福氣，學生在各學科（領域）的學習最豐厚，也最有關鍵要領，有利於學生「基本能力的統整」，也有助於學校教育目標的整合實現。

　　教育部可結合各師範大學及教育大學之各學科（領域）教育專家學者，規劃碩士階層八學分之學科（領域）教學認證方案，結合各大學教育系所師資資源及縣市成立的「校長及教師專業發展中心」，全面實施「教師領域（學科）教學證照」制度，激勵中小學教師「優勢學習」，取得領域（學科）教學證照，並逐年提高學校教師依專長授課比例，全面提高教育品質。

■ 二、迎接教師評鑑，彰顯個人品牌價值

中小學教師評鑑即將入法，部分的教師聞評鑑色變，將教師評鑑視為洪水猛獸，而藉由教師會阻擋其入法時程。事實上，「評鑑」是一種「品質標章認證」，通過品質標章認證的產品，大家才會安心，爭相選購。教師也生活在「教育的競爭市場」當中，沒有通過品質標章認證的教師，學生家長無法放心地把孩子交給他們教育，學生就有可能逐漸流失，學校生員短缺，會變成學校教師們的恥辱。教師應迎接教師評鑑，彰顯個人的品質標章認證，形塑個人的品牌價值。

迎接教師評鑑也是一種「優勢學習」的表現，用評鑑檢核自己應備的「基本能力水準」，用評鑑了解自己「能力績效」的分布情形，用評鑑檢視「自己該做的事」完備之程度，也藉由評鑑了解自己對教育最大的貢獻何在，更藉由評鑑調整今後持續深耕的方向與著力點。評鑑是一種身體檢查、評鑑是一種基本績效檢核、評鑑是一種品質標章認證、評鑑是一種「激勵美學」，有評鑑才能驗證教育之美，有評鑑才能傳遞教育之美，有評鑑才能創發教育之美，也唯有評鑑才能真實地詮釋真、善、美的教育人生，讓教師的生命賦予珍貴的價值。

■ 三、研發教育產品與著作

教師經營自己的優勢學習，第三個著力點可著力在「教育產品」的研發，例如：為自己主授的領域（學科），自編主題統整教案、補充教材、補救教學教材；為校刊或學校出版品撰寫文章著作；參與學校群組學習社群，共同出版行動研究。又如，參與課程領域小組運作，為學校發展校本課程教材，或是配合學校申請「優質學校」、「特色學校」、「教育 111 標竿學校」認證方案，編製「學校特色」或「學生專長」的課程教案，實施實際教學，幫忙學生「專長認證」或實踐「學校特色課程化」的具體教

育產品。

「教育產品」多元廣泛，包括：教師的研究著作與教材教具相關的課程、教學影音資料產品，與教育產品的研發，這些都代表教師「優勢」的學習方向；教師發表教育產品，也是教師「優勢學習」的成果。教師專長優勢的深耕研發，才會有高價值系列的教育產品流通。以研究者自身為例，個人經歷十二年的「優勢學習」經營，完成五本以上的「研究著作」（教育產品），才得以通過升等教授的「評鑑」。升等教授之後，也經過五至十年「優勢學習」的深耕經營，才得以陸續出版「經營教育」四學：《教育經營學：六說、七略、八要》（2012）、《校長學：成人旺校九論》（2013）、《教師學：鐸聲五曲》（2014），以及將於 2015 年出版的《家長志工教育學：順性揚才一六八》一書。

四、定期參與教育學術研討會，並發表專長論著

教師經營「優勢學習」的第四個著力點可用在定期參與教育學術研討會，每年並至少發表一篇專長論著。教育的核心知識與核心技術，追隨著時代的腳步，不斷地遞移更新，教師的專業素養必須與時俱進，定期參加專長領域學術研討會，可以適時檢驗自己的優勢專長面對怎樣的挑戰，也同時進行「優勢學習」，維護自己專長優勢的時代性與妥適度。

每年或許參加三到五個學術研討會，要擇一發表自己的專長著作。「準備」發表論文的歷程，本身就是自我的「優勢學習」，著作論文的成果就是自己專長優勢與當下學習交織的「知識基模系統重組」之績效成果。發表專長著作就是優勢學習，學習再創優勢，創發自己與組織新的學習優勢。教師要定期參與各類型教育學術研討會，維修自己的專長優勢能維持在既定的高度水準，更要每年擇要發表論文著作，以自己的教育產品，累增優勢學習，擴大專長優勢。

第三節　學生優勢學習的教育

學生（受教者）的優勢學習，其主要方法有四：(1)激勵興趣主題閱讀：從閱讀的脈絡趨勢，觀察學生的優勢學習；(2)參與專長社團活動：學校開設多元社團，提供學生針對自己的性向與專長興趣選擇合適社團，拓展自己的優勢學習；(3)展示主題學習成果：教師配合學校規劃各類教育主題成果展示活動，讓每位學生都有機會展示其優勢專長的學習成果；(4)積極爭取競賽展演：比賽及創新展演活動是最好的知識管理，也是傳承創新文明與文化的具體措施，更是學生優勢學習最好的展現舞台（鄭崇趁，2012）。學校及教師均有責任協助每一位學生在就學期間即適度地「優勢學習」，開展其專長脈絡。教育經營策略概要如下。

一、學校成為學生學習的博物館

當代的社會是學習型社會，學校及社教文化機構的串連，整個社會（社區）就是一個「處處可學習、時時可學習」的「大型學習博物館」，學校又是為學生籌建的「專門學習機構」，學校更應該經營成學生學習的博物館（臺灣的宜蘭縣羅東國小已是成功的案例）。學校之所以可稱之為學生學習的博物館，在於學校為學生提供的學習資源與課程設計，較能夠彰顯「專業」、「精緻」、「本土」，以及「深入」。

學校的各領域學習，有教師教導，依「套裝行程」進行學習，是一種專業的「教與學」。學校的學習有教學（學習）步道及展場資料輔助，遠比一般社會大眾的旅行體驗要來得精緻，是一種有核心知識及核心技術的學習。學校的學習是經過教師們考量學生、社區、文化之後的本位經營，本位經營的學習是一種本土國際化與本土社會化的學習實踐。學校的學習是一種主題式的深入學習，可以探究學生的可能學習優勢，也可以提供學

生優勢學習深耕的機會。學校成為學生學習的博物館，有利於學生探索優勢學習，也可以深耕學生的優勢學習。

二、教導學生探索優勢學習

學生的優勢學習是學習而來的，是由教師教導而來的，不是由學生自然形成的，也不是由家長的期望衍生而來的。學生的優勢學習要經歷「探索式學習」及「體驗式學習」的歷程，這兩種學習歷程如果能夠為學生帶來「快樂與滿意」的喜悅，以及「有效與成功」的成果，通常就是學生優勢學習的起點，更可能是學生優勢專長的方向。教師要為學生布建探索優勢學習的整體環境與方法技術。

教導學生探索優勢學習的方法技術，要掌握下列幾個原則：(1)多元體驗機會：依據多元智能理論的觀點，語文、數學、繪畫（空間）、音樂、肢體、人際與自省的智能是同時多元存在的，教師要提供學生多元體驗的機會；(2)性向和興趣優先：優勢學習帶來優勢智能明朗化，教師要觀察孩子喜歡與愛好之所在，優先提供孩子喜歡的教育資源；(3)持續深耕資源：孩子喜歡的事物經由深耕之後，往往成為相對的優勢，是以教師要針對孩子喜好的學習，提供後續深耕的練習機會與必要資源；(4)展演競賽成果：學校或教師要將學生的展演競賽成果進行數位知識管理，作為學生持續深耕的基石，是最佳優勢學習的教育。

三、支持學生深耕專長優勢

學生的專長優勢並非簡易的「優勢學習」，也不是垂手可得，優勢學習只是發現自己的優勢智能，再針對優勢智能，進行有效教學。優勢學習帶給學生較為快樂、滿意、有成就、有效率的學習歷程，但並不保證如此即能「優勢智能明朗化」。在如此競爭激烈的社會中，具有「相對優勢」

或「高人一等」，要「優勢智能明朗化」，除了基本的優勢學習之外，仍要有個別化的「持續深耕」，才能為學生產出較為明顯的優勢專長，成為行行出狀元的理想世界。

支持學生深耕優勢專長的作法，概有下列幾項，學校教師得擇要經營：(1)成就進階性社團：進階性社團可以提供學生進階學習，持續深耕專長機會；(2)成立家長後援會：深耕學習的學生要有加倍的練習及演出比賽的機會，成立家長後援會才能讓人力、財力、時空資源持續到位，滿足學生優勢學習的需求與發展；(3)爭取企業贊助與策略聯盟學習：為已有成就的學生學習團隊，爭取企業贊助，有持續練習深耕與演出成果的機會，也可以經由跨校策略聯盟，共同分享資源，交互深耕優勢學習，如國小、國中、高中策略聯盟，共同培訓專長球隊，並尋求企業家贊助長期培訓；(4)實施學生進階專長認證系統：各級學校都要為學生的多元優勢學習，建置基本專長及進階專長的認證指標，並激勵師生實施專長認證，核發學生優勢專長證明（或專長學習護照），激勵學生持續深耕學習，拓展相對專長優勢。

四、管理優勢學習的核心技術

教師的知識管理與學校的知識管理，在本書的第十八章會詳加說明與論述，本節強調，教師與學校為了支持學生優勢學習，教師應為學生做好「管理優勢學習核心技術」的工作。尤其是學生的專長優勢，如音樂、美術、運動、才藝學科等，更應針對其已學會的「核心技術」進行系統管理，要求學生製作留存完整的「學習檔案」、「作品成果集」、「演出、展覽作品數位檔案」，並將完成之作品經由後製學習，標註「核心技術」名稱與專業難度，除了學生及家長自我留存之外，學校應結合學籍成績管理，一併儲存，且作為往後師生學習（經營）類似專長優勢的基礎教材，為學生、為教師，也為學校留下（傳承）各種優勢學習的核心技術。

第四節　學校優勢學習的方向

學生需要優勢學習，教師需要優勢學習，學校的經營也需要優勢學習。學生的優勢學習可以促進優勢智能明朗化，成為一個可以自我實現的學生；教師的優勢學習可以擴展自己的動能貢獻，增益教師成為有效智慧資本。學校的優勢學習可以暢旺校務，讓學校成為有特色品牌的學校，學生與家長競相爭取就學，是一個具有教育競爭力的學校。教師應了解學校優勢學習的方向，配合教育領導人（校長）共同經營學校，使之成為具有競爭力的學校。

一、定位學校價值優勢

學校的優勢在哪裡？學校的定位是什麼？學校當下的發展如何才對學校有最大價值？學校當下該做的任務目標又是什麼？學校應該選擇怎樣的經營策略？學校的當務之急又是哪些工作事項？定位這些事項稱為「定位學校價值優勢」，也就是找到經營學校最有價值的著力點。

定位學校價值優勢的方法有四：(1)SWOT 分析：依據教育行政學的方法，分析學校的優勢、劣勢、機會及威脅，充分了解現況，尋繹學校發展脈絡與最有價值的經營策略；(2)行動研究：學校核心幹部等籌組專業任務小組，以三個月為期，進行學校定位與策略行動研究，為學校經營提供縝密思考後的建議，創發學校發展新價值；(3)形塑願景：教育領導人（校長）領導學校教師及同仁，藉由願景（Vision）、任務（Mission）及核心價值（Core Value）的省思與定位，形塑願景歷程，尋找學校最大價值的著力點；(4)楷模學習：參訪性質規模相近而有卓越競爭力的楷模學校，學習其有效策略與方法，引進本校，爭取師生認同，進而實踐篤行，正所謂他山之石、可以攻玉更好。

🔲 二、選定學校經營策略

研究者於 2012 年出版的《教育經營學：六說、七略、八要》一書中的七略（七大經營策略）及八要（八個實踐要領），都是一般學校可以選用的有效經營策略，個別學校只要選定七略中的一至二個策略，以及八要中的二至三個要領，由教育領導人（校長）及核心幹部做起，帶動教師職工實踐篤行，學校短期內就會有明顯改善效果，以下簡要介紹這七個經營策略，供一般教師了解。

第一個策略是「願景領導策略」，介紹學校校長形塑願景、註解願景、操作願景，以及行銷願景的方法與要領；第二個策略是「組織學習策略」，說明學校教育就是一種組織學習策略的實踐，並從「組織條件標準」、「組織核心技術」、「組織團隊動能」，以及「組織知識管理」等四大面向，闡述組織學習策略之運作；第三個策略是「計畫管理策略」，論述優質教育計畫的系統結構及核心技術，並強調運作學校十大計畫，帶動學校精緻發展；第四個策略是「實踐篤行策略」，強調教育執行力的重要性，並從「政策理念」、「方案課程」、「輔導學生」，以及「師道責任」等四大面向，列舉實踐篤行的具體作為。

第五個策略是「資源統整策略」，介紹學校爭取校外教育資源的方法，統整校內外教育資源的重要途徑與要領，以及實現資源的教育價值；第六個策略是「創新經營策略」，分析創新的四大教育意涵：「掌握新時代脈絡」、「經營新組織文化」、「倡導新方法技術」、「實現新教育境界」；第七個策略是「價值行銷策略」，列舉「願景價值行銷」、「計畫價值行銷」、「特色價值行銷」及「個殊價值行銷」的具體作法，以及行銷要領（時機）。

三、認同學校優勢學習

學校的優勢學習方向一經決定,例如:新願景、十大發展計畫、校本特色課程方案等,就要爭取學校教師職工認同,讓他們了解「願景」或「計畫方案」內容,知道這些工作的價值或理論、理想,知道這些工作怎麼做才會有效果,更重要的是,自己也願意積極參與,盡己之力,實踐篤行,共同完成,唯有全校教師職工認同的優勢學習,才能真正成為學校優勢及特色品牌。

認同學校優勢學習的經營要領,是屬於「成就人」的功夫,有以下三個方法最值得推介:(1)自我實現論:對教師職工進行個別化願景領導,讓教師職工的生命願景及教育志業與學校的任務目標一致,完成學校推動的核心教育工作,就是在幫助自己自我實現;(2)智慧資本論:從「強化成員核心能力」、「增進同仁對學校價值認同」,以及「改善學校人力結構關係」,促成學校教師職工均願意為學校付出,承諾為學校產生動能貢獻,成為有效智慧資本;(3)角色責任論:學校的核心成員都明確揭示其角色責任,激勵其善盡自己的角色責任,完成學校階段性的核心工作,例如:校長應善盡「教育理論的實踐家」、「行政效能的經理人」、「課程教學的規劃師」、「輔導學生的示範者」,以及「資源統整的工程師」之角色責任。教師應善盡「傳生命創新之道」、「授知識藝能之業」、「解全人發展之惑」,以及「領適配生涯之航」的角色責任。自我實現論,成就人的尊嚴價值;智慧資本論,激發人的動能貢獻;角色責任論,實踐人的時代使命(鄭崇趁,2013)。

四、行銷學校教育優勢

學校的優勢學習,包括「行銷優勢」,針對校內師生,要讓全校師生

都知道「我們學校的優勢在哪裡？」「如何善用及經營我們的優勢？」「學校進行優勢學習，發揚優勢之後，可以為學校帶來哪些教育價值？」校內行銷，是為了喚醒同仁「優勢目標意識」、「認同」與「配合經營實踐」，創發學校真正的優勢亮點，成為具有競爭力的學校。

對校外的行銷要掌握契機，進行學校優勢亮點及未來經營策略之宣導，例如：家長會會議時由校長或主任介紹二十分鐘的「行銷優勢」；親職教育日，由每位級任教師向班級家長「行銷學校優勢」及「班級經營計畫」的銜接配合，如長官、來賓、交流團體到校視察訪問時，由校長主持，並介紹行銷學校的特色亮點，以及成功的經營策略、未來的發展方向、理想抱負的教育情境。校長及核心幹部也要經常帶著「發展計畫方案」，主動尋找行銷機會，適時地向長官及企業主行銷學校優勢及發展需求，建設藍圖，爭取認同，挹注經費資源，實現優勢學習的方案計畫。對外行銷是為了讓校外「核心人物」了解學校、知道學校優勢與發展方向，進而願意「認同促成」，為學校爭取相對資源，成為名符其實的具有品牌特色的學校。

具有優勢的學校是學習來的，要從優勢學習起動；也是經營來的，更要從教育經營學、校長學及教師學的層面務實經營。要定位學校價值優勢、要選定學校經營策略、要認同學校優勢學習，更要行銷學校教育優勢。

第十一章　智慧資本

〈激發人的動能貢獻〉

　　本書第九章「核心能力」探討教師的行為能力基礎，副標題強調「優化人的知能素養」，是描述一個「有能量的人」；第十章「優勢學習」分析學習發展相對優勢專長的方法，副標題強調「創化人的專長脈絡」，是描述一個「有亮點的人」；本章「智慧資本」深究教師核心能力的發揮運用，副標題強調「激發人的動能貢獻」，是描述一個「有大用的人」。我們期待二十一世紀的臺灣教師，每一位教師都是「春風化雨」的責任良師，都能為國家、社會、學校、社區在教育的事業上產生動能貢獻，教師本身必須要是「有能量的人」，必須要是「有亮點的人」，也必須要是「有大用的人」，「有能力」、「有專長」、「願意做」、「能創價」才是名符其實的責任良師。

　　本章探討智慧資本理論在教師本位經營上的運用。第一節「智慧資本的意涵」，介紹管理學智慧資本的討論及其在教育領域的發展脈絡；第二節「教師的價值認同」，討論教師認同的四大焦點——「國家與教育」、「學校與文化」、「教師與專長」、「學生與亮點」；第三節「教師的承諾力行」，分析新世紀、新教育的環境之下，教師應備的新承諾：有能力、有專長、願意做、能創價；第四節「教師的動能貢獻」，論述教師「願意做」、「能創價」之後的動能貢獻與教育新境界。

第一節　智慧資本的意涵

　　智慧資本原是管理學使用的名詞，有部分的管理學家（如 Roos, Roos, Dragonetti, & Edvinsson, 1998）將企業的總資產分為兩類：「傳統資本」與「智慧資本」。傳統資本包括實體資本（硬體建築）及貨幣成本（預算投資）二種；智慧資本包括「人力資本」、「結構資本」及「關係資本」。依此分類，智慧資本指的是組織體之內的潛在人力資源及其與組織結構、人際互動關係交互作用，整合發展的潛在無形資產。此一潛在無形資產是組織創價的動能與起點，潛藏未發（有能力未使用）是靜態智慧資本，被充分誘發，則對組織直接產生動能貢獻，稱為有效的智慧資本。

一、智慧資本的元素來自人的「核心能力」及其對組織的「價值認同」程度

　　智慧資本在國內教育領域的研究有：楊德遠（2011）探討學校智慧資本的價值流動與轉換模式；鄭崇趁（2011b，2013b）運用智慧資本理論規劃教師評鑑及校長評鑑，並在《校長學》一書中主張「智慧資本論」，強調校長強化同仁核心能力，轉動價值認同，專業示範實踐力行，才能激發人的動能貢獻，成為有效智慧資本；羅英豪（2013）探討學校智慧資本、創新經營與學校競爭力的關係；黃增川（2014）運用智慧資本理論建構校長辦學績效評鑑指標。國內教育領域的研究者、承續管理學者的主張，多將「智慧資本」的核心元素界定在「人的核心能力」，及其對「組織的價值認同程度」之上。用最通俗話語來描述，就是「有能力」又「願意做」的人力資源，才是組織的有效智慧資本。

二、智慧資本的定義與性質

鄭崇趁（2011b）將智慧資本定義如下：「智慧資本係指，一個組織之內所具備開展知識技術的潛在能量，此一潛在能量建立在成員的核心能力、認同承諾程度及其績效表現的激勵之上。」此一定義有四大意涵：(1)智慧資本是人對組織的智慧表現行為，此一表現行為能夠創造組織的價值；(2)智慧資本本身是組織的無形資產之一，並且是啟動所有無形資產或價值的潛在動能；(3)智慧資本是靜態的，透過組織的「結構系統」與「人際關係」，而展現強弱不一的動能；(4)智慧資本能否成為有效動能，與組織成員的基本素養（核心能力）、認同程度，以及績效表現所得的回饋（獎勵）攸關。

研究者的《校長學：成人旺校九論》（鄭崇趁，2013b）一書，延伸論述「智慧資本的教育意涵」，認為從「學以致用」的觀點來看智慧資本，它具有下列四大性質：(1)自我實現的知識能量：對每一個人來說，能夠促成個人自我實現的能量就是智慧資本；(2)學校效能的人力資源：對學校（組織）來說，校長、幹部、教師、職工這些人力資源就是學校的智慧資本；(3)社會組織的發展動能：社會是由各個單位組織系統建構形成的，這些單位及組織都需要人力的發展動能，能夠讓各組織單位「動起來的人力能量」就是智慧資本；(4)教育成就的知識系統：再以整體的國家教育事業來看，整個國家的當前教育機制，是歷代教育人員的知識與智慧傳承創新之成果，這些成就及當下教育機制的知識系統就是智慧資本。

三、有效智慧資本的新意涵：有能力、有專長、願意做、能創價

研究者長期研發智慧資本論在教育學上的運用與實踐，是以在《校長

學：成人旺校九論》一書的九論中，將「智慧資本論」列專章分析、說明、論述，本書《教師學：鐸聲五曲》亦列專章討論分析，主要在於「智慧資本論」的本身意涵與操作重點，是當前教育的最需要，名稱優雅，內涵深遠，簡潔易行，教師及校長如果能夠掌握其關鍵技術，認同自己是學校、國家的有效智慧資本，則立即可以轉化學校組織文化邁向積極活力，所有教育人員都努力於工作表現，希望自己是學校的有效智慧資本，全面提升教育品質與教育競爭力的場景，隨時可見。

對教師而言，有效智慧資本的經營包括四個不同層次的要領：(1)有能力：教師要具備教育及教學的核心能力，能夠進行課程設計、班級經營、有效教學、輔導學生，整體而言，要有能力教好每一位學生；(2)有專長：有能力教好學生是教育的基本訴求，一位責任良師尚需有專長優勢來教導學生，讓學生的優勢專長也有深耕的機會；(3)願意做：教師要認同國家教育，認同學校措施，認同校本課程，認同教師的績效責任，進而願意「承諾力行」，努力對自己教育志業的開展，與學校同仁共同經營促成，實現教育目標，這才是有效的智慧資本；(4)能創價：智慧資本的最神聖意涵，在於每個組織成員都有「大用」，能為學校創新「產品」價值；學校的教育產品指的是「學生」及其「學習的教材」，教師「能創價」係指教師能夠持續教會一批一批的學生，每個學生的基本能力都能通過國家標準的基本能力檢測，並能適度的產出教學教案、教材講義或研究著作。

四、教師有責任經營自己、同仁及學生的有效智慧資本

學校是一個教育經營的單位，學校的智慧資本包括校長、幹部、教師職工，以及學生（如大學生也有教育產值），校長及幹部是經營資本，教師職工是實踐創發資本，學生則為活動資本，一個學校的整體智慧資本是否能產生大用，三個環節均應具備。然就教育組織系統而言，教師是學校

最大、最核心的人力資源，教師要經營自己成為有效智慧資本，也要協助其他同仁成為學校的有效智慧資本，更要帶著自己的學生，在學習的當下，參與教育活動的歷程，都有滿意而成功的結果，讓學生也是有效的智慧資本。

「智慧資本論」是從組織的立場著力，「自我實現論」是從個人的生命願景著力，兩者結合可以為教育組織經營新天地；教育人員、校長、幹部、教師、職工及學生，人人追求自我實現的同時，個個都是學校的有效智慧資本。自我實現成就人的尊嚴價值，智慧資本激發人的動能貢獻，兩者是「成就人」的雙翼，有如大鵬展翅，帶著學校飛向寬廣的藍天，「旺學校」指日可待。

第二節　教師的價值認同

「能力」與工作「意願」，共同決定事業「績效」。教育事業的人力資源，本即豐沛而高級，現在的中小學教師、大學教授，都是經過千挑百選、萬中選一，才能「勝出」，才得以取得專任教師的名分與資格，成為「教師」。如此高級教師的集合，為何沒有為臺灣的教育開發亮麗的績效與舞台？大家談到教育，不但沒有信心，而且相互不信任，不相信教師是可以教好孩子的，也對整個教育機制沒有信心。研究者認為，這一現象最關鍵的問題，出在教師本身對「教育」的想法與工作「意願」產生偏差，沒有讓「有能力」與「願意做」充分結合，以致於團體動力不足，績效不如預期。其解決之道，要從教師的價值認同著力，教師要認同國家與教育、要認同學校與文化、要認同教師與專長，也要認同學生與亮點，分別論述如下。

◤ 一、認同「國家與教育」，以教育的經營者為榮

在臺灣，擔任「教師」是一個尊榮的行業，薪資待遇比一般公務員高一到兩成，被界定為專業而自主的公務員，享有所有公務員的福利保障，在教學上又有法定的「專業自主權」，免受「績效責任」之約束，是一個最為尊貴的行業。尊貴的職務如果也有「適配的績效成果」，教師的身分與地位就會受到社會大眾尊敬與頌揚，所謂「天、地、君、親、師」，教師的地位應與天地、君親並列。

今日之所以沒有當日的榮景，除了社會大眾沒有認同教師外，主要原因在於教師本身的「價值認同」也有所偏差。自己是這個國家教育機制下的教師，但是自己並沒有真正認同這個國家，沒有認同這個國家當前的教育，自己的認同出了問題，做起事來心不甘情不願，難以專注全心投入，績效自然不符合學生、家長及國家社會的期望，教師自己也心虛；大家都想著教育應該可以更好，但那好像是大環境的問題，不是我個別教師可以改變的。然大家都是教師，教師普遍不認同國家與教育機制，這就是「教育事業」最大的危機。

研究者身為「教師」的一分子，長期觀察臺灣教育的發展脈絡，對於臺灣教育的興衰起伏，心得頗多，但對於臺灣的教育依舊充滿著希望。研究者認為「教育是可以經營的」、「教師是經營教育的基點」、「校長是經營教育的軸心」，是以出版《教育經營學：六說、七略、八要》（2012）、《校長學：成人旺校九論》（2013）、《教師學：鐸聲五曲》（2014）等三本書，期能著力焦點，改變教師的「價值認同」，增進教師「願意做」和「能創價」的成分，成為國家教育的有效智慧資本。教師以教育的經營者為榮，每一位教師都是「尊貴有用」的人，能受到社會大眾最高的尊敬與禮遇。

二、認同「學校與文化」，努力為教育奉獻心力

認同「國家與教育」，教師認為自己的國家最好，自己生長的土地最美，當前的教育體制最佳，最少我們的「教師」是在這個國家、這樣的教育機制下培養出來的，國家教育在自己身上的恩澤珍貴深遠，自己一定以「教師」的角色任務，持續「傳承創新」，奉獻回饋自己的「國家與教育」。認同「學校與文化」，教師要認為自己服務的學校就是最好的學校，即使學校本來「很平常」，也會因為自己的加入，逐漸變好，而成為最好的學校。教師也要尊重學校原有的人際文化，認為學校文化有其傳承與緣由，即使學校本來也「很平常」，也會因為自己的加入，逐漸轉優，而成為積極活力的優質文化。此外，也要與學校教師同仁共同經營、共同深耕，將學校推向有特色品牌的學校。

三、認同「教師與專長」，共營學校優勢競爭力

認同「教師與專長」，每位教師要相互欣賞同仁教師的專長，認同並欣賞教師專長經營的教育成果，結合全校教師，每位教師均以優勢專長承擔授課與指導學生社團、教育活動。專長交互支援、互補依存，共同經營學校教育，創發學校教育競爭力；經營學校特色及校本課程，培養學生帶得走的基本能力，認同教師與專長，優勢共營學校教育品牌，提升教育品質與競爭實力。

認同「教師與專長」的行為表現，可以下列三項事務著力：(1)組織教師專業學習社群，責由專長（資深）教師召集領導，讓專長教師有更寬廣的發揮舞台，教師們也得以同步成長；(2)定期表揚績優專長教師及學生，讓大家看得見教師與學生的優秀，增益認同與欣賞，也為楷模學習鋪軌；(3)將績優教師與學生表現的「核心技術」，數位建檔，廣為流傳宣導，藉由行銷專長優勢，爭取認同程度，擴散專長教化與影響力。

四、認同「學生與亮點」，經營學生邁向普遍卓越

教師要認同他教導的所有學生，要相信沒有不可教的學生，每位學生都有他自己的相對優勢與亮點，只要教師能對學生順性揚才，就可以啟發學生的優勢專長明朗化；學生的學習與將來成人之後的職業選擇，都能適性適配，行行出狀元，個個有亮點。教師更要認同學生當下已經顯現的亮點，激勵學生持續深耕亮點，讓優勢亮點更加明朗化，照亮自己、照亮班級、照亮學校、照亮家裡、照亮社區，也照亮自己的未來，照亮自己的理想抱負，照亮自己滿意、成功、幸福的一生。

教師認同「學生與亮點」的經營要領，可參照下列幾項作為：(1)有教無類：要均等地對待所有學生，只要編入自己的授課班級，教師就要承諾「教好每位學生」；(2)因材施教：教材的選擇、群組學習與教學方法，都要因材施教，既要考量班級學生的共同性，也要兼顧個別學生的個殊需求；(3)優勢學習：導引學生自己的優勢專長；(4)順性揚才：教師要順學生之性，揚其可揚之才，順性揚才可以點亮學生亮點，也可以順勢經營亮點，點亮學生豐富多彩的一生。

第三節　教師的承諾力行

管理學探討智慧資本，僅將智慧資本的元素概要分成「核心能力」與「認同承諾」，在教育領域上的應用可以化約成「有能力」與「願意做」才能產生動能貢獻，成為有效智慧資本。本章擴展其意涵，將「有能力」擴展成「有能力」及「有專長」；將「願意做」擴展成「願意做」及「能創價」。教師的「願意做」需要「價值認同」、「承諾力行」，才能產生「動能貢獻」，是經營者運作智慧資本理論的軸心。本節論述教師的承諾

力行，即承諾成為「有能力」的教師，承諾成為「有專長」的教師，承諾成為「願意做」的教師，承諾成為「能創價」的教師。

一、承諾成為「有能力」的教師

有能力的教師具有下列幾項觀察指標：(1)順利取得正式教師及任教身分資格，是一個正式現職的專任教師；(2)迎接教師評鑑，每四至五年均可順利通過教師評鑑之檢驗；(3)有自己的教育產品與主流的教學方法，勝任愉快地達成教師任務；(4)任教的學生表現優秀，均能通過國家標準的基本能力檢測或呈現穩定成長進步。

教師承諾成為「有能力」的教師，要實踐力行下列幾個事項：(1)適時檢核教師的八大核心能力：包括教育專業的能力、關愛助人的能力、課程設計的能力、班級經營的能力、有效教學的能力、輔導學生的能力、研究發展的能力，以及應變危機的能力；(2)參與教師基本素養群組進修社群：確保教師本身的「專業力」、「統合力」、「執行力」與「創發力」能夠與時俱進，維持常態水準以上；(3)同時考量「學生學習本位」及「教師經營本位」，策定教師自身的在職進修計畫，使自己的能力符合自己、學生，以及學校三者的共同需求；(4)規劃教育產品的定期產出計畫；廣義的教育產品（包括教案、教具、教材、行動研究報告、學生學習成果、展演影集、碩博士論文、文章著作等）能夠定量產出，佐證教師自己的能力，且有能力表現出來。

二、承諾成為「有專長」的教師

有專長的教師可從下列幾項指標觀察：(1)能依專長授課，指導社團或主持大型教育活動；(2)學生專長成績卓越，能在各種競賽機制中表現優異；(3)教師能有專門著作或個殊教學資料；(4)參與教師專業學習社群，成績卓

越，具有專業發展影響能力；(5)能以專長優勢擴展學校及社區教育服務工作。

教師承諾成為「有專長」的教師，要實踐力行下列幾個事項：(1)取得領域（學科）教學專長認證，依據專長授課，並指導學生專長社團；(2)協助或領導學校師生專長競賽團隊，挑戰卓越表現，爭取學校及個人榮譽；(3)規劃「專長本位」中長程進修計畫，包括攻讀碩士、博士學位；(4)爭取專長服務機會，讓自己的專長有發揮舞台，也為學校及在地社區產生動能貢獻，成為有效智慧資本；(5)定期申請教師評鑑，檢核自己專長符合國家標準的程度，希能與時俱進，持續經營優勢專長。

三、承諾成為「願意做」的教師

教師是否願意做，可以從下列幾項指標觀察：(1)教師喜歡學生，熱衷於教育助人工作，努力深耕自己的教學本業；(2)教師了解「教育政策」與「學校措施」的核心價值，願意參與政策經營，同心協力實現教育目標；(3)教師參與學校多個「計畫方案」，願意盡己之力，實踐學校的努力方向；(4)了解學校優勢亮點及校本課程著力方向，願意系統思考，執行課程統整，努力帶好每位學生。

教師承諾成為「願意做」的教師，要實踐力行下列幾個事項：(1)願意致力經營本業：願意做教育本業的工作，為教育的品質與競爭力奠定基石；(2)願意實踐學生本位：超越教師自身的本位經營，優先思考學生本位的課程教學設計，提升學生的學習力、知識力、藝能力，以及品格力；(3)願意示範楷模學習：教師專業示範教與學的要領與方法，提供給學生優質的楷模學習；(4)願意論述核心價值：教師願意經常論述教育的核心價值，就會認同政策與學校，凝聚學校資源力量，創發學校特色與品牌價值。

■ 四、承諾成為「能創價」的教師

能創價的教師可從下列幾項指標觀察：(1)學生成績卓越，基本能力檢測成績在縣市、鄉鎮平均成績以上，或呈現穩定成長；(2)能夠促進學校組織文化優質轉變，邁向積極活力、亮點爭輝、精緻卓越；(3)能為學校的傳承創新做出貢獻，有效管理學校的核心知識與核心技術，傳承點燈，創新價值；(4)能為學校形塑新的核心價值、任務使命，以及中長期發展願景與目標，並以行動鋪軌，達育才之善。

教師承諾成為「能創價」的教師，要實踐力行下列幾個事項：(1)建構價值：教師要有自己的教育核心價值，核心價值代表自己的教育觀與教育經營的目標，是要把學生教育成怎麼樣的人之基準方向；(2)論述價值：經常公開討論教育的核心價值，能夠精確校準教育政策與學校措施的妥適性，知道為什麼要這樣辦教育，增益認同承諾與實踐力行；(3)創價方案：教師應規劃一輩子的動能貢獻，將教育的理想抱負策定為創價方案，設定教師職涯重要階段的教育產品與價值詮釋；(4)實踐創價：教師教好學生，產出教育產品，就是能創價的教師，實踐創價對教師個人而言，就是自我實現，對學校而言，就是有效智慧資本。

第四節 教師的動能貢獻

智慧資本理論的探討，就是要激發教師的動能貢獻，善盡責任良師的時代使命。強化教師基本素養與核心能力，導引教師的價值認同，增益教師的承諾力行，都只帶動操作中介歷程變項，其最終的旨趣，依舊是教師能夠產生哪些動能貢獻。教師的動能貢獻指的是哪些可以觀察的具體事務？說明如下。

◆ 一、扮演有能力、有專長、願意做、能創價的教師

　　智慧資本論強調有用的人，教師對學校及國家社會產生動能貢獻，就是有用的教師。從智慧資本論的本質分析，有用的人要有「核心能力」並對組織產生「價值認同」，本章延伸論述的成果，教師的動能貢獻，其首要之務，在於能夠扮演有能力、有專長、願意做、能創價的教師。

　　有能力是指教師必須具備八大核心能力（教育專業、關愛助人、課程設計、班級經營、有效教學、輔導學生、研究發展，以及應變危機的能力），並且要適時強化，與時俱進。有專長是指教師必須能夠依專長授課，擁有領域（學科）教學認證，師生專長能有卓越表現。願意做是指教師能夠認同教育政策與學校文化，積極參與學校計畫方案，深耕教育本業，達成學校教育目標。能創價是指教師能夠教好學生，持續發展新的教育產品，協助學校成為具有特色品牌的學校，創發教育新價值。

◆ 二、帶動班級學生產生動能貢獻

　　教師自己能夠產生對教育的動能貢獻，是智慧資本論的第一要義；帶動班級學生也跟著產生動能貢獻，則為智慧資本論的第二要義。學校就是「教師」與「學生」的集合，教師有貢獻，學生也有貢獻，這個學校必然是優質學校，這個學校的教育品質最好，各項教育競賽成績有卓越表現，必然是一個具有教育競爭力的學校，培育出來的學生，就會是國家的「責任公民」，有用的公民是國家有效的智慧資本，是興旺國家的基石。

　　班級學生的動能貢獻也是可以下列幾項加以觀察：(1)學習力：閱讀寫作及數學資訊的能力表現優異，活力積極，學習力強；(2)知識力：學生的平均識字量及基本能力檢測成績，高於學校學生的平均值，具有相對較佳的學習成果；(3)藝能力：班級中每位學生均有一個以上的藝能專長認證，

每個學生都有自己的相對專長與亮點，能夠與同學亮點爭輝，在團體中有尊嚴價值；(4)品格力：學生有優質的生活、學習、人際好習慣，並樂於服務助人，情緒處理妥適、情感表達合一，邁向大仁、大智、大勇的情操孕育，是班級班風的基石，也是團隊動能貢獻的啟動機。

三、促成學校成為具有特色品牌的學校

教師的動能貢獻第三個要義，要能夠直接對學校加分，讓學校因為教師個人的加入，積極經營之後，看得到實質的優化與改變。促成學校成為具有特色品牌的學校，就是教師的第三個動能貢獻。教師要認同「學校與文化」，認同「教師與專長」，共同經營學校校本課程及特色課程，深耕教學，指導學生社團，帶領團隊參與競賽活動，促使學校特色的「教育性」、「普及化」、「課程化」及「卓越性」等四大指標的檢核，早日達成，成為具有特色品牌的學校。

在有特色品牌的學校中服務，教師的尊嚴與價值倍增，能受到學生與家長的敬重，教師個人也為自己的生命感到豐富多彩而有意義、有價值，是一個滿意的人生，一個成功的人生，也是一個幸福的人生。教育是串連教師與學生追求共同幸福的主要媒介，教育事業的經營對教師及學生而言，都是豐富生命色彩的有價珍貴行業。教師的動能貢獻，要對教師自己有貢獻，要對學生有貢獻，也要對學校有貢獻，促成學校成為具有特色品牌的學校，是教師的第三個動能貢獻。

四、持續經營「成就人、旺學校」的教育事業

教師的動能貢獻，對人而言，在「成就人」：教師首先要成就自己，讓自己成為教師，才能自我實現，才能教人，教好學生，讓學生學會該學的核心知識技能，成為有能力、有專長的責任公民。對組織而言，教師的

動能貢獻，要能夠「旺學校」：教師加入學校經營行列，首先要暢旺自己的班級教學，自己任教領域（學科）班級的師生表現優秀，成為標竿班級；教師接著要暢旺自己專長優勢領域（學科）的課程教學表現，使之成為校本特色課程的重要元素，教師最終也要暢旺學校，使學校成為具有特色品牌的學校。

研究者在 2013 年撰述《校長學》一書時，對校長的最大期待就是「成就人、旺學校」，出版時的書名就訂為《校長學：成人旺校九論》。校長多由優秀教師出身，教師往往就是潛在的校長，教師的核心職能與校長是共通的，都是在經營教育事業，經營教育事業的核心工作也就是「成就人、旺學校」。就教師與校長的關係而言，學校的教師在學校中接受校長領導，共同經營「成就人、旺學校」的教育。成就人與旺學校都需要永續經營與講究要領技術，更重要的是，要學校的人力資源（教師、幹部、校長、學生）願意做、能創價、成為有效的智慧資本，這就是教師的第四個動能貢獻。

第十二章　春風化雨
〈深化人的責任績效〉

　　《春風化雨》（*Dead Poets Society*）是一本書，描寫一位偉大的教師如何教育其「不願受教」的學生，在教與學的歷程中，充滿衝突、矛盾與挑戰，教師像春風，經過春風長久的吹拂，這些頑性強烈的學生，終究成為可以滋潤大地的「雨水」。《春風化雨》曾經拍成電影，並獲得 1990 年奧斯卡金像獎最佳原著編劇，而成為教育經典名著，從此「春風化雨」也就成為教師的代名詞。教師的角色責任就是春風化雨，春風指的是教師，教師要像春風，春風來時萬象新；化雨指的是學生，學生接受教育之後要成為有用的雨水，雨水滋潤大地生。

　　教師扮演春風化雨的角色責任，用現代化更為廣義的觀點來看它，「春風」指的是教師如何教育學生，而「化雨」指的是教師如何把學生教成一個有用的人，如何把學生都教成責任公民。教師像春風，春風送暖，帶來教育溫情，送給學生有感的生命；教師像春風，春風傳知，教育學生覺察與知識，傳給學生覺識的生活；教師像春風，春風有情，溫厚師生共鳴的情趣，添加學生幸福的生涯；教師像春風，春風帶意，強化學生責任與毅力，帶給國家大用的國民。

　　本章分為四節闡揚教師春風化雨的高潔情操與責任績效。第一節「春風送暖：教育有感的生命」，描述教師教育學生的過程，像「教室裡的春天」、像「教學中的春風」、像「挫折時的春光」、像「學習後的春意」，送給學生有感的生命；第二節「春風傳知：教育覺識的生活」，闡述教師帶著學生「覺察物理知識」、「覺察事理要領」、「覺察人倫綱常」、「覺察時空律則」，傳給學生覺識的生活；第三節「春風有情：教育幸福的生

209

涯」，說明教師情意教育的實踐，從「七情俱的情緒」、「致中和的情感」、「成風範的情操」，培育學生「全人格的性情」，過幸福的生涯；第四節「春風帶意：教育大用的公民」，深化學生的責任與毅力，教育學生成為「責任績效的公民」、「民主自由的公民」、「專業服務的公民」以及「有為大用的公民」。

第一節　春風送暖：教育有感的生命

「春風能夠化雨」的首要意涵是：教師像春風，春風送暖，帶來教育溫情，教師感動學生，送給學生有感的生命。教育工作伴著學生的生命發展，長達二十年以上，如果加上「終身學習」的階段，則是一輩子的事。學生從未成熟發展為「成熟人」，從學習中發展成「知識人」，從社會化歷程發展成「社會人」，從個別化統整發展成「獨特人」、「價值人」，以及「永續人」，一輩子都需要「教育促進發展」，都需要教師的指導與陪伴。教師像春風，春風之所以能夠化雨，在於春風送暖，像「教室裡的春天」、像「教學中的春風」、像「挫折時的春光」、像「學習後的春意」，帶給學生有感的生命。

一、教室裡的春天

春天的風叫春風，春天的陽光叫春光，春天喚醒萬物，滋長新芽，叫春意。春天、春風、春光、春意，就是教師「春風化雨」的寫照，教師帶著學生學習，播送溫暖給學生，從「教室裡的春天」開始。《教室裡的春天：談教室管理的科學與藝術》（*Building Classroom Discipline*）是一本暢銷名著（C. M. Charles 著，金樹人編譯），該書提到教室是教師教學及學生學習的主要場域，教室管理就是編配教師與學生有效教學及充分學習的

「標準作業流程」（S.O.P），需要科學的方法與技術，更需要藝術的人際要領及人性美學。教師要像春天的陽光，照亮教室中每一位學習中的學子，教師要像春天的暖風，溫暖厚實每位學習者的心靈，「教室裡的春天」開創教育的新希望，造就學生無限的可能。

《教室裡的春天》對教師的重要啟示有五：(1)系統思考教室管理的核心介面：教室管理包括課表編配、情境布置、使用公約、設備管理、教學規範、學習團隊、動能規劃、班級文化、績效目標、檢核機制等；(2)策定班級經營計畫：教室分兩類，班級的固定教室及流動式的專科教室；班級教室同一班級要使用一學年以上，專科教室的使用，也通常以一學年為週期，規劃運用，每位教師應針對自己的班級結合教室管理，策定明確的班級經營計畫；科任教師也應為其專科教室策訂領域（學科）經營計畫，促使每一間教室都能「物盡其用」，產出最大教育價值；(3)經營優質學習班風：教室是學生學習的主要場域，教室內的班級學習風氣，對學生的學習效果影響最大，教師要像春風送暖，專業示範學習要領與團隊互助，增益學生認同班級、認同同學、交互支持，形成優質學習班風，每個學生都對班級有感，是一個有感的生命團隊；(4)激勵同儕共學與班級動能：教師要規劃合適的群組學習系統，引導同儕共學，激發班級的團隊動能，由群組學習效能增進個別學習效率；(5)自我實現論及智慧資本論在班級的運用：教師指導班級學生設定自己的階段任務目標，激勵團隊動能促其達成，讓學生學習自我實現，同時也是有效智慧資本，大家都有滿意、有用的學習生活。

二、教學中的春風

《教室裡的春天》一書描寫教室裡的師生組織氣氛，要像春天一樣，充滿新意、生機盎然、蓄勢待發。教學中的春風，近一步探究教育的核心

歷程，「教師的教」與「學生的學」在「教學與學習」的過程中，要教師與學生都「感到滿意」才算達成績效責任。春風送暖的第二個場景在「教學中」，教學中的春風是指教師教學時對待學生的態度，學生的學習不一定成功、不一定滿意，但教師都要像春風一樣，笑臉對學生，「春風又綠江南岸」，永遠帶給學生希望。

　　教學中的春風，象徵教師的下列幾個教學態度：(1)不選擇學生：教師的教育之愛，要普遍關照到所有授課學生，春風吹拂學生，均等而普遍；(2)不放棄任何學生：要讓每位學生都學會，像萬物都要滋長新芽一般，春風送暖，不放棄任何學生；(3)關注學生學習的專注力：教學中的春風，就是隨時關照學生學習的專注力，笑臉看著學生問候他「學會了嗎？」、「需要老師幫你什麼？」；(4)維護分組群組學習最佳運作狀態：教學中的春風，教學像談笑用兵，帶領班級學生找到最佳群組共學策略，讓每一個學生都能在最短時間內完成學習目標。

三、挫折時的春光

　　部分的學生，接受教育的過程不一定順遂，有的原生家庭不夠健全，是弱勢族群學生，需要協助；有的養成不良生活及學習習慣，適應困難、學習落後，需要輔助支持系統；有的情緒與情感發展偏差，人際關係陷入孤寂，需要個別輔導。教師是學生挫折時的春光，學生遇到挫折與困難時，教師永遠陪伴在學生身旁，給予關照、給予支持、給予激勵，為其籌集資源，為其補救教學，為其布建支持網絡系統，參與認輔，帶其面對困難，承擔責任，持續地學習，往前邁進。教師是學生挫折時的春光，春光明媚，帶給學生永遠有希望。

　　挫折時的春光，也代表教師要有下列幾個修養：(1)教師不只負責教學，還要承擔輔導學生的責任：目前的學校教育中，弱勢族群學生約占 20～

25%，這些學生猶須教師的春光；(2)教師要做好「教學中輔導」：尤其是在教學中辨識學生問題行為的能力，即時關照學生，即時的春光讓學生解決問題，不讓問題擴大成為真正的挫折；(3)教師要參與認輔學生：教師的春光給予特殊需求的學生，「個別關懷，愛心陪伴」，照亮學生前進的方向；(4)教師要參照學校輔導網絡系統運作：了解全校輔導系統資源，參與運作，共同照護學校有需要學生。教師是學生挫折時的春光，學生挫折與困難時，都會有相對的輔助資源來協助學生。

四、學習後的春意

「喜雀枝頭春意鬧」是描寫春天萬物的活力，喜鵲鬧春，對未來充滿著無限的希望。學生就像喜鵲，經由教師春風送暖、有效學習之後，也對未來充滿著希望。教室裡的春天，讓學生有感於學習生命的珍貴；教學中的春風，讓學生有感於學習生命的樂趣；挫折時的春光，讓學生有感於學習生命的毅力；學習後的春意，讓學生有感於學習生命的永續。教師像春風，春風送暖，送給學生珍貴、樂趣、毅力、永續、有感的生命。

學習後的春意最能夠闡述春風化雨的「化雨」，春風之所以「化作雨水」滋養大地萬物，指的是學生學習後的春意。春意有三義：(1)開始之義：指學生的學習成為嶄新的開始；(2)生新之意：指學生的學習因為有感有得，產生新的學習意願和契機；(3)附加價值之意：春意創新學習過程與內涵，可以產生生命的附加價值，增添豐富精彩的一生。

第二節　春風傳知：教育覺識的生活

「春風能夠化雨」的第二個意涵是：教師像春風，春風傳知，能教育學生覺察與了解知識，覺察物理知識，累增知識廣度；覺察事理要領，擴

展經驗能量；覺察人倫綱常，和諧快樂一生；覺察時空律則，從容優雅一世。春風傳知，傳給學生覺識的生活，覺識的生活像雨水，是滋養學生一輩子成功幸福的泉源。

一、覺察物理知識

人、事、時、地、物，伴隨著人的生命，每個人每天都在面對與處理不同的人、事、時、地、物，處理方式大家很相近又不一樣，我們就稱為生活，稱為文化。教育在教每個人了解人、事、時、地、物的原理結構，掌握彼此的關係要領，讓每天的生活更有意義、更有價值，所以 Dewey 先生曾說：「教育即生活」，教育即永續經營文化與文明的傳承創新，而教師是教學生如何生活的人，人、事、時、地、物的生活經由教師春風化雨的滋養，人類也才能創化當前的文化與文明。

「覺察物理知識」是春風傳知的首要層面，存在世界的「東西」都稱為物，包括：生物、無生物、動物、植物，以及人類的創造發明，供給人類食、衣、住、行、育、樂生活所需的「東西」都稱之為「物」。教師每天教導學生學習，有絕大多數的部分，都是在幫助學生「覺察物理知識」，增進學生了解每日食、衣、住、行、育、樂及工作職務所需「東西」的知識及其系統結構。物理的知能愈深愈重，生活就更得心應手，有更好的品質與價值。

二、覺察事理要領

人的生活就是「找物」來「做事」，不同的人會依其目的，找不同的物，將物系統重組為事，將食、衣、住、行、育、樂及事業工作的事都做好，就是人的生活、人的生命、人的一生、人的一世。物有物理，事有事理，由教師教導學生學習。因此春風傳知的第二個層面，就是「覺察事理

要領」，掌握大小事的「核心技術」與「標準作業流程」（S.O.P），在最經濟、最適合的時間，把事做好、把工作完成、把任務達標，為自己的生活與事業創發更好的品質與價值。

　　覺察物理知識及覺察事理要領稍有區隔，除了一個是物，一個是事之外，尚有三點不同，教學時要向學生點明下列事項：(1)知識與技術的不同：知識是系統結構的元素，知識是萬物的元素；技術是人用來運作連結各種物及知識的關鍵要領，偏於操作順序；(2)存在與價值的不同：求知、探索知識是為了了解知識的存在，備而不用，把事做好，興旺事業是知識與技術要領的創價，用而有價；(3)努力與策略的不同：覺察物理知識，重在教導努力耕耘，博通而致用；覺察事理要領，重在教導方法策略，掌握關鍵技術與順序，適時適力經營，追求事半功倍，精彩一生。

三、覺察人倫綱常

　　物有物理，事有事理，人也有人理，人理就是人倫綱常，用現代的話語來說，人理指的就是人類「健康且常態」的人際關係。人是社會的一分子，必須與他人互動，且自成多重的相屬系統，例如：家、班級、學校、社區、縣市、省市、國家；又如親人、親戚、朋友、同伴、同鄉、同事、同行、同輩、同黨、同國；再如教師同儕、學生同儕、師生群組、專業社群、任務小組、行動團隊、策略聯盟系統，這些人與人的群組系統，都需要「健康且常態」的人際互動關係。人際關係更學術化的稱呼就叫做人倫綱常。教師像春風，春風傳知，第三個層面係指覺察人倫綱常，能導引學生在自己不同的群組系統中，都有和諧互助、友善激勵的人際關係，闡揚人倫綱常，幸福一生。

　　中國古代的人倫教育，重在「天、地、君、親、師」與五倫之教（父子有親、君臣有義、夫婦有別、長幼有序、朋友有信）；現代的人際關係

教育，亦有五大重點：家人關係、同儕關係、師生關係、雇主關係，以及群已關係。人際關係的核心價值也已超越了「親、義、別、序、信」，當代則多使用「品格核心價值」，例如：責任、忠誠、誠實、信任、友善、關愛、服務、互助、創價、分享、共榮、爭輝、美善、幸福等。依據這些核心價值，再依「好習慣」與「服務心」兩大主軸元素（理論基礎）演繹分析學生年級、年段的「行為規準」三至四條，導引學生實踐力行，覺察體驗人際關係的人倫綱常，傳給學生覺識人際的生活。

四、覺察時空律則

「覺察時空律則」是春風傳知的第四個層面。人的一生，活在時空之中，李白曾感嘆：人生僅是「光陰之逆旅，百代之過客」，孔子更說過「君子而時中」的話。當代的教育心理學告訴我們，學生的學習有「關鍵期」，〈學記〉上更強調「時過然後學，則勤苦難成」。因此，教師教導學生學習，要掌握人在「時空律則」與「生命週期」的交織下，有效及時學習的要領，人的認知發展階段，生命週期與宇宙自然循環，空間美學律則交互為用，傳給學生覺識時空的生活。

覺察時空律則也有五大重點，教師應配合領域（學科）教學時提醒學生下列事項：(1)時序循環：尤其是年、週、日的時間循環，一年之計在於春、一日之計在於晨，週休二日是影響當代人類生活的時間律則，學生學習要有年、週、日的計畫與實踐；(2)空間美學：學習環境的家、學校、教室、研究室、社會學習空間的情境設計，要與人的需求結合，讓學生處處可學習、時時可學習，能夠掌握空間律則與學習資源者，愈能創發學習生活價值；(3)生理循環：學生每天在「精神最佳、效果最好時段（約二至三小時）」時，要做最重要的學習，師生也要共同掌握每一堂課學生最有效、最專注學習的時段（約兩個十五分鐘），教與學核心知識與核心技術；(4)

動靜平衡：人的生理動能與靜態的心智活動需要平衡，心智效能才能處於高峰狀態，有最佳的學習效果；教師要教導學生妥善規劃每天、每週、每月的「專注學習」與「休閒運動」時段，使自己的身心動靜分明、動靜平衡，配合時空律則，爭取最高價值的學習與產能。

第三節　春風有情：教育幸福的生涯

　　當代學生接受教育的時間至少十二年（十二年國民基本教育），實際受到教師「春風化雨」的洗滌滋潤，大多數都在二十年以上。教師「春風能夠化雨」的第三個意涵，指的是情感教育。教師像春風，春風有情，能教育學生面對「七情俱的情緒」，發展「致中和的情感」，孕育「成風範的情操」，造就「全人格的性情」；有親密的家庭生活，有感恩的師生關係，有和諧互助的同儕共學，有交互爭輝的成就表現，能獲得社會大眾與親戚朋友的認同與尊敬，才能過有價值、有尊嚴、滿意與幸福的一生。

一、面對「七情俱」的情緒

　　人有七情六慾：喜、怒、哀、樂、愛、惡、慾，此稱之為情緒。「七情俱」才是完整而真實的人，人必須與他人相處才能生活、才能做事、才能經營事業，伸展理想抱負；其他的人也有七情六慾，也有個人的需求、不同的做事習慣，以及理想抱負，人的需求、相處、共同做事，就會牽動喜、怒、哀、樂、愛、惡、慾七情六慾的誘發與表現，七情六慾一滋生，與之互動的人如果有覺察，且相互共鳴，彼此統整合宜，則交互支持，和諧有情，溫暖幸福。如果都沒有人覺察，或相處共事者也表現了不一樣的情緒，且統整不來，則兩人相衝突的情緒同時出現，就會在生活上、工作上產生直接衝突，造成不愉快的情緒經驗與不好的人際關係。

　　學生的情緒教育，教師可以從下列幾個事項經營：(1)了解自己的情緒需求：喜、怒、哀、樂、愛、惡、慾是自己覺察得到的，自己為什麼會喜歡這個人、愛這個人，或討厭這個人，自己應該了解、面對、確定情緒需求的強烈程度，才能面對、因應、處理；(2)找到自己的情緒出口：情緒一出現，可以隱忍收藏、統整消化，最後不一定爆發，有時也會沒事，但隱藏太多情緒需求，沒有出口，就會產生人格偏態，變成不太正常的人；是以教師要教導學生找到抒發情緒的出口，家人、同學、死黨、教師、輔導諮商人員均可；(3)面對自己的情緒源頭：情緒的產生是有來源的，人、事、物的出現及其互動關係才會誘發人的情緒，面對來源、收納事實，或調整彼此的互動關係模式，才能平衡需求；(4)統整自己的情緒價值：有情人生本即從「情緒」開始，自己的情緒統整如何表現，要由自己系統思考情緒表達，發展能為自己人生帶來好的價值做為基點。

■ 二、發展「致中和」的情感

　　情緒為發之謂「中」，發而中節之謂「和」，人因與他人互動，共同做事，必須把內在的「情緒」表達出來，成為與人共處的情感；情感的表達要別人可以接受，甚至產生共鳴，才是好的情感，例如：參加喜事的場合，就要面帶笑容，歡天喜地的為主人道賀，帶給現場來賓喜氣洋洋的感覺，大吉大利。參加喪事的場合，就要樸素哀戚，溫暖慰問喪家親人，讓在場來賓感到肅穆動容，大家都同表哀悼。捐輸共勉氣氛與情感，情感表達中節（大家接受、認同、高評價），所以「發而中節之為和」，當事人就會有和諧的人際關係。

　　致中和的情感表達教育，每位學生的需求並不一致，教師仍然可以從下列幾個事項經營，教師像春風，春風有情，有情的傳輸需要有著力點：(1)同理解情：人的喜、怒、哀、樂都來自共同而個別的際遇或事物，與當

事人互動最需要同理解情，運用同理心思考，設身處地思考「如果自己遭遇」時，最需要的支持是什麼？進而表達情感，最能獲致認同；(2)共鳴支持：理解情感需求之後，要有共鳴的支持行為，例如：講出心裡真正的感受與焦慮需求，給予承諾支持；(3)關照焦點：情感的表達如能關照當事人最需要面對解決的事務焦點，如資源、人力、任務壓力，並給予及時的調撥資助，最能感動人的心坎，最有價值；(4)策勵未來：在深交朋友、同儕或親人的面前，情感表達往往用在策勵未來，規劃今後繼續走下去的藍圖與希望，一同積極的面對人生之路。

■ 三、孕育「成風範」的情操

大仁、大智、大勇的胸懷，稱之為情操，智、仁、勇三者兼備的人稱之為「三達德的人」，用現代化的說法，「三德達人」似乎更為貼切，外國的史懷哲醫師、德蕾莎修女，本國的聖嚴法師、證嚴法師、星雲大師，也都是可以稱之為具有三達德的人。他（她）們有大仁，立志淑世濟民，努力深耕一輩子，從未稍懈；他（她）們有大智，有高潔的能力、知識智慧，是以救人助人，服務人類大眾；他（她）們也有大勇，在洪荒的非洲，老虎猛獸隨處可見，在臺灣價值多元，經營著力不易，但也都能勇敢力搏，存活助人，是一種高尚的價值風範，為世人所景仰尊敬。

我們教的學生各個都能成為前述的偉人、達人嗎？不太可能的，因為世界的動亂不休與永續經營的現象，直接地告訴我們，「偉人聖哲」般的「情操」，以及智、仁、勇三達德的存在，似乎也呈現常態分配的趨勢，但是我們的教育仍然要持續地教導學生這些「三達德的故事」，孕育學生風範情操；對大多數學生而言，「雖不能至，心嚮往之」，雖不能德配天地，服務太多的人，總可以盡己之力，幫助其可以幫助的人，且仍然具有風骨情操。

四、造就「全人格」的性情

教師像春風，「春風能夠化雨」的第三個境界在春風有情，能教育學生從「情緒→情感→情操」，造就「全人格」的性情。情感教育是與人相處的教育，就是以「個人」為主體的人倫綱常教育，也是人際關係教育的重要元素。個人的性格與情感表現能夠為大眾所接受，才能夠相處，才能夠一起做事，也是「品德」與「品格」的範圍之一，唯性格與情感偏重「私德」，而第二節所述的「覺察人倫綱常」則屬「公德」。

人類活著一輩子，期待自己能夠充分自我實現，活得有意義、有價值、有尊嚴，過滿意、成功而且是幸福的一生。自我實現是自己的「理想抱負」與「生活現實」吻合，此一「理想抱負」、「生活現實」，都要經由「相處的人」認同，都要覺得對大家有幫助、有貢獻，大家才會認同尊敬，所以每個人自我實現的同時，也要是學校、國家、社會的有效智慧資本，是一個能為他人及組織群組系統產生動能貢獻的人，才是真正幸福的人。是以全人格教育與五大人際關係的結合，才能產生幸福的生涯，如圖 12-1 所示。

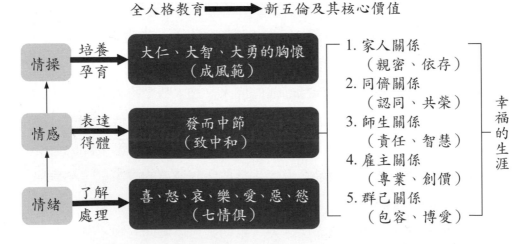

圖 12-1　全人格教育經由五大人際關係造就幸福的生涯圖解

第四節　春風帶意：教育大用的公民

「春風能夠化雨」的第四個意涵是：教師像春風，春風帶意，帶來學生的責任與毅力，教化學生成為有責任績效的公民，教化學生成為民主自由的公民，教化學生成為專業服務的公民，教化學生成為有為大用的公民。春風帶意有下列三個層次的意涵：(1)價值之意：春風之教是有意義、有價值的，春風喚醒學子，從事有意義的學習；(2)深耕之意：春風之教是有責任、有毅力的，春風告訴學子，永續深耕有價值的學習；(3)大用之意：春風之教是有績效、有大用的，春風激勵學子，學以致用，成為有效智慧資本，成為有為大用的責任公民。

一、責任績效的公民

教育在教人之所以為人，從未成熟之人，邁向成熟人、知識人、社會人、獨特人、價值人，以及永續人。人在二十歲以後就稱為公民，一個國家認定的公民，要為國家、社會、家人，以及自己承擔起社會責任，我們稱之為責任公民。責任公民的意涵，除了要符合前述「六種人」的名稱責任外，還要有下列四個條件：(1)有工作：這是一個百業分工的社會，每一個公民都要承擔工作的責任，用工作創價，養活自己及家人；(2)有後代：公民有責任結婚生子，繁衍子孫，永續經營人類文化與文明；(3)有產品：責任公民無論從事哪一種行業工作，都會是一個有績效、有產品的優質員工，產品的品質與程度往往代表人的終極價值；(4)有亮點：每一個人都有自己相對的優勢專長，行行可以出狀元，責任公民要光大自己的優勢專長，點亮生命亮點，共同彩繪人間社會。

二、民主自由的公民

　　有責任績效的公民，本身也是一個民主自由的公民，要參與民主社會中的選舉與投票行為，自由自主地決定公職首長與民意代表，讓其代表政府國家執行政務，為人民服務，並且力行少數服從多數，「多數尊重少數」。教育教導民主生活，教師專業示範民主歷程，全民教育實踐民主機制與民主理想，春風之意，帶給責任公民具備民主素養，力行民主生活，是一個民主自由的公民。民主自由的公民有下列三大深層意涵：(1)在民主機制下的自由公民，每一個人都有自由決定參與民主的程度與自主的投票行為；(2)法令保障與服從多數決的自由公民：在民主社會，法令是代議民主多數決的成果，法令之前人人平等，法令保障人最基本的自由；(3)自由自主與機會均等的公民：自由的前提是自主決定，自由的含義也要有機會均等的條件支持，是以自由自主經由機會均等，才能實踐民主自由公民的實質。

三、專業服務的公民

　　責任公民用自己的專長關照其適配的工作與職務，發揮專業為顧客服務。對雇主而言，同仁的素養能力優異，為顧客服務品質優良，能興旺公司業務，帶來組織競爭力；對個人來說，能夠人盡其才、才盡其用，創發自己生命的價值，豐富生涯的意涵，幸福一生，也為組織產生動能貢獻，在和諧溫厚的人際關係中受人尊敬，光彩一生。教師春風化雨，教師像春風，春風帶意，帶給學生人盡其才、才盡其用的專業服務公民。責任良師造就責任公民，專業服務是責任公民的第三個重要內涵。

四、有為大用的公民

　　責任公民的第四個意涵在「有為大用」，有為大用的公民是指：(1)有適配的職務：能力專長能夠有效發揮，被組織系統所大用；(2)有精緻的產品：知識智慧與績效表現的核心技術能夠藉由工作表現，系統重組為精緻產品（如研究著作、創新產品、教育後代），並為組織系統永續經營，創新發展的基石；(3)做一個充分自我實現的人：自己的理想抱負與自己的實際績效表現吻合，充分自我實現，有為大用，自己滿意自己；(4)有動能貢獻的人：自我實現是自己滿意自己，動能貢獻則能帶來同仁和老闆的認同與滿意，群己共鳴，能為組織創價，才能獲得尊敬，有尊貴的社會地位，過有感的生命、覺識的生活，以及幸福的生活。

四部曲

明月長空・品質

　　教師講品質，像明月長空。教師要善於轉化運用「課程教學」、「輔導學生」、「教育服務」，以及「經營管理」之核心技術來提升教育品質。教師要創新經營師生的知識遞移、知識管理、核心技術、優質文化、智慧管理，促成「和諧中努力」的教育，「精緻有質感」的教育，「動能具價值」的教育，「知識成智慧」的教育。教師像「皎潔明月」，是學生常新之師；教師像「達道明月」，是學生行動之師；教師像「美善明月」，是學生標竿之師；教師像「永恆明月」，是學生品質之師。

教師學：鐸聲五曲

第十三章　核心技術

〈探究教育深層結構〉

　　教師學的第四部曲取名為「明月長空‧品質」，象徵教師像一輪明月，長掛夜空，明月長空。明月長空有四義：柔美至善、永恆明月、清輝達道、皎潔常新。教師照亮學生，配合時序循環，永續經營，每天、每週、每月、每年永不停息，就如永恆明月，明月長空。教師照亮學生的歷程，有消有長，就如明月清輝，消長循環，鍥而不捨，終至達道，清輝達道，明月長空。教師伴隨學生學習成長，心如皎月，潔白靈秀，知識藝能得以彩繪創新，教師像明月長空，皎潔常新。

　　皎潔明月代表教育的恆常與品質，是以本篇分為四章論述：第十三章「核心技術」，探究教育深層結構；第十四章「創新經營」，創發教育經營世代；第十五章「知識管理」，傳承教育技術能量；第十六章「明月長空」，示範教育品質標竿。教育核心技術能在教師身上有效傳承，是教育品質的基石；每位教師能夠掌握學生條件與客觀環境，創新本位經營，是扎根品質，開發亮點的重要法門；教師能夠帶領學生，做好師生的知識管理，拓展學校智慧能量，是提升品質、邁向品牌特色的里程碑。教師像天上的明月，明月長空，皎潔明月代表教育品質；長空，長留天空，就是達道與精緻卓越的績效。

　　本章分為四節論述教師在學校教育事業中應備的核心技術。第一節「經營管理的核心技術」，探討教師扮演「學校經營參與者」角色時，應了解的「經營教育」的原理學說及策略要領；第二節「課程教學的核心技術」，教育的內容與方法就是課程教學，從理論與實務運用的有效銜接焦點，來分析課程教學核心技術；第三節「輔導學生的核心技術」，概述班級經營

到補救教學與輔導網絡系統的連結，是屬於教師輔導學生的初階技術；第四節「教育服務的核心技術」，從廣義的「教師角色責任」說明教師服務學生、教師服務教師、教師服務社區，以及教師服務社會等四個層次的經營要領或核心技術。

第一節　經營管理的核心技術

教育的核心技術，圍繞在課程設計、班級經營、有效教學與輔導學生。教師是執行教育核心工作的主要成員，要通曉掌握教育事業的核心技術，才能有效執行任務，扮演好責任良師的角色。教師要接受校長及主任領導，順應教育政策與法令規範，在教好學生的同時，也要經營管理學校及服務社會大眾（家長社區為主），做一個專業教育人員。本節針對教師核心技術的最前端「經營管理要領」談起，期待教師們能夠從「鉅觀的視角」、「經營整個學校」的立場，了解掌握，並積極參與學校教育的經營。

一、了解經營教育的原理學說

核心技術來自「理論學說、價值理念」在「教育實踐」上的有效連結。研究者認為，經營教育的核心技術在「經營策略」與「實踐要領」，經營策略在「行動舖軌，達育才之善」；實踐要領則在「著力焦點，臻教育之美」。但這些策略與要領的源頭，必須探討經營教育的「原理學說」，才能「尋根探源，立知識之真」。是以研究者於 2012 年出版《教育經營學》專書時，明確提列六大原理學說（六說）、七個經營策略（七略），以及八個實踐要領（八要），書名就直接使用《教育經營學：六說、七略、八要》。

教師應了解六大原理學說的名稱、核心論點，以及其對教師經營教育

上的啟示。概要說明如次：經營教育的原理學說，包括：價值說、能力說、理論說、實踐說、發展說，以及品質說。「價值說」探討教師的生命願景及學校組織的核心價值、使命願景。「能力說」分析教師、學生、領導經營人員的核心能力。「理論說」探討經營教育影響最大的二十種理論理念，及其在教育經營上的運用。「實踐說」說明了教育實踐與人類文化、文明發展的連結，傳承創化新脈絡。「發展說」闡述教育經營在教育學生從未成熟的人，發展為成熟人、知識人、社會人、獨特人、價值人，以及永續人。「品質說」在論述教育評鑑的發展，及其提升教育品質的價值。

二、熟悉經營教育的經營策略及實踐要領

經營策略（七略）及實踐要領（八要），研究者將之界定為經營教育的核心技術。教師是經營學校的一分子，除了要了解「原理學說」之外，更要熟悉這兩類核心技術，才能配合學校領導人的帶動作為，共同經營學校，經營有品牌特色的學校。經營策略（七略）包括：願景領導策略、組織學習策略、計畫管理策略、實踐篤行策略、創新經營策略、資源統整策略，以及價值行銷策略。

願景領導策略，運作形塑願景、註解願景、操作願景及行銷願景，來凝聚同仁向心力與目標。組織學習策略，從組織的條件標準、核心技術、團隊動能、知識管理等四大層面進行群組學習。計畫管理策略，分析優質教育計畫的系統結構及目標、策略、項目撰寫核心技術，強調運作學校十大計畫，帶動學校精緻發展。實踐篤行策略，從政策理念、方案課程、輔導學生及師道責任等四大面向，分析教育機制的實踐篤行作為。創新經營策略，運作新時代脈絡、新組織文化、新方法技術，實現新教育境界。資源統整策略，強調爭取校外教育活水，有效統整校內外資源，創新資源教育價值。價值行銷策略，從願景價值、計畫價值、特色價值，以及個殊價

值行銷學校,創新學校價值。

實踐要領(八要)包括:系統思考、本位經營、賦權增能、知識管理、優勢學習、順性揚才、績效責任,以及圓融有度。系統思考,教導掌握關鍵之技術;本位經營,練習本分、本業、在地資源及系統的連結技術;賦權增能,強調擴大授權開展能量的修為與技術;知識管理,系統整理核心知識及核心技術,傳承創發新的知識與智慧;優勢學習及順性揚才,註解多元智能理論的實踐作為,並揭示兩者不同的核心技術;績效責任及圓融有度,在追求執行力的同時,能夠優化人際關係,著力焦點,臻教育之美。

三、策訂班級經營計畫與教學計畫

教育的基本型態就是班級經營,教師最重要的角色責任就是班級導師,以及領域(學科)之教學。是以對教師而言,教育的核心技術,要經營「班級經營計畫」及「領域(學科)教學計畫」才能實踐篤行,落實運用。教師的班級經營計畫,要有下列幾個教育核心技術:(1)班級願景:教師能帶領班級學生形塑班級的願景(Vision)、任務(Mission)、核心價值(Core Value);(2)生活公約:規範班級秩序、整潔、責任、好習慣及服務心;(3)團隊動能:運作分排及分組、群組學習,開展同儕共學,增益團隊動能;(4)計畫管理:師生策訂每年三至五項班級任務,如共讀十本書、一生一專長、日行一善等,並以計畫方案執行管理,運作團隊動能,協助學生人人達標;(5)競賽創新:班級師生積極參加校內外各項教育競賽活動,從參與準備、參與實踐,成果分享歷程,創新教育成效,提升教育品質。

教師的領域(學科)教學計畫,要有下列幾個教育核心技術:(1)教學目標:條列清晰的知識技能、情意學習目標,運作目標導向的學習與技術;(2)教學方法:要為領域(學科)的單元主題教學,預為選擇最佳教學(學習)方法,並充分使用數位媒材,活化教學歷程,增益學習效果;(3)「標

準作業流程」（S.O.P）：為每一個單元的教學，設定最佳標準程序，提供學生最豐富、有價值的學習；(4)專注學習：學生在教室學習常會分心，教師應預為設計吸引學生專注學習的激勵技術，適時運用；(5)學習評量：多元實作評量是時代趨勢，教師應於每一領域（學科）設計三至五種多元評量方式，客觀地評定學生學習成果。

四、專業進修與核心技術管理

　　教師參與專業進修並進行知識管理已獲致大多數教師認同。教師參加校內進修研習十分普遍，一般教師每年累計進修時數，有的每年破百（一百個小時以上），中小學教師有碩士學位及博士學位者也逐年增加，此為中小學教育現場的軟實力，奠定了穩固的基石。然而，從「經營學」的觀點分析當前國家的教育競爭力及學生的教育品質績效，並沒有因此而明顯提升；研究者認為，教師專業進修機制系統整合不足，以及學校和教師知識管理的焦點被模糊化，乃是關鍵因素。

　　教師的專業進修機制應再系統整合，可朝下列幾項要領調整：(1)教師專長本位進修：除了進修碩博士學位要盡量符合自己的授課專長之外，政府應針對各領域（學科）規劃多層次教學專業工作坊，提供教師專長本位進修，持續擁有專長亮點；(2)領域（學科）教學認證進修：每一領域（學科）的教學認證，應有八學分的專業進修，經考評通過後，核發教學證照，教學證照有效期六年，六年期滿申請換照，應再修習二至四學分的專門專業知能，才能通過考評；(3)授課領域（學科）核心技術進修：一般教師的每一堂課都忙於「核心知識」的教學，較少「核心技術」的傳承，是以學生連結知識理念到實際生活層面的績效較不顯著，政府應調撥教授及優秀教師資源，開發各種領域（學科）的核心技術，提供一般教師進修研習，在教學時可統整應用；(4)實施教師評鑑：規範教師專業進修標準，導引教

師系統規劃生涯進修專業計畫。

　　教師的知識管理與學校的知識管理應強化教育核心技術的管理，除了學校領域教學知識資料系統及學生互動網頁平台外，學校應將全體教師「知識管理」之焦點提升為「核心技術」管理，以及智慧管理，下列幾項作法可供參照：(1)師生知識產品要標示核心知識、核心技術，以及學習後的核心能力；(2)教師及學生知識分享平台要求分享師生除了「分享報告」之外，要歸納分析「核心知識」、「核心技術」，以及「核心能力」；(3)定期（半年或按季）舉辦「教育核心技術」進修研習，普遍增進教學及學習效果；(4)開發編印「教育核心技術」及領域（學科）「教學核心技術」，並同步建檔在學校網頁，分享給師生，傳承創新知識及技術。

第二節　課程教學的核心技術

　　教育的核心事務在課程教學與輔導學生。本節先介紹教師在課程教學方面應備的核心技術，包括四個重點：課程統整與知識基模重組、主題教學與自編主題統整教案、數位媒材與核心知能呈現系統、能力認證與優勢學習順性揚才。分別說明如下。

一、課程統整與知識基模系統重組

　　「課程統整」是當代課程理論最核心的趨勢，它是一種觀念，也是一種技術，對學生來說也是一種能力。教師教導學生各種教育內容時，要幫助學生統整為帶得走的能力，而不是零碎的知識；所謂帶得走的能力，係指課程綱要提列的核心能力。從操作型定義來看，「領域統整分科」、「發展學校本位課程」，以及「推動教師主題統整教學」等三者都是課程統整的實踐。這三者的「標準作業流程」（S.O.P），也就是課程統整的核心技術。

　　對學習者個人來說，學習者進行課程統整的核心技術稱為「知識螺旋」（knowledge spiral），用較通俗的話語來註解，就是學習者由「外顯知識內部化」與自己的「內隱知識外部化」交互作用所產生的「知識基模系統重組」，系統重組的深度、廣度與結構性，就是課程統整的成果；知識管理把「知識螺旋」當核心技術，是以十分強調分享（share）的重要。學習型組織理論的第二項修練「改變心智模式」，事實上就是「知識基模系統重組」後，對學習者「提升知識基模」與提高「組織競爭力」的核心技術。是以研究者主張，課程統整的核心技術有四：「領域統整分科」、「學校本位課程」、「主題統整教學」，以及「知識螺旋」或「知識基模系統重組」，教師均應掌握。

■ 二、主題教學與自編主題統整教案

　　「核心技術」有大也有小，就以「手機」為例，蘋果 iPhone 與臺灣HTC 本身就是「核心技術」的組合，內容的不同在於其內的「零組件」核心技術的不同，每一種品牌的手機，也就有不同功能與受歡迎的程度。「課程統整」本身就是大的核心技術，「主題教學」也是核心技術，是課程統整「零組件」（次級系統）的核心技術。

　　「主題教學」本身也需要次級系統教學技術的整合，例如：將學科課程「核心知能」的劃分，才能成為「單元主題」學科內容的單元分類與設計，這就是核心技術；教師必須依據單元核心知能及節數，設計學生本位學習的教案〔教學「標準作業流程」（S.O.P）〕，此一自編主題統整的教案就是核心技術。又如教師在教學中，會針對授課內容，旁徵博引學生已經學會的經驗知識，增加學生連結，促發知識螺旋效果，在教學中有利於學生知識基模系統重組的作為，就是教學的核心技術。「單元配置」、「教案設計」、「教學表現」都是主題教學及次級系統的核心技術。教師應善

盡「有效教學」的神聖使命，要能關照次級系統教學核心技術的實踐，才能真正提升教學品質。

三、數位媒材與核心知能呈現系統

數位影音媒材的發展，創新人類生活的溝通方式，對於「教」與「學」方法技術的調整研發，也產生了革命性的影響，二、三十年前的粉筆教學，與當代數位影音媒體教學，呈現了強烈對比。然而，研究者也多次觀摩當代教師的教學，仍有部分教師雖然會操作電腦、電子白板、運作數位教學，但整節課下來，並沒有教會學生習得應學到的核心知識、技能與情意。是以資訊科技與數位影音媒材的發明，它是中性價值的設備，需要教師把欲教給學生的單元核心知識，編輯成數位影音媒材可以呈現的「知識系統」，呈現知識本身的系統結構及其與旁系知識可能的連結整合情形，由影音圖像的交互作用，促動學生自己的「知識螺旋」，進行有效的「知識基模系統重組」。核心知識如何藉由電子白板及數位媒材操作教學，促進學生有效學習，成為教師必須學習的「新教學核心技術」。此一核心技術的開發，其具體作為，就是商請教師編製「數位教學教案」，並已在部分「未來學校」中流傳。

四、能力認證與優勢學習順性揚才

「有亮點的學生」是當代教育的時代訴求，教師如何把學生都教成「有亮點的學生」，是「核心技術」的一大挑戰。教師們要自己思考，為什麼有的老師可以把他（她）的學生教成「有亮點的學生」，而自己卻未必能夠做到；那些能夠做到的教師，他們使用的「核心技術」又是什麼？當代教育「有亮點的學生」，通常指的是「有相對專長藝能」的學生，是以除了很多成績優秀的學生之外，「學生有專長」就是有優勢亮點，值得大家

肯定與尊重。臺北市推動「教育 111 標竿學校」認證，這三個 1 是「一校一特色」、「一生一專長」，以及「一個都不少」，其中第二個 1「一生一專長」的「學生專長認證」，就是最好的作法。學生有專長認證，證明自己的專長能力是優秀的，自己是有亮點的學生，學習生活也就比較有意義、有價值、有尊嚴。

教師要激勵學生積極申請參與各種專長能力認證，點亮自己的亮點。教師採用的核心技術，可採行「優勢學習」與「順性揚才」，優勢學習能激勵學生從自己的遺傳優勢，學習發展專長，再經由專長認證，肯定自己的優勢亮點；順性揚才善於順應學生的性向和興趣，本位經營，揚其可達的優勢專長，以專長優勢達到人盡其才、才盡其用之自我實現，也就能成為有優勢亮點的學生。「優勢學習」與「順性揚才」本書均列專章（第十章及第十八章）詳細說明其原理與核心技術操作要領，讀者可以參照閱讀。

第三節　輔導學生的核心技術

本節繼續說明教師在輔導學生方面，應備的教育核心技術，主要包括：群組學習與團隊動能、認輔機制與愛心陪伴、網絡系統與三級預防、補救教學與學習要領。分別說明如下。

一、群組學習與團隊動能

安排學生在班級中的「群組學習系統」，促進學生產生團隊動能，已成為教師應備之核心技術。日本佐藤學先生倡導的「學習共同體」，之所以風行全臺灣，就是充分運作「群組學習系統」的核心技術，並且證實學生的確能產生較佳的「同儕共學」效果；臺北市及新北市已有不少學校的實施績效十分顯著，其他縣市也相繼推廣中。事實上，「學習共同體」僅

是學生「群組學習」的一種型態，其核心技術的規劃較為獨特而明確：「共同備課」→「一起議課」→「公開觀課」→「同儕分組學習」→「學習成果展示（評量）」。此一群組學習系統，包括教師們的共同備課、議課、觀課，學生們的同儕分組參與，共同發表成果展示，師生教學翻轉，故稱之為「學習共同體」。

「群組學習系統」的核心技術要掌握四大要領，學生才能產生較大的團隊動能：(1)預習備課：以前教師提示學生預習，僅在於引起興致、好奇與學習動機，現在的預習備課要師生一起來，找到學習單元的核心知識或焦點；(2)分析關鍵：學習共同體的「一起議課」，對一般參與教師而言，就是討論分析「要教什麼重點（主題）」及「如何教，學生最容易學會」；(3)分組共學（以學定教）：教師將單元的「核心學習主題」及「學習要領」示範給學生，由學生「同儕分組學習」，並且以學定教——以學生學會核心知識及藝能，來決定教學方法與策略；(4)成果展演：學生的學習成果藉由展示或表演方式呈現，交互觀摩，展現動能。

研究者認為，「群組學習系統」自古有之，每一個時代都有學生分組學習的不同設計，「學習共同體」僅係其中的一種。「學習共同體」受到當代教育官員及教師認同推廣是好事，只要對學生學習有幫助，能夠實質提高教育品質，就當積極實踐。然學習共同體最大的挑戰在「學習時間」，其運用更適合碩士班及博士班教學，而非中小學。我們可以思考，教師及學生如果花同樣的「準備」與「共同討論」時間，還有其他方法能產生更好的學習成果嗎？研究者認為它是存在的，有待教師們「創新經營」。

二、認輔機制與愛心陪伴

教師參與「認輔學生」是教師參與輔導工作的最佳途徑，也是必要責任；教師對他（她）認輔學生的「個別關懷與愛心陪伴」，也就成為重要

的教育核心技術之一。一般教師均應具備基礎的認輔知能與初步的諮商技巧，例如：同理心、共鳴性了解、信任、團體動力、專注、辨識力、問問題、尊重、真誠、面質、立即反應等。是以，「教育部輔導工作六年計畫」（1991～1996）以及後續的「青少年輔導計畫」（1997～2002）、「建立學生輔導新體制：教學、訓育、輔導三合一整合實驗方案」（1998～2004）、「友善校園總體營造計畫」等，均將「學校輔導人力」分為四種：(1)一般教師〔要參與基礎輔導知能研習（十八小時）及進階輔導知能研習（再十八小時）〕；(2)輔導教師（至少修習二十輔導學分以上，輔導諮商或心理系所畢業更好）；(3)心理諮商師（取得心理諮商師證照者）；(4)精神科醫師或心理治療師。學校內以一般教師及輔導教師為主，而心理諮商師及精神科醫師是以輔導網絡中心、社區醫療中心為主。

　　教師參與認輔制度，其具體的操作事項有四：(1)定期談話：教師與受輔學生約定，兩週至少談話乙次，教師關懷學生的生活、學習與人際互動情形，給予支持激勵；(2)電話關懷：約一個月乙次，利用夜間或假日，電話關懷學生在家生活與時間運用，激勵養成正向好的習慣；(3)分享行善：可配合教育部的「331政策」，鼓勵受輔學生向老師分享日行一善的事實，或最近的「三十分鐘閱讀」讀了什麼書、「三十分鐘運動做了哪些運動」；教師也可向學生分享自己的行善經驗及讀書、運動上的實踐；(4)摘要記錄：凡與受輔學生互動，均需在「認輔紀錄冊」上簡要摘述內容，作為學校整體輔導網絡系統的網點。

三、網絡系統與三級預防

　　輔導學生方面的第三個教育核心技術，在布建學校輔導網絡系統，以及三級預防輔導機制之運作。學校的「初級預防」，指的是「常態性的輔導預防工作」，例如：班級導師的班級輔導、生活輔導以及學習輔導、一

般授課教師的「教學中輔導」（辨識學生行為問題），以及「有效教學」（輔導理念融入教學）。「二級預防」指的是學校為個殊需要學生（適應困難與不良傾向行為）提供的輔導支持性措施，例如：輔導教師進行的「小團體輔導」、「個別輔導」、「診斷性測驗及輔導」等工作。一般教師的「認輔學生」則界定在「協助二級預防」，認輔教師的「個別關懷、愛心陪伴」，有助於學生接受學校「二級處遇」及「三級處遇」的效果。「三級預防」方面，事實上學校沒有「人力資源」來執行，它指的是部分嚴重的個案學生需要心理諮商師、心理治療師或精神科醫師來直接協助，學校能做的是「布建學校輔導網絡系統」及「危機處理機制」，網絡系統資源需要串連縣市諮商輔導中心及醫院，必要時能夠調撥「心理治療人力資源」或綿密的「轉介服務系統」，幫助學生能夠在最短的時間內，發揮輔導的教育功能。因此，教師要了解、參與學校輔導網絡系統運作，並熟悉學校危機應變程序。教師輔導學生的系統職責與學校三級預防機制的關係，如第七章的圖 7-2 所示。

四、補救教學與學習要領

　　教師輔導學生的第四個核心技術是「補救教學與學習要領」。芬蘭之所以成為「基本教育最大輸出國家」，其中小學教育的特色有三：(1)教師全面碩士化；(2)實施立即補救教學，上午的課程，發現有學生落後，下午立即補強；(3)將最大教育經費投注在學生狂飆階段。立即補教教學，教導學生相對的學習要領是教師重要的核心技術。

　　「補教教學」並非再找時間重新教一次，優質的補救教學必須符合下列幾個「技術要件」：(1)學生本位的學習方式：部分學習落後學生較為習慣或有效的教法；(2)針對迷思概念進行的補救教學：教師要掌握學生之所以沒有學會的迷思概念，進行補救教學；(3)強化核心知識學習要領：學生

尚未學會，通常是核心知識的關鍵結構尚未明確，教導學生強化其學習要領，才是優質的補救教學；(4)增益類化效果的補教教學：教師擴大運用相關教材，增益學生的類化學習效果，學會應備的核心知識和藝能。

第四節　教育服務的核心技術

教育的對象是學生，是一種人教人的專業服務行為，教師是執行教育事業的核心人物，教師服務的對象卻是廣義的：教師要服務學生，教師也要為學生家長服務；教師要與學校教師共同辦事，執行業務，教師也要服務其他教師同仁；教師要提供社區或國家社會教育專業服務，讓教師產生動能貢獻，創新自己與組織的價值。教師教育服務的核心技術，可從教育行政的五大歷程：計畫、組織、領導、溝通、評鑑，加以說明。

一、計畫經營的服務

教師提供的專業服務，無論在校內或社區，都要經由計畫或方案來實施，「計畫經營」是提供優質專業服務的第一個要件。教師對學生的服務，要有好的班級經營計畫、領域（學科）教學方案、認輔計畫、輔導網絡計畫、校本課程計畫。教師對其他教師及家長社區的專業服務，也要經由「親職教育日實施計畫」、「學校社區聯合運動會實施計畫」、「學校志工招募、組訓、運用計畫」等，計畫經營的專業教育服務最有績效成果，也最能創發教育的新價值。

教師「計畫經營」的核心技術，要掌握下列幾項要領：(1)有系統結構的計畫：計畫方案的目標、策略、項目等三者之間有系統結構，三者關係縝密，是辦好一件大事的深層訴求；(2)有理念價值的計畫：為什麼要推這個計畫或方案，應有明確的理論理念或核心價值的論述，是一個「有根」

的方案設計；(3)有推動邏輯的計畫：計畫是有配套措施、執行要領、步驟程序，符合邏輯及需求，是可行的方案；(4)有品質回饋的計畫：計畫內容要真的落實執行，執行歷程設有品質檢核及意見回饋機制，是一個促進教育品質持續改善的計畫方案。

二、組織創新的服務

「組織創新」是教師提供優質專業服務的第二個核心技術。教師服務的對象通常都是一個群組的人（如學生、家長、社區志工、教師同儕或社會大眾，都會形成一個群組，提出專業服務需求），教師的專業服務有部分的目的功能在促進該群組成員「組織創新」，例如：教導最佳服務型態與「標準作業流程」（S.O.P），更新群組人員組織系統與運作模式，促進組織運作的效能效率。又如，直接增加組織成員的基本素養與核心能力，增益成員達成組織任務目標的功能。

教師「組織創新」的核心技術，要掌握下列幾項要領：(1)發現新的知識產品：使用新的教材教具、教科書、文章著作、影音媒材教導服務對象，帶動產生新的知識產品；(2)發現新的因果關係：分析組織任務次級系統（零組件）與人類生活系統（零組件）新的「銜接連結」，產出因果關係，創新組織運作與產品；(3)發現新的深層結構：帶領組織成員針對關鍵知能持續深耕研究，經由知識基模系統重組之歷程，研發新的原理原則或要領技術，為知識找到新的深層結構；(4)發現新的方法策略：給予組織新的計畫、新的課程教學、新的運作模式、新的競賽活動，都屬於新的方法策略；(5)發現新的意義價值：讓組織成員有新的願景目標及核心價值的論述，願意認同承諾、實踐力行，就是賦予組織創新的意義價值。

三、領導專業的服務

教師的領導服務行為就是一種「專業示範」的服務。教師要教會學生，必須「專業示範」，先做給學生看；教師要服務學校同仁，也必須「專業示範」，先做給其他教師同仁看，大家才會跟進；教師為社區、社會、國家所提供的各項專業服務，本質上都是「專業示範」，說、演、做一遍給接受服務的人欣賞、認同，進而模仿。

教師「領導專業」的核心技術，要掌握下列幾項要領：(1)價值領導：能為「教」與「學」的教育事務，賦予價值意義，讓學習者了解為什麼要學習；(2)經營領導：能運用《教育經營學：六說、七略、八要》一書的核心技術，配合教育領導人有效經營學校；(3)學習領導：能夠從學習者本位思考，帶領學生進行有效群組學習；(4)方案領導：運用一系列的「教」與「學」方案計畫，領導學習者計畫性學習；(5)特色領導：教師的專業服務在領導經營有特色的學校、有卓越的教師、有亮點的學生，是一種特色領導。

四、溝通價值的服務

「溝通價值」是教師專業服務的第四個核心技術，以核心價值的取向、消長及目標行為創價的總和來做溝通的基點，稱之為「溝通價值論」（請參閱鄭崇趁，2013b，頁 217-243），或者「價值溝通」。價值引導溝通的方向，價值賦予溝通的內涵，價值釐清溝通的輕重，價值開展溝通的脈絡，價值實踐溝通的目標。

教師「價值溝通」的核心技術，要掌握下列幾項要領：(1)知識傳遞的溝通：教育的大大小小工作，正式的溝通、非正式的溝通都是知識傳遞的溝通；(2)智慧價值的溝通：有價值的人際知識稱為智慧，人與人相處不易，

既要維持和諧的人際關係，亦要共同完成組織任務；教師的教育服務，都是一種智慧價值的溝通；(3)情意共鳴的溝通：教師的教育溝通，事實上是要喚起學習者經由「共鳴性的了解」，處理情緒、表達情感、培育情操，是一種情意共鳴的溝通；(4)專業示範的溝通：教師的溝通要講道理、找理由、論價值、看作法、談技術的專業示範；(5)經營本位的溝通：教師的教育溝通要有五個優先：在地優先、專長優先、心願優先、弱勢優先、亮點優先，才能實踐經營本位的溝通，完成溝通的任務使命。

五、評鑑品質的服務

藉由評鑑或評量的實施，提升教育工作事務的品質，是教師提供專業服務的第五個核心技術，可稱之為「評鑑品質論」（請參閱鄭崇趁，2013b，頁245-288）或「品質評鑑」。「計畫、執行、考核」以前稱之為行政三聯制，目前擴大為「計畫、組織、領導、溝通、評鑑」，評鑑指的是更周延的考核。任何教育服務工作均要評鑑（評量），教師單元教學之後要有學生評量，研習活動之後也要有成果評鑑，教育單位已發展了人、事、物、機構的評鑑，例如：校務評鑑、校長評鑑、教師評鑑、課程與教學評鑑，以及各類型主題式方案評鑑。教育評鑑的本質功能要兼中目標、績效、品質、價值的達成與提升。

教師「評鑑品質」的核心技術，要掌握下列幾項要領：(1)有理論：如全面品質管理理論、智慧資本理論、CIPP模式、PDAC模式、績效責任理論；(2)有標準：無論是人、事、物、機構的評鑑，均有明確的層面、項目及指標；(3)有程序：評鑑歷程要有嚴謹的「標準作業流程」（S.O.P）；(4)有品質：過程有高品質，結果與功能可以實質提升教育品質；(5)有價值：可以為受評的人、事、物、機構創新價值。

第十四章　創新經營
〈創發教育經營世代〉

　　知識經濟時代的核心價值是「創新」，重視「產品」與「知識」的創新，愈為實用，符合人民需求的產品，就愈有市場競爭力，因此教育的經營也需要創新的知識及創新的技術。研究者研發「經營教育」之學，主張教育是可以經營的，「教育經營學」要包括「原理學說（六說）」、「經營策略（七略）」、「實踐要領（八要）」，故出版《教育經營學：六說、七略、八要》（2012）一書，以及《校長學：成人旺校九論》（2013）一書，兩本書都有創新的知識系統結構，都是以「教育經營學」的立場，闡述創新經營教育事業的核心知識與核心技術。教師是經營教育事業最核心的基點，基點的創新經營，能掌握新時代脈絡、經營新組織文化、倡導新方法技術，才能實現新教育境界，創發教育經營新世代。

　　本章分為四節論述說明：第一節「知識創新與教育機制」，討論教育創新個人知識、組織知識、課程教學，以及經營模式的歷程；第二節「經營技術與教學歷程」，分析教學經營學習技術、團隊動能、知識螺旋，以及智慧管理的脈絡要領；第三節「創新經營的師生文化」，列舉深耕理論、學以致用、研究發展，以及活力生新等四種師生文化的創新經營；第四節「創新經營的教育世代」，探討教師在資源設施、課程教材、教學技術，以及績效價值等四個面向創新經營的積極作為。

第一節　知識創新與教育機制

　　創新的本質與歷程是教育學術研究較為關心的議題，但做哪些事才是「創新經營」，則是教育經營者較為在意且優先需要掌握的關鍵事務。研究者認為，兩者要能夠匯通連結，才能藉由教育的實施，永續創新知識，造福人類。研究者認同「知識先天論」，認為任何新的知識本來就存在，創新是發現新的存在，是一種「賦予存在（to benig）」的歷程，不是無中生有。是以創新的教育意涵包括：發現新的知識產品、發現新的因果關係、發現新的深層結構、發現新的方法策略、發現新的意義價值（鄭崇趁，2013b，頁 162-167）。

　　學校的創新經營歷程是一種「實→用→巧→妙→化」的經營歷程：「實」是指要先充實本業核心知識的基礎素養，重點在「當下、務實」；「用」是指執行核心事務，知識與技能整合的程度，效率效果愈佳者愈有用，重點在「運用、精熟」；「巧」是指知識運用的靈活彈性，呈現了綽有餘裕的景象，重點在「妥適、靈巧」；「妙」是指核心知識的素養與運用能力，已達適配通達的境界，處處有美妙新穎的感受，重點在「高絕、美妙」；「化」是指知識能夠系統整合，創新知識，重點在「統整、生新」。因此，創新是知識新的連結或新的發現。賦予存在（to being）是一種「實、用、巧、妙、化」的經營歷程，如圖 14-1 所示。「實」與「用」是基礎，「巧」與「妙」具有中介催化的作用，「化」則是水到渠成的新知識或新產品。

　　創新知識與教育關係至為縝密，教師猶應解析教育對創新知識的價值，結合教育同仁，創新經營教育，師生共同創新知識，永續深耕。教育創新知識的主要功能有：教育創新個人知識、教育創新組織知識、教育創新課程教學、教育創新經營模式。逐一說明如下。

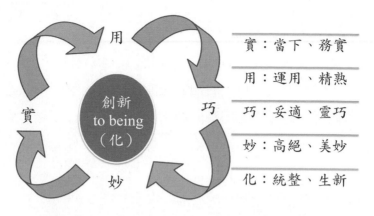

實：當下、務實

用：運用、精熟

巧：妥適、靈巧

妙：高絕、美妙

化：統整、生新

圖 14-1　賦予存在（to being）的創新經營歷程

資料來源：鄭崇趁（2013b，頁 163）

一、教育創新個人知識

教育對創新的首要功能在創新個人知識。人因為長期的接受教育，由「未具」知識的人，逐漸演變成「具有」知識的人，而成為一個「知識人」，雖然每一個人的「內隱知識」與「外顯知識」都不會一樣，個人的「知識總量」與「知識內容」也不會一樣，但是人必須經由教育，才能獲得（習得）知識，則是一樣的；而人要經由持續接受教育，才能持續「創新」累增新的知識，也是一樣的。為了創新個人知識，國民基本教育已由九年延長為十二年，目前國內大學就讀的學生也已越過同年齡學生的 80%。二十一世紀以來，大多數的教育家都主張，每一個人均要有「終身學習」的觀念與作為，確保個人的「知識」能夠不斷創新、與時俱進。教育創新個人知識，教育為每個人創新其生活所需知識，創新其職涯志業所需專門知識，創新其自我實現所需知識，創新其「扮演有效智慧資本」的各種知識。

二、教育創新組織知識

教育對創新的第二個功能在創新組織知識。組織單位的存在均有其「任務」，都是「人的集合」，個人的知識技能要能夠承擔組織任務需要，人才會加入一些組織，或被聘為組織成員。有些組織的任務是「產品」，產品常常有「核心知識」及「核心技術」，擁有「基本知識」的員工，要再經由公司的「教育訓練」，學會產品的核心技術與關鍵知識，才能夠投入生產線，產製符合「品質標準」的產品。

教育創新組織知識，包括以下三個層次：(1)教育創新組織員工的基本知能，使員工知識符合組織單位需求；(2)教育創新員工的核心技術，使之有能力執行任務或生產公司產品；(3)教育創新員工進階高級知識，促使員工有知識能力為公司研發進階產品，為組織創發更大價值。是以當前的大型企業及各級學校都設置了「研究發展處」，徵聘大批研發人員，從事與機構「核心技術」有關之研究發展，期能創新組織知識，為組織創發永續經營的價值。

三、教育創新課程教學

教育的內容稱為課程，教育的歷程與主要方法稱為教學，是以教育的「核心技術」在於課程教學的創新。學校教育要提供學生「有效性」的「課程教學」，也要提供學生「時代性」的「課程教學」。「有效性」是指針對不同的學生，教師所提供的教材內容及教學方式，學生是可以接受的，是可以學到應備的知識技能，「課程教學」是有效的。「時代性」是指學生學習的內容與教師採用的教學方法，也要隨著時代的進程而創新，例如：「學校本位」、「班級本位」的課程設計要年年更新；教師要會使用電子白板及當代資訊科技媒材教學。學校教育有責任為學生創新個人及群體知

識，教師的責任就是針對「有效性」及「時代性」，創新自己授課領域的「課程教學」，因此教育的第三個創新是指課程教學的創新。

四、教育創新經營模式

教育的第四個創新，是指以更寬廣、鉅觀的視角看教育，教育在創新學校（組織）的經營模式，學校經營的核心歷程包括計畫、組織、領導、溝通、評鑑，學校領導人能夠適時的推出新計畫經營、新組織運作、新領導服務、新價值溝通、新品質評鑑，就是創新學校的經營模式。教育包括教育領導人（校長及主任、組長幹部、課程發展委員會小組召集人）的培訓，教育培養領導經營者學會擬定優質教育計畫的能力與技術，學會活化帶動組織運作，學會專業示範領導等服務，學會運用核心價值與教師、家長、學生溝通，學會迎接各種教育（人與組織）評鑑工作，全面提升教育品質，教育就是在創新學校經營模式。

第二節　經營技術與教學歷程

創新經營的第二大層面，在經營技術的創新。教育的經營技術大都與「教學技術」及「學習技術」攸關，是以本節以教學經營的視角，分析論述用教學經營學生的學習技術、用教學經營學生的團隊動能、用教學經營學生的知識螺旋，以及用教學經營學生的智慧管理。

一、用教學經營學生的學習技術

學生學習的最基礎技術，在讀、寫、算及資訊運用等四個核心。是以教師的教學經營，要教會學生如何閱讀單元內容的核心知識、如何運用作業（寫作）表達學習成果、如何計畫（算）學習的方法與要領，以及如何

運用資訊數位媒材的輔助，在最短的時間內，有效學會應備的知識與能力。

學生的學習技術，除了基本的讀、寫、算、資訊技術之外，尚包括理解技術、統整技術、系統技術、應用技術，以及創新技術，教師在領域單元教學中，亦應同時經營學生這些學習技術。理解技術，重在喚醒學生既有知識（舊經驗）與新知識的連結（類化原則的應用）；統整技術，重在同化與調整的知識融合，產生新的知識基模（Piaget 知識基模理論或學習型組織理論的第二項修練：改變心智模式）；系統技術，重在將「學習到的知識」做「系統結構」的整理，而形成具有系統結構的「真知識」；應用技術，重在學生如何表達學習到的知識，如何學以致用；創新技術，重在學習成果產生新的「知識基模系統重組」，而有創新的「作品」或創新的「表演」，或得到教育競賽的好名次（成績）。教學在經營學生的學習技術，有好的學習技術，教學的績效才能創發更高價值。

二、用教學經營學生的團隊動能

學校教育多運用「班級教學」，班級學生就是一個「學習團隊」，以現代化的用語，就稱為「學習社群」。團隊學習或學習社群能否發揮功能，實質幫助到每一個學生的個別學習，要看這一個「班級」是否能發揮「團隊動能」，觸發班級學生的有效學習。教師的教學，就是經營學生產生團隊動能，幫助每位學生在最短的時間內達成教學目標，「團隊動能」是教師教學時，第二個核心經營事項。

教師經營學生團隊動能的要領（技術），可參考下列幾項作為：(1)編配群組學習：依據單元主題編配學生最佳群組學習規模（三至六人）及型態；(2)教導討論事項：針對個別單元核心知能，教導學生選用最佳討論的學習要領，例如：腦力激盪術、探索學習、交互教學、問題解決、網絡搜尋等；(3)指定組長帶動：由群組學生輪流當組長，帶動群組學習歷程，完

成學習任務；(4)激勵團隊表現：以團隊表現的總體成績做為課程學習與激勵的基礎，激發學生的團隊動能；(5)設定班級經營目標：如參與學校運動會之成績目標，三項競賽活動（秩序、整潔、禮貌）之班級榮譽目標，部分領域（學科）優質學習任務目標，並專業示範、實踐力行，獎勵達標群組（學生）。

三、用教學經營學生的知識螺旋

知識螺旋（knowledge spiral）是學生學習知識管理的核心技術，學生在教師教學情境中，能夠有效接收教師的「內隱知識外部化」並與自己的「外顯知識內部化」產生交互整合，形成自己的「知識基模系統重組」之過程，稱之為「知識螺旋」。每一個學生的「知識螺旋效應」愈明確有效，學生就學到愈多深入的知識技能，是以教師教學中第三個創新經營核心事項，在經營學生學習時的「知識螺旋」，運作有效果的螺旋效應，重組自己的知識基模，學得應備的知識能力。

教師經營學生知識螺旋的要領（技術），可參照下列幾項作為：(1)揭示學習目標：將單元主題核心知識（技能、情意）的學習目標條列陳述，聚焦學生的學習方向與任務；(2)提列焦點問題：將學習任務目標轉化為焦點問題，導引學生討論學習焦點核心；(3)參照既有經驗：由教師或優秀學生發表與學習主題之事有關的舊經驗或先備知能，喚醒學生舊經驗，促進類化學習；(4)共同討論學習：由討論分享的過程促動學生知識螺旋效應；(5)分享重組成果：藉由分享成果，提供「系統重組」較佳楷模，深化個人知識螺旋效應。

四、用教學經營學生的智慧管理

學生的知識管理可分為「內隱」的知識管理與「外顯」的知識管理。

內隱的知識管理是指將學習到的「新知識」管理在「自己的身上」，外顯的知識管理則是指將學習的「新知識」用「抄筆記」、「做摘要」或「數位媒體」登錄起來，並經系統整理，妥為儲存，備以運用。教育、教學、學習都優先強調「內隱的知識管理」，希望學生當下學會，並且練習至精熟程度，新知識在人的身上才得以永續致用；但每一位學生的知識容量有限，難以承載全世界浩瀚無涯的所有知識，是以也要妥為善用「外顯的知識管理」，將學習的核心知識用作業、檔案、數位媒材系統加以儲存與運用。

知識管理也可以劃分成四個階段：(1)獲得知識：立即儲存管理在自己身上；(2)知識螺旋：學到的知識與未來的知識產生交互作用，系統重組，有的明顯、有的薄弱；(3)應用知識：將學到的知識系統重組後，能夠運用表達出來，與同仁分享；(4)創新知識：學生學習後，提升知識基模，改變心智模式，並且外顯化，形成新的知識觀點，賦予知識技能新的系統結構，寫成新的教育產品，如文章、論著、專書、實務作品等，都是創新知識，是知識管理的最佳方法，例如：研究者已出版十本著作，就是在運用知識與創新知識，是個人最佳的知識管理方式。

研究者認為，前述知識管理的第一階段及第二階段──「獲得知識」、「知識螺旋」，是屬於學習者內隱的知識管理；第三階段及第四階段──「應用知識」、「創新知識」，則屬於進階的「外顯知識管理」，亦可稱之為「智慧管理」。教師教學時，不但要經營學生的「知識管理」要領（知識螺旋技術），同時也要教導學生「智慧管理」要領（應用及創新知識技術），提升學生應用知識及創新知識的能力。

第三節　創新經營的師生文化

　　教師創新經營的第三個層面，在經營創新的師生文化，讓學校師生熱衷於追求創新，讓自己教授的班級師生，都積極努力創發新的教育產品，整個校園及班風都有創新經營的文化氣氛。創新經營的師生文化，是一種「深耕理論」的文化，是一種「學以致用」的文化，是一種「研究發展」的文化，也是一種「活力生新」的文化。創新經營的文化，就是「賦予存在（to being）」、「實→用→巧→妙→化」教育歷程之實踐，分別說明如下。

一、深耕理論的師生文化

　　「理論」得到深入研究探討，才能與現實生活及教育實務連結，得到傳承，創新知識、創新生活、創新文化。理論永遠是創新的根，教育理論、教學理論、學習理論也就是創新師生文化的根，在師生互動過程中，深耕理論，才能有效傳承優質教育文化，「務實當下，深究源由」，是經營創新師生文化的基石。

　　深耕理論的師生文化，具有下列幾項特質：(1)教師的教學強調知識原理及教育理論的運用：在教學的歷程中，要不斷的強調這是「什麼理論」，這又是「什麼理念」、「什麼原理原則」的實踐；(2)教師對學生的生活輔導，充滿著學理的連結：教師喜歡拿經典的學理法則，引導學生養成好的生活習慣、學習習慣，以及人際習慣；(3)師生的對話充滿著古典詩詞文學名句與偉人經典話語：理論經由古典詩詞文學更加美化，偉人名人的經典名言，也往往是理論及理念的最佳化約，師生對話經常使用，就是孕育創新的根；(4)師生的班級公約中包括「品德核心價值」理論規準的實踐：核心價值（中心德目，如誠實、責任）本身就是理論的行為價值取向，是深耕理論文化的一環。

二、學以致用的師生文化

「札實學習、學以致用」是創新的第二元素，是「實→用→巧→妙→化」的創新歷程中，前兩個階段的重點。教師的教、學生的學，都強調「學到的知識如何運用」，都強調「將知識運用到精熟」，都強調「致用生新，深化運用知識的價值」；師生熱衷於學習的同時，也沉迷於致用之學的探究。教師宜激勵學生，將各領域（學科）學習到的「新知識」、「新技能」適時創新自己的生活內涵、創新自己的學習成果、創新自己的人際互動，讓校園（班級）充滿著學以致用的師生文化。

學以致用的師生文化具有下列幾項特質：(1)練習精熟：「知識」能否運用，要先「真的學會」，一般知識的學習首要「練習精熟」，精熟知識才是真的學會，方能學以致用；(2)連結事理：「物有物理」、「事有事理」、「人有人理」，將新的學習與既有的事理、物理、人理作連結說明及進一步的探究，就是學以致用的文化；(3)定位知能：學生每天同時針對各領域（學科）進行學習，同時接收各領域（或學科）不同的新知識、新技能，這些新知新能必須要與既有的知能系統整合，形成新的「知識基模系統重組」，教師能適時地帶著學生定位新知新能的文化，也是學以致用的文化；(4)統合運用：人類的所有「文明」都是「文化」的創新成果，所有的文明與文化都是教育發展促成的，都是在「教學的教」、「學生的學」累積「統合運用」而來的；教師帶著學生「統合運用」新知能，創新經營新班級文化，創新經營新學校文化，也可以對「創新經營新國家文化」、「創新經營新人類文化」有所貢獻。

三、研究發展的師生文化

知識經濟時代的核心價值就是「創新」，各種具有產品的公司行號都

強調「創新產品」，為公司拓展市場競爭力，創造公司新價值。為了創新經營、研發新產品，規模夠大的企業機構，都會在公司內部設置「研究發展部門」，專責研發公司的「新產品」、「新產製流程」，以及「新經營模式」，作為企業機構「創新經營」的基點。

教育的對象是人，「教育產品」概括兩大類：「學生」，以及用來教育學生的課程教學攸關之「教育產品」。學生從學校畢業，其所具備的素養及能力程度就是學校的「歷程產品」，從國小、國中、高中累積到大學、研究所，每一個階層的學校都負有「創新學生」的重責大任，要讓學生學會每一學習階段該學會的「核心能力」或「核心素養」，創新學生「知識基模系統重組」，順利銜接下一階段的進階學習、永續經營。現在的學校，從小學到大學也都設置了「研究發展處」，尤其是大學的「研發長」，已與教務長、學務長、總務長並列為學校四長之一，可見其重要性，「研究發展、創新經營」也已成為學校組織運作新軸心。學校的研究發展單位帶動師生創發第二類教育產品，也就是創新與課程教學攸關的教育產品，例如：新的課程設計、新的教材教具、新的教學型態方法、新的數位教材、新的學習成果表達方式等。研發單位也從「計畫經營」、「產學合作」、「研究創新」帶動師生豐厚教育資源，創新教學及師生互動模式，形塑學校研究發展的師生文化，創新經營學校教育新價值。

四、活力生新的師生文化

「充滿活力，生新不息」是師生文化創新經營的最佳描述。教師充滿活力，創新經營每天的教學工作，用心經營自己承辦的教育活動；班級學生充滿活力，專注於每一堂課的學習，思考著如何凝聚同學間的團隊動能，為班上爭取教育競賽之榮譽，創新經營每一個人活著的價值，創新經營自己在班上組織的動能價值，創新經營師生在學校組織的新貢獻價值。活力

生新的師生文化，是個人及學校邁向精緻卓越的最有利資產。

　　活力生新的師生文化具有下列幾項特質：(1)人人有事做，個個不太忙：師生每天都善盡本分職責，深耕本業工作，人人有事做，但也都不會太過於忙碌；過於忙碌的學校不利創新，要直接改變經營模式；(2)做事有要領，績效看得見：教師的教、學生的學，多能掌握核心技術與經營要領，學生的成績表現是滿意的，表現績效是看得見的；(3)成果多創意、亮點共爭輝：教師的教學績效有亮點，學生的學習成果也都展現了創意與亮點，學校的組織文化就像是亮點共爭輝的學校；(4)活力大放送，精緻又卓越：學校師生的活力生新文化，會觸動每位師生積極任事，活力大放送，搶著做好學校教育的每一份工作。活力生新，創新經營學校每一個部門，創新經營學校的每一個角落，帶領著整個學校教育邁向精緻卓越。

第四節　創新經營的教育世代

　　二十一世紀是一個創新經營的世代，教師也要承擔使命，創新經營教育新世代，使臺灣的教育事業也跟著進入「創新經營的教育世代」。「創新經營的教育世代」並非憑空驟降，唯有所有教師們積極投入，活力生新，每天創新個人知識、創新組織知識、創新課程教學、創新經營模式；每天用教學經營學生的學習技術、經營學生的團隊動能、經營學生的知識螺旋、經營學生的智慧管理，臺灣的教育才會真正地走進「創新經營的教育世代」。本節再針對二十一世紀教育的品質訴求，以及教師的角色職能為主體，從資源設施、課程教材、教學技術，以及績效價值，論述教師創新經營應有的作為。

一、資源設施的創新經營

學校、教室、家庭這三個地方都是學習資源與設施的擺設處所，提供學生經由「言教」、「身教」、「境教」的體驗探索學習。這三個地方，學校是政府籌設的教育機構，學生一輩子停留在各階層學校的時間長達十二至二十年之間，教師的事業主體也在學校，可以說一輩子都在學校經營教育。學校資源設施的創新經營之主要責任在學校教育領導人（校長及行政幹部），但也要教師的認同支持，帶著學生「創新經營，有效使用」學校的資源設施，例如：數位圖書館、各種領域學習資源系統、專科教室、未來教室、音樂藝術表演設施、國際會議廳、體育運動場館、各種文史科技學習步道等。

班級教師的資源設施，創新經營的責任在級任教師及授課教師身上，班級教室的創新經營可參照下列幾項作為：(1)情境布置的創新：級任教師應領導學生按季（至少每學期兩次）更新班級教室的情境布置；(2)主題閱讀資料創新：配合學校每雙週或按月更新班級的月主題資料及相關評量獎勵情境；(3)品德教育核心價值及行為規準創新；配合學校每雙週中心德目的創新，按時創新班級學生的行為規準（通常有三條），教導學生實踐力行；(4)班級實踐願景核心技術的創新；如各項運動競技中，世界最優選手的「技術影像」，「物理」、「數學」、「自然科學」、「藝術表演」的核心學理與技術運用圖片或影音系列產品，適度地布置在教室，吸引學生觀摩學習，孕育心向。

二、課程教材的創新經營

課程是教育的內容，教材是教育的主要工具，教師擔任領域（學科）教學的任務，要依據課程綱要的規範。學校本位的課程設計執行教學，每

年面對的學生都不一樣，教師每年使用的課程教材勢須每年創新經營，設計雷同但新穎的課程，選用新穎而適合當年學生的教材。教師在課程教材創新經營的成果，也成為教師評鑑的主要層面，教師要有具體的創新經營成果，才能通過這一層面的評鑑，證明自己是符合創新世代的優質教師。

教師在課程教材層面的創新經營，要有下列幾項成果：(1)每一年創新課程教材（含主題及核心內容）在 5～10%之間，逐年創新授課領域（學科）的教材內容；(2)同一領域（或學科）授課五年以上，教師要有自編講義或核心教材，對於自己授課領域（學科）有系統地統整教學資料，以及自己研發的核心技術（主題核心知識的教學或學習要領）；(3)學校選用教科書與自編教材的比例由 95%：5%逐步調整到 75%：25%，此 25%的內容應由授課教師結合校本課程的規劃，自編主題教學教案，進行課程統整，創新經營課程教材；(4)大學教師授課，除了指定教科書為主要讀本外，應自編講義作為教學及學生的核心學習資料，並逐年增加使用自己的著作為核心學習主題，同一科目教學五年以上，自己的著作比例應占 50%以上。

三、教學技術的創新經營

教學技術有三大意涵：(1)核心知識的教學或學習要領：也就是每一單元核心知識學生最容易學會的教學步驟流程；(2)學生最喜歡的教學技巧：如講解方法、系統分析、問答技巧、體驗、探究、實作導引等；(3)結合資訊數位影音媒材的新時代教學技術：如電子白板、影片教學、網路資料、雲端數位教學技術等。第三個意涵是科技時代的產物，也是當代「教室翻轉」的動因，學生可以先行自主學習，再由教師與其共同討論單元的最核心知識，對於教學技術的改變最大，也是教師創新經營的標的。第二種意涵是教師個人「教學原理」及「教材教法」學得的教學技術運用，能配合學生需求選擇使用他們最喜歡的部分，即為創新經營。第一種意涵最為深

層，教師必須針對自己授課單元的核心知識，進行系統結構分析，找到並編序學生最喜歡學習的步驟流程，帶領學生學習，教師研發此類的「教學技術」愈多，學生的學習效果愈好，是教師在教學技術上最重要的創新經營。

教師在教學技術層面的創新經營，要有下列幾項具體成果：(1)要修習教學原理、教材教法，以及數位媒體教學課程，並且通過學校認證；(2)每年至少舉辦教學觀摩或參觀教學績優教師的教學觀摩一次以上，並參與討論改進自己的教學技術；(3)每年針對自己的教學領域（學科）發展第一類教學技術五至十則，並藉由知識管理系列整理，數位儲存，每年累增運用，逐年增進自己的教學技術豐富度；(4)能夠為學習弱勢學生開發「補救教學教材」及「補救教學常用核心技術」，並實踐力行，帶好每一位學生。

四、績效價值的創新經營

教師是國家專業公務員，屬於專門技術行業的範疇，尤其是當前臺灣各級學校教師的薪資待遇，遠高於一般公務員一成至兩成之間；高所得的組職成員，有責任為組織（學校教育）事業，創新經營出更高的績效價值。就教師而言，教師的績效價值表現在其教過學生的素養，表現在其執行教學的教育歷程品質、表現在其服務學校校園的師生文化、表現在其經營的學校及教室教育資源設施，也表現在師生能否善盡「責任公民」的角色任務。

教師在績效價值層面的創新經營，要有下列幾項具體成果：(1)高能力學生：教過的學生都能通過年級基本能力檢測，或呈現穩定進步，且優秀學生更有卓越表現；(2)高品質教育：教師的教學歷程或教育活動都能有效引導學生快樂學習，在最短時間內學會應備的能力，具有高品質的效能效率；(3)高友善校園：師生關係和諧活力，積極互助，師生情緒處理、情感

表達，以及情操孕育都有正向風格；(4)高資源系統：教師使用高級數位資源學習系統，創新經營教育方法技藝；(5)高責任公民：教師是經營教育的基點，是經營教育事業的核心人物，教師本身是國家的公民，我們期待「責任良師」創新經營新世代學生，培育臺灣學生成為二十一世紀的「責任公民」，詮釋「責任公民新教育」的時代意涵。

第十五章　知識管理

〈傳承教育技術能量〉

　　知識管理係指：「組織成員能夠運用現代資訊科技，對於組織中的知識進行搜尋、組織、儲存、轉換、擴散、移轉、分享、運用的過程，以促進組織知識的持續創新與再生。」其操作型定義可分成四大步驟：「知識搜尋與組織」→「知識儲存與運用」→「知識分享與轉型」→「知識創新與擴散」（鄭崇趁，2012，頁283）。

　　知識管理是一種觀念，也是一種技術，更是一種行動，每一個人的成長發展需要知識管理，每一個組織單位的發展變革也需要知識管理。對於知識管理的意涵，大家常使用Nonaka發表的「知識管理公式」（引自鄭崇趁，2012，頁284）：

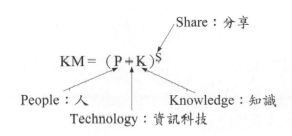

$$KM = (P + K)^S$$

Share：分享
People：人
Technology：資訊科技
Knowledge：知識

　　此一公式直譯中文為：知識管理＝「人」用「資訊科技」管理自己組織「知識」的「分享」次方。其核心意涵有五：

1. 人與知識的匯通是管理的基礎。

2. 人用資訊科技進行知識管理。

3. 人與知識是否能有效管理，決定在「分享」的因素。

4. 知識分享占知識管理成果的（累積與乘積）「次方角色」，代表知識分享平台愈暢旺，知識管理成果愈好。

5. 資訊科技是知識管理的工具，而知識分享機制則是知識管理的方法策略。

本章分析教師的知識管理，分為四節論述說明：第一節「教師知識管理的意涵」，說明知識管理基本定義在教師身上的個殊意涵；第二節「教師內隱知識的管理」，分析教師藉由知識管理，充實自己的教育專業素養與核心技術的經營要領；第三節「教師外顯知識的管理」，論述知識管理與教育的「人與組織」發展關係；第四節「教師學校知識的管理」，從知識的傳承創新，探討教師在學校中的知識與智慧管理。

第一節　教師知識管理的意涵

企業界的「知識管理」指的是組織核心技術的管理，尤其是公司產品「核心技術」的管理。當代數位資訊市場，競爭白熱化，像平板電腦、手機、影音媒材產品等，「核心技術」的管理更為重要，核心技術的傳承與創新往往決定整個企業發展的命脈。企業界的知識管理，將產品的核心技術管理在「產製流程」及員工的「操作能力」之上，只有公司老闆及核心幹部（如總經理、業務經理）知道「產品配方」與「整體產製流程」，而直接在生產線的員工則管理「階段組裝銜接」的「核心技術」，產出精緻、高品質的產品。知識管理的目的，在確保「核心技術的標準化」、「產製歷程的標準化」，以及「品質保證的標準化」。

教育界的知識管理與企業界不同，教育界的知識管理具有下列四大特徵：(1)知識與技術流通愈廣愈好，沒有機密（但有著作權）：教育本即知識與技術的傳遞，任何教育組織（學校）都在管理知識的有效傳承與創新；

(2)「人」與「組織」的知識管理同樣重要：企業界重視組織的知識管理，教育界兼重師生個人及學校組織的知識管理；(3)教育人員（師生）個人的知識管理內容多與校本課程及學校特色攸關；(4)教育產品的創新經營是學校（組織）及師生（個人）最好的知識管理。

教師是教育事業的核心成員，教師的主要職責在教導學生「學會知識」、「管理知識」、「應用知識」，以及「創新知識」，本身要專業示範知識管理給學生學習，也要協助學生做好學生的知識管理。教師同時也是學校組織的動能人力，也要協助學校建置校本課程及學校特色的知識管理系統。知識管理對教師而言，具有下列四項個殊意涵。

一、教師應管理「教育專業」知識

教育事業在「教人」，教人的專業知能稱為教育專業的知識。身為教師，首先要管理的知識就是教育專業的知識，教育專業的知識主要有下列七種：(1)教育的哲學與歷史；(2)人的發展與學習；(3)認知發展及情意學習；(4)教育心理學與教育社會學；(5)教育制度與組織原理；(6)教學原理與學習技術；(7)課程理論與教材編製。

教師管理這七種教育專業知識，通常直接管理在自己的身上，是讓自己成為「責任良師」的基本素養。教師在師資培育、職前養成教育階段就要修習這些「教育專業學分」，一位優質教師的教育專業學分至少要六十個以上，如果加上現職教師階段，教師一輩子修習的教育專業相關學分通常要一百個以上。教師將「教育專業知識」管理在自己的身上，成為具有「教育專業基本素養與能力」的教師，面對學生能夠有效執行「課程設計」、「班級經營」、「有效教學」，以及「輔導學生」等教育核心工作。這是一種「內隱知識」的知識管理，有時也會受到「用不出來」及「時代落差」的挑戰，因此教師應設法藉助「外顯知識」的知識管理，來厚實自

己的資源系統，其具體的作法可參照下列四項：(1)選讀前述七種專業知識最經典或重要著作十至二十本，直接陳列在自己家裡或學校研究室（辦公室），以隨手參閱複習使用；(2)自己精讀過的經典著作，將「核心知識」、「核心技術」或「精彩論述」給予眉批，標示重點及頁碼，方便立即調閱；(3)定期參加教育專業知能研習，學習教育專業技術的「知識基模系統重組」，回饋、省思、改善自己的教育專業知識；(4)參與教育行動研究或定期發表教育文章著作，產出有形的教育產品來進行教育專業的知識管理。

二、教師應管理授課專長知識

　　知識管理對教師而言，第二個意涵是教師應管理好自己授課專長的知識。授課專長的知識通常是教師大學系所「主修的專門課程」，對可以授課的教師來說，除了小學、國高中階段對主修的基本學能有興趣外，在大學系所選修的課程中，也多少要修習六十個學分以上，其專門知識學能才足夠用來教他現在的學生。目前教師在職進修十分活絡，尤其是「專門課程」與「專業課程」的融合進修，如「教學碩士班」及「領域（學科）教學認證」的實施，在教師一輩子中，其修習授課專門領域知識有關的學分，也都會超過一百個以上，這些專門知識的管理，也形成教師扮演「責任良師」的重要資產。

　　教師要有效管理授課專長知識的要領，可參照下列四項作為：(1)進修專長領域的碩博士學位：學位進修是深度而進階的知識管理方法，碩博士學位進修要修習三十二學分以上，專門知識的修習對話，「知識螺旋」作用最為徹底，能幫助教師「知識基模系統重組」，提升授課專長領域的知識基模，改變（改善）教師心智模式（係學習型組織理論的用語）；(2)申請授課專長領域（學科）認證：持有專長領域（學科）教學認證，就是用認證（證照）進行知識管理，證明授課專門知識維持（管控）在國家標準

條件之上；(3)建置教學網頁，數位儲存每年的教學計畫、教學主題教材、學生優秀成果作品，每年創新 5～10%；(4)每年至少選讀一本與授課專長有關的新書，至少發表一篇專長著作，用閱讀及產品來進行知識管理。

三、教師應管理教學技術知識

知識管理對教師的意涵是，教師應管理教學技術知識。教學是教師的核心工作，不同程度的學生要用不同的教學方法，不同的領域（學科）教學，也要用不同的教學技術。教學技術在每位教師的使用上，落差也大，沒有共同的基準，多數由教師依據「教學原理」、「學習理論」、「教材教法」專業自主研發，這些教學技術有其共同性，亦有其個殊性，不管是「共同」的教學技術或是「個殊」的教學技術，要教師們在執行教學時「用得出來」、「可以實踐」的，才能稱之為教師的教學技術知識，教師應管理這些教學技術知識。

教師要有效管理教學技術知識的要領，可參照下列四項作為：(1)在單元教學簡案上標示主要的教學方法與教學技術：提醒教師教學時使用，有真正用出來的教學技術，才是知識，才可進行管理；(2)自編主題教學教案時，選用學生喜歡的教學方法，並針對單元核心知識的教學，標示學生容易學會的學習要領；學生容易學會的學習步驟與關鍵要領，就稱之為教學技術；(3)每週將自己在課堂上真正實施的單元主題教學，摘要「核心知識」→「核心技術」→「核心能力」，運用數位儲存，成為自己的教學技術知識系統；(4)在學校課程發展委員會領域（學科）小組會議時，或自己的教學觀摩會時，刻意安排分享自己匯集的教學技術，與同仁分享並接受討論批判。

四、教師應管理校本經營知識

「課程統整」，教給學生帶得走的核心能力而不是零碎的知識，是當前課程綱要最有價值的訴求，課程統整的實踐，國家、學校、教師均有責任。國家頒布課程綱要，以「領域統整分科」，學校推動「學校本位課程及特色課程」，教師要執行自編主題統整教學教案，實踐課程統整。教師應管理學校及教師個人為學生課程統整所研發出來的課程設計、教學資源手冊，以及教材教案資料，此稱之為「校本經營知識」。

教師要有效管理校本經營知識的要領，可參照下列四項作為：(1)管理學校重要計畫方案：學校的「中長程發展計畫」、年度主題式教育計畫或方案，以及班級經營計畫，就是學校本位經營的重要知識；教師要針對自己的職能需求，數位儲存這些計畫方案的「原始設計」、「執行歷程」及「主要成果」；(2)管理自己的班級經營計畫及領域（學科）教學計畫：班級經營計畫及教學計畫每年均有更新，有新的執行績效成果，教師亦應數位整理，系統儲存這些自己「本位經營」的知識；(3)管理學校本位課程設計系統結構（各領域結合單元主題設計），以及自己授課領域（學科）結合校本課程設計，自編的主題統整教學教案，這些教學教案及教學教材資料就是核心的「校本經營」知識；(4)管理學校特色及教師參與配合開發的課程及教學知識：學校特色的經營要有「校本課程及特色課程」的普遍支持與卓越表現，才能成為學校真正的品牌特色；教師亦應有效管理與學校特色攸關的「校本經營知識」並積極參與。

第二節　教師內隱知識的管理

知識管理理論在討論「知識螺旋」（knowledge spiral）時，將知識分為內隱知識及外顯知識，並主張人的「內隱知識外部化」與「外顯知識內部化」之交互作用現象就是「知識螺旋」。知識螺旋促成每一個人「知識基模系統重組」，是每一個人之所以能夠學習新知識，統整為新能力最好的註解。內隱知識存在人的頭腦，但是我們看不見、摸不著，有人「墨水多多」、有人「智多星」，代表其內隱知識（基本素養）豐厚。外顯知識是指看得見、摸得到，有具體形狀呈現的知識，包括：寫出來的文章、論著、著作、上課使用的投影片（PPT）內容、口語化的補充講解、說明等。為了促進學生的知識螺旋效果，教與學歷程中不斷地增加討論、對話、分享機制，就是在增益學生「知識基模」真實地在進行「系統重組」，這是知識管理理論最關鍵的核心技術。

研究者認為，討論「知識」與「能力」的關係時，內隱知識就是人的基本素養，而外顯知識就是人的核心能力，也就是說有厚實基本素養的人，其內在知識底蘊最為豐厚，有綿延不絕的知識元素（或稱為基模），存在於人的內在，蓄勢待發，備以致用。有能力做很多事或完成教育產品者，其外顯知識最為明確，因為藉由工作表現的核心能力表現出來，讓大家看得見。討論「知識」與「道德」的內隱之德稱為「私德」，是一個人自己對自己的生活道德訴求，是個人的「德性素養」；外顯之德稱為公德，也就是人與他人相處「人際關係」的倫理綱常或價值取向。

教師內隱知識的管理應包括下列四個部分：「生命哲學」的知識、「核心價值」的知識、「教育理論」的知識，以及「人倫綱常」的知識，分別說明其經營管理要領如下。

一、生命哲學的知識管理

教師的內隱知識，首重「生命哲學」的知識。教育事業是「教人成人」的高度專業行業，教師要「教人」一輩子，教師要把「人」教好，教會學生習得知識，學會技能，發展好的情意。教師自己為什麼要從事這一行業？這一行業的核心事務與自己的生命願景及職涯志業是否吻合？自己的理想抱負能否在學校中實踐？這些「知識」的探討與思辯，就是教師個人的生命哲學。教師要有生命哲學的核心知識與素養，自己熱愛生命，順性發展自己的專長優勢，熱愛自己的學生，勤耕教育本業，用自己的生命感動學生的生命，教師自己的生命能夠自我實現，也幫助學生的生命自我實現；教師自己的生命貢獻是學校（國家）的有效智慧資本，也幫助學生成為社會國家的有效智慧資本。

教師對於生命哲學的知識如何管理？其經營要領可以參照下列幾項作法：(1)札記省思：生命哲學是個人的內隱知識，唯有在日記或教育札記中的省思檢討，才是個人與個人最佳的對話，也是具體的知識管理方法；(2)知己對話：將自己的理想抱負與生命願景向知己死黨分享、討論、對話，釐清自己「知識」的有無、濃烈程度、妥適性與可行性，這也是一種具體的知識管理；(3)群組激勵：在專業社群活動中，彼此分享專業服務與自己生命哲學的符合度，或實踐作為的差異性，也是一種有效的激勵，有效的知識管理方法；(4)任務管理：內隱知識需要實踐為外顯知識，內隱知識才有可能長期存在；生命哲學的知識可用操作「設定生命階段任務」及其實踐達成，來管理控制既有的內隱知識。

二、核心價值的知識管理

教師的內隱知識，第二重要者為「核心價值的知識」。教師要確定自

己對「教育」的基本理念與核心價值，包括：人的生命意涵與價值論、教育價值說、自己主張的教育核心價值、教師的核心價值、學校教育經營的核心價值、整個國家教育經營的核心價值（學校與國家的教育核心價值是由學校及教育部頒布，教師應了解、體會、掌握，並與自己的核心價值整合實踐）。有關教師與教育核心價值的討論分析，本書第六章已完整陳述，讀者可再行參閱。

教師對於核心價值的知識如何管理？其經營要領可參照下列幾項作為：(1)先求有、再求好：教師要先知道什麼是「核心價值」，確立自己有核心價值，再逐步調整優化自己的核心價值；(2)先學習國家（學校）再形成自己的核心價值：學校配合校務發展中長期計畫，會先有核心價值的揭示；國家的教育經營核心價值，教育部也會適時頒布（例如：目前是精緻、創新、公義、永續），每位教師應先學習實踐，再建構自己的核心價值；(3)在價值論述中建構核心價值：教師可以從實踐國家及學校核心價值的論述中，逐步建構自己的核心價值；(4)行銷管理核心價值的知識：核心價值存在後也是一種知識，教師要經常行銷自己「人生的核心價值」、「教師的核心價值」、「班級經營的核心價值」，以及「教育的核心價值」，藉由價值行銷有效執行「內隱知識（核心價值）」的管理。

三、教育理論的知識管理

教師的內隱知識，第三重要者為「教育理論」的知識。研究者曾在書中多次強調：「教育理論是教育先輩們留給我們後代經營教育最重要的資產」，並主張深耕理論才能有效連結「理論與實務」，才能創新經營校務，才能善盡角色責任，才能教好學生，才能培育責任公民。研究者將教育理論的知識劃入「內隱知識」，廣義的理論包括原理、原則、定律、理念、主義等具有系統結構知識基模者，泛稱為理論；教育理論繁多，必須要經

由教師自己學習統整、認同實踐，才能成為自己的內隱知識。教師由一般人培育成「可以教育別人的教師」，其內隱知識與一般人最大不同，就是裝滿了教育理論的知識，並據此強化了前述的教育專業知識及核心價值知識。

教師對於教育理論的知識如何管理？其經營要領可參照下列幾項作為：(1)教育理論生活化：Dewey 先生曾說：「教育即生活，生活即教育」，我們的日常生活要多用教育理論來註解，練習將理論管理成生活上可以使用的知識；(2)教育理論課程化：所有課程設計、教材編製要先思考用什麼教育理論來實踐，以喚醒內隱理論知識的外部化；(3)教育理論教學化：在教與學的歷程中，儘量運用理論來帶領學生學習核心知識，讓教案到處都有理論名稱的標示；(4)教育理論著作化：教師需適時發表教育文章論著，多以教育理論為主軸結合教育實務的需求與應用連結，這類的著作最受師生歡迎，也是最好的內隱知識管理。

四、人倫綱常的知識管理

教師的內隱知識，第四個重點是「人倫綱常」的知識，也就是教師與他人相處的人際關係知識，亦可稱為智慧管理。現代的人倫綱常，依據本書第十二章的解析，已經由過去的五倫（父子有親、君臣有義、夫婦有別、兄弟有愛、朋友有信）及五常（仁、義、禮、智、信）轉變為新五倫：師生關係、同儕關係、家人關係、雇主關係，以及群己關係。新五倫的核心價值是：(1)師生關係：責任、智慧；(2)同儕關係：認同、共榮；(3)家人關係：親密、依存；(4)雇主關係：專業、創價；(5)群己關係：包容、博愛。新五倫的核心價值也就是人倫綱常的內隱知識，教師應進行內隱知識的管理，並適時外部化，教導學生學習。

教師對於人倫綱常的內隱知識如何管理？其經營要領可參照下列幾項

作為：(1)學思並重：品德建立在好習慣與服務心，而情感的表達與情操的培育，猶需學思並重；(2)行善修身：就如朱熹所述：「言忠信，行篤敬，懲忿窒欲，遷善改過」的修身之要；(3)明道正義：正其義不謀其利，明其道不計其功；(4)同理共鳴：己所不欲，勿施於人；行有不得，反求諸己〔（2）、（3）、（4）取自朱熹〈白鹿洞書院學規〉：修身之要、處事之要以及接物之要〕。

第三節　教師外顯知識的管理

外顯知識是指看得到的知識、技能、行為能力表現，以及情感情操的實踐行為。鄭崇趁（2012，頁288-289）在論述教師的知識管理要領時，曾主張一般中小學教師要經營下列幾項具體的知識資料檔案，以做為知識管理的基石：(1)教學檔案：包含教育理念與教學策略、主題教學教案及補充教材、教學評量設計、學生優秀作品範例；(2)班級經營計畫及教育活動檔案：包含班級學生的基本資料及特質分析、班級經營目標、策略、項目及活動設計、班級活動紀錄冊、班級教育成果展示等；(3)班級網頁及教學資料庫；(4)文章論著與自編教材檔案；(5)專業進修札記省思及核心資料檔案；(6)學校教育宣導資料檔案。

外顯知識都是有形的實物，都要用文字的形式來表達與管理。研究者認為，當代教師為了做好自己的知識管理，應藉助數位資訊科技之發展，為自己建置電腦網頁，儲存管理「教師職能」所需的外顯知識。網頁管控的知識內容，主要包括下列四大類：教育理念及個人檔案知識、課程設計及教學資源知識、進修資料及札記省思知識，以及研究著作及教育產品知識。分別說明如下。

一、教育理念及個人檔案知識

二十一世紀是一個行銷的世代，也是一個價值比較的世代，運用數位網頁進行知識管理，最重要的就是要有效呈現個人的「價值知識」。就一位教師而言，網頁的首頁就是個人的照片、個人的教育理念，簡要揭示自己對教育的主張，經營教育的願景、作為與核心價值，以及想要把自己的學生教成怎樣的人。另外，再以類似「小檔案」的方式，條列自己的主要學經歷、優勢專長、曾有的重要績效、得獎紀錄、公開發表或出版的講題、著作，以及可以為大家專業服務的事項。

教育理念與個人檔案知識務必在一頁內完成，以吸引閱讀者興趣，或讓別人很快就能搜尋到您這個人的知識系統是否符合閱讀者的需要，是否有進一步看下去，以及「價值串連」的可能，才算成功。一頁之內若沒辦法完整表達的教育理念及個人的學經歷、績效事功，可另以目次、專題、主題方式系列呈現。

二、課程設計及教學資源知識

就教師而言，知識管理的第二大重點在「核心職能」所需的「課程設計及教學資源」知識，這些外顯知識也要讓自己及大家看得見。教師可依據年度，系統地建置在網頁裡頭，隨時可以調閱、參考、重組、再製使用。這類的知識包括：任教領域的課程計畫、班級經營計畫、主題教學教案、領域教學補充教材、參考網絡系統資料目次、學生學習評量設計、學生學習成果及優秀實作、展演成果資料有關知識等。

課程設計與教學資料知識，要逐年系統整理，每年留存最核心的知識教材、最有價值的教學教案，為學生系統整理最佳化的學習資源，也為自己的授課領域（學科）或主辦的教育活動，儲存最珍貴、實用、豐厚、精

彩的有形教育知識，也可以提供同儕教師閱覽參照學習，做為課程設計與
教學教材的創新經營知識。

三、進修資料及札記省思知識

　　教師外顯知識的管理，第三個重點是要管理好自己在職進修資料及自
己的札記省思知識。知識經濟時代又稱之為「終身學習時代」，每一種行
業的從業人員，在面對知識暴增、技術變遷一日千里的世代時，都要「終
身學習」，力求自己的「知識技術」符合時代需求，不落人後，做個專業
適配的「有效智慧資本」之員工。教師從事「人教人」此一極端專業又專
門的教育工作，更需要適時在職進修，將進修時獲得的核心知識、核心技
術，以及當時的札記省思知識螺旋的成果，建置在自己的網頁系統，備以
致用，創新自己的知識基模與外顯知識。

　　珍貴的進修資料（如講座文章、PPT 等），可直接附檔儲存，但要摘
重要者（核心知識）並與札記省思（回饋註解、感想批判）一併系統整理
後儲存，且要編配清晰目次，方便蒐集調閱，唯有系統資料庫，自己使用
上方便，調閱容易，自己才會有意願重複閱覽、複習與思考，為自己的「知
識管理」產生新的「知識螺旋」效應。

四、研究著作及教育產品知識

　　研究報告、文章著作、出版專書、編輯手冊，將教學內容拍成磨課師
（MOOCs）（數位教學影片）課程或有聲書，將學生的學習成果拍攝成光
碟、錄製展演影音媒體、製作教學輔具或教具、教材、教案等，都是廣義
的教育產品。研究著作與教育產品也都是教師的外顯知識，教師能夠把自
己內隱的知識轉化成這些教育產品（外顯知識），讓自己的「知識基模」
得以產出，創新教育產品（新知識），就是最好的知識管理（傳承核心知

識，創新經營新知識）。

研究著作與教育產品雖有品質高低及實用程度的差別，但就教師個人而言，自己的著作與產品永遠是最好的，不但要有效管理、系統儲存，還要適時呈現在授課歷程中。「教」與「學」是一種專業示範的歷程，教師有自己的作品，才是真正的專業示範，無論作品的等級為何，都值得提供給學生做學習的參照。教師如能再針對自己的教育產品（知識），給予客觀而精準的評論，更是高層的知識管理。

第四節　教師學校知識的管理

國家每年編列預算，聘請教師，編配在各級學校中教育學生。教師是以學校為主體，依據學校對教師的「職務編配」來執行教學與教育服務工作。學校是教師專業服務的主要場域，學校的整體教育環境設施、人員配置、運作機制以及核心技術（知識），都是為了教師的「教」與學生的「學」做系統規劃。教師的知識管理，另外一個層面，就是要管理學校（組織）運作的核心知識與核心技術，教師們積極參與校務核心工作，創新經營學校、暢旺學校，使學校成為具有特色品牌的學校，成為具有教育競爭力的學校。

教師要管理學校（組織）的哪些知識？研究者認為，至少要包含：教育法令與政策計畫知識、學校機制與歷史發展知識、學校特色與校本課程知識，以及教育績效與師生亮點知識。分別說明如下。

一、教育法令與政策計畫知識

學校教育的辦理，必須依據國家教育法令，遵循政府教育政策，並且執行國家教育計畫，這三者是外顯的知識，是建構學校（組織）的基本知

識，學校據以編配師生，設定工作事項與運作型態，轉動「教」與「學」為軸心的教育事業。教師是轉動教學軸心的焦點人物（主要成員），為了了解與組織運作動能，教師應充分掌握教育法令規範、國家教育政策與教育計畫的核心內涵，管理這些知識並融入自己的教育工作，有效實踐。

教育法令與政策計畫知識的管理，最容易受到教師個人的忽視，有部分教師宣稱自己善盡教學責任，政府的政策訴求與教師無關，教師的「專業自主權」不容任何挑戰。也因為教師擁有比其他行業高尚的「專業自主權」，更應該充分管控基本教育法令、政策計畫主要內涵與核心價值，讓自己的專業自主，在時代脈絡中，扮演好「傳承創新」的積極角色。

二、學校機制與歷史發展知識

學校的教育機制是指教師職工的人才配置、課程教學的整體設計、校園環境的設施整備、學校行事曆與教育活動計畫方案，以及計畫、組織、領導、溝通、評鑑的運作現況。學校的歷史發展是指學校的設校背景緣由、學校的設校精神及核心價值、學校階段任務的變遷、學校配合政府的教育政策及教育計畫推動、學校發展的重大調整與變遷，例如：改名、改制、招收不同對象的學生與教育目標的發展，以及學校興旺時期對國家社會的重大貢獻與績效價值。

學校是教師伸展理想抱負與發揮職能的主要基地，教師要管理學習機制與歷史發展的知識，才能認同自己服務的學校；有價值認同，將學校視同自己的學校，才能真心努力為自己的學校奉獻心力，進而認同自己學校的學生，盡其所能，承諾力行，教好每一個學生，教好每一堂課，師生人人充分自我實現，個個都是學校的有效智慧資本。

三、學校特色與校本課程知識

天下的人幾十億，上百億人，人人看起來都很接近，但每個人也都有自己獨特的地方，人活著才有意思，才有「人之所以為人」的價值。是以每一個人不但要成為社會人，同時也要成為獨特人；就讀同一階段的學校：小學、國中、高中、大學何其多，基本結構與外貌大多相似，而且要符合「設施標準」，政府才准其設校，每一個學校的「共同性」多於「差異性」，但是每一個學校都要發展出學校特色與校本課程，才能彰顯亮點，在競爭的教育市場中存活。因此，學校中的每位教師均有參與開展學校特色與校本課程的責任使命，並且妥善管理這些知識，持續傳承創新。

學校特色與校本課程的知識管理，最好的作為是要配合「教育111標竿學校」認證的追求加以實踐，所有教師參與「一校一特色、一生一專長、一個都不少」的主軸教育工作，融合自己的課程教學，編製「主題教學教案」，實踐教學「學校特色」、「學生專長」並關照弱勢族群學生，「一個都不少」，是實踐「帶好每位學生」的最佳方法，也是符合「學校本位經營」時代訴求的知識管理。實踐知識本身的理念，促其達標，就是最好的知識管理，並由看不見的內隱知識，讓它成為看得見的外顯知識。

四、教育績效與師生亮點知識

教師面對學校（組織）的第四個知識管理重點是：學校整體的教育績效與學校成立以來師生曾經被肯定的卓越亮點，也就是績效價值有關的知識。教育績效包括：已經畢業的學生總數、目前在學校接受教育的學生總數、教師職工的總數、畢業學生對學校教育的滿意度、畢業學生在升學與就業上的發展、學校曾經承擔的重要教育任務、以學校名譽得到國家的獎勵或表揚事蹟，也就是針對學校教育產能中「量」的績效價值進行知識管

理。師生亮點指的是學校中的教師和學生曾經有過的卓越表現，例如：學生基本能力檢測的成績名列前茅、各種教育品質評比成為典範學校，教師和學生參加各種教育競賽活動的成績表現、教師的卓越專長表現與學生的相對亮點績效等，管理這些知識，讓教師與學校師生榮辱與共，充分發揮優勢專長，形成亮點爭輝的優質校園文化。

　　教師管理學校的外顯知識，也不宜過度龐雜，「什麼都要了解掌握」代表教師熱愛學校、關心校務，值得讚賞，但學校的整體知識管理要講究關鍵、系統、分享與整合運用；因此，教師應就本身職責（如任課領域學科、行政或導師及主持教育活動）配合學校整體規劃，建置管理部分關鍵的外顯知識，成為學校（組織）知識系統運作，並參與師生同儕及專業社群，分享學校的核心知識與核心技術，運作「共同參與、分享實踐」來執行學校的知識管理。

第十六章　明月長空

〈示範教育品質標竿〉

　　教師學的第四部曲定名為「明月長空・品質」，形容教師像一輪明月，常掛夜空。明月是學生的標竿，長空是永續、永恆的象徵，明月長空代表教師對待他的學生，要像明月一樣，具有恆常、永續、標準的教育品質。「明月長空・品質」分四章探討教師的「核心技術」、「創新經營」、「知識管理」，以及「明月長空」：第十三章「核心技術」，闡述教師探究教育深層結構，尋繹核心技術脈絡，提升教育品質作為；第十四章「創新經營」，描述教師與知識創新的意涵，創發教育經營世代；第十五章「知識管理」，論述教師如何管理內隱知識、外顯知識及學校知識，傳承教育技術能量，全面提升教育品質；第十六章「明月長空」，描寫教師像皎潔明月，是常新之師；教師像達道明月，是行動之師；教師像美善明月，是標竿之師；教師像永恆明月，是品質之師。教師如明月長空，示範教育品質標竿。

　　本章分為四節論述說明：第一節「皎潔明月：常新之師」，說明教師伴隨學生成長，心如皎月，潔白靈秀，皎潔常新，從「知識・素養」、「技術・能力」、「情意・價值」，以及「生活・品質」等四個層面分析常新的教育作為，扮演常新之師；第二節「達道明月：行動之師」，描寫教師像明月，明月長空，每月清輝消長，行動鋪軌，設定有價值階段目標、規劃關鍵性經營策略、執行系統化實踐方案，俾以達成高績效教育之道；第三節「美善明月：標竿之師」，描寫教師專業示範新五倫之德，實踐十大核心價值，帶領學生發展溫、厚、美、善的人際關係，教師像美善明月，明月長空，是學生的標竿之師；第四節「永恆明月：品質之師」，形容教

師照亮學生，能夠配合時序循環，永續經營，像永恆明月，永恆生新，教育具有恆常品質標準，教師是品質之師。

第一節　皎潔明月：常新之師

用「明月長空‧品質」來形容教師，第一個意涵帶有「常新」之意，明月皎潔，就像師生共學，心如皎月，靈秀潔白。因為皎潔，教學的方法與學習的內涵會時常更新，學生學習新知，順暢既有知識螺旋，基模重組，皎潔生新，教師像明月長空，皎潔常新。皎潔常新的教育是可以經營的，研究者認為，可以從「知識‧素養」常新、「技術‧能力」常新、「情意‧價值」常新，以及「生活‧品質」常新等四個面向經營，分析教師可參照的作為如下。

一、「知識‧素養」常新的教育

教育在教學生學習知識，教師的「教」與學生的「學」都在處理「知識遞移」的事務。教師將自己的知識，透過教材的知識教導學生，學生經由學習，將教材的知識、教師準備好的知識，學習過來，轉移成為自己的知識，這些看得見、有形的知識，通常稱為外顯知識，也就是一般人所指的「真正的知識」，學生學到這些知識內化成自己身上的知識後，就稱為「內隱知識」，內隱知識厚實的人我們就稱他為「知識分子」，或者美稱為「有素養的人」。教師每年教的學生都不同，理論上，學生當下學習的「知識」都是新的，每天內化的「素養」也都是新的。就像天上明月，每天都有，但每天的月亮都不太一樣，都是新的。

常新之師需要刻意經營，教師的日常教學要刻意教導學生常新的知識和素養，其積極作為可參照下列幾項：(1)依教學計畫主題進行教學：循序

教學對學生而言，可以避免重複，學生可以經常學習新知識；(2)標示單元核心知識的教學：學生學會單元核心知識是教學的任務使命，使命必達，學生知識常新；(3)適時隨機統整教學：學生每天分領域（學科）的知識學習，多為零碎個別存在的知識，教師宜適時隨機幫學生統整串連，成為學生的內隱知識，素養常新；(4)安排學生作品展演：學生的知識學習，能夠完成習作或參與展演，代表知識系統重組的成果，作品常新、知識常新、素養常新，教師像皎潔明月，是常新之師。

二、「技術‧能力」常新的教育

依據Bloom有關教學目標的分類，「認知（知識）」、「技能」與「情意」三者兼顧，才是完整的學習，從鉅觀的視角來看，才是完整的教育。「知識‧素養」常新的教育，也可與另外兩者流通，具有「共同性」與「個殊性」，優質的教師都能掌握其可「共同‧匯通」的運用，以下再針對「技術‧能力」面向的個殊性加以申論。廣義的知識包含「技術」、「能力」的內容，但多數的知識學習多停留在「概念、認知」的探討，沒有釐清此一知識的技術層面，也就是知識的建構元素與形成步驟程序。就學生而言，學會單元知識的核心技術，轉化成可以表達的能力，也是教育成果的重要指標。教師像明月，明月長空，明月皎潔，皎潔常新，「技術‧能力」教育常新。

「技術‧能力」常新的教育也是可以經營的，教師可以參照下列幾項作為：(1)標示單元核心技術教學：教學中多強調知識的技術化，將建構技術的元素與步驟流程明確揭示、說明、討論；(2)練習操作核心技術教學：多準備與主題有關的教材教具、模型實物，在教學中提供學生操作核心技術機會，深化常新核心技術、能力；(3)以實物操作評量作為學習成績指標：核心技術的妥適運用才能形成實物作品，才能成為學生可以表達出來的能

力，也就是常新的技術、能力；(4)舉辦核心技術、能力競賽活動：依據領域（學科），舉辦班級分組及學校班際的核心技術、能力競賽活動，催化常新教育，扮演常新之師。

三、「情意・價值」常新的教育

情意教育的內涵，包括下列三大主軸：(1)個人的情緒、情感、情操教育，是屬個人的、私德的內隱情意知識教育；(2)品德教育：品行與道德的教育中，品行來自遺傳性格與社會文化意識的傳承，道是自然之軌，德乃善的極致，現在的學校品德教育，多選定核心價值為中心德目，按學生年級擬定行為規準，帶領學生實踐力行，養成好習慣與服務心；(3)人際關係教育：由以前的五倫與五常之教，發展成今日的新五倫（家人關係、同儕關係、師生關係、雇主關係、群己關係），已逐漸使用核心價值的詮釋來發展學生健康的人際關係教育。

教師經營「情意・價值」常新的教育，可以參照掌握下列幾個事項：(1)探討核心價值的意涵與建構元素：核心價值的運用日益普及，但有待教師的深化教學，師生共同掌握意涵並建構班級核心價值；(2)分析品德教育的兩大元素「好習慣」與「服務心」，並帶領學生實踐力行；(3)經常與學生或同儕討論國家、學校、班級、個人核心價值的整合與行為規準的實踐，激盪情意、價值新教育；(4)實踐「331 運動」：日讀三十分鐘、每日運動三十分鐘，日行一善，將知識、動能、情意三者兼顧，「知識」貫串「情意・價值」常新。

四、「生活・品質」常新的教育

學生學習的知識、技能、情意都要能夠融合在生活實踐，改善生活品質，才有真實的意義與價值。就學生而言，除食、衣、住、行、育、樂的

基本需求之外，主要的重心仍在學習。食、衣、住、行、育、樂的生活品質與原生家庭的背景攸關，教育的力量著力有限，倒是學校中學生的學習生活習慣、品質、效果與競爭力，教師與學校均有關鍵著力點，只要教師辛勤經營，學生的學習品質可以大幅改善，充分發揮教育的功能。提升學生學習品質的觀察指標重要者有：(1)學生的單元評量、段考評量及基本能力檢測成績；(2)學生對學習歷程的滿意度及成就感；(3)師生互動頻率，以及班級組織氣氛；(4)教師與學生的教育作品獲得學校認同及激勵的程度。

教師得參照上述觀察指標，採行下列幾個事項作為經營「生活·品質」常新的教育：(1)生活實踐教育理論：由教師帶動學生，用教育理論的核心論點來註解生活現象（知識生活化）；(2)生活實踐核心技術：教師帶領學生將新學習的核心技術，應用在日常學習生活上（技能生活化）；(3)生活實踐核心價值：教師專業示範，喚醒學生價值意識，用核心價值注解學習生活的重要事務（情意生活化）；(4)學以致用：知識常新，學以致用；技術常新，學以致用；情意常新，學以致用；生活常新，學習常新。教師像明月，明月長空，教師有如皎潔明月，皎潔常新，教師是常新之師。

第二節　達道明月：行動之師

用「明月長空·品質」來詮釋教師的第二個意涵，帶有「行動」之意，明月按日，清輝消長，按月循環，日復一日，年復一年，就如同學校教育，按週排課，依單元循環學習，日復一日，年復一年；教師像明月，明月長空，清輝消長，行動達道，教師有如達道明月，扮演行動之師。經由教育行動，照亮學生，促其達道，就本書前述章節的歸納，已有較清晰的軌道可以依循，通常包括下列四個行動：設定有價值的階段任務、規劃關鍵性的經營策略、執行系統化的實踐方案，以及達成高績效的教育之道。簡要

說明如下。

一、設定有價值的階段目標

「人人充分自我實現，個個都是國家社會的有效智慧資本」，每一個人都是「有能」、「有用」的人，已成為教育的共同願景。教師自己要先做到，再從教育事業的經營，幫助所有的學生都能「努力達成」。自我實現是有能的人，自己的「理想」與「現實」吻合，自己有能力做到了自己想要的理想抱負。智慧資本是有用的人，自己的核心能力願意為組織所用，產生動能貢獻，創新自己及組織的價值。

教育之道無它，端視師生能否建構明確的行動步驟並努力實踐。教師的第一個行動是領導學生「設定有價值的階段目標」，學生最好按週、按月設定「學習目標」、「生活目標」、「人際目標」及「表現目標」。有價值的目標指的是：「優質的」、「改善的」、「進步的」、「做得到的」、「小幅度的」、「榮譽的」、「可以激勵自己的」目標。教師也可以領導學生按學期或學年完成較大價值的學習任務目標，例如：參加美展、科展、才藝表演、藝文競賽、專長認證等。教師像達道明月，第一個行動是幫助學生「設定有價值的階段目標」。

二、規劃關鍵性的經營策略

行動達道的第二個步驟是「規劃關鍵性的經營策略」。為了自我實現，為了成為有效智慧資本，在設定階段任務目標之後，就要針對目標達成的需求，進行「關照全面→掌握關鍵」的分析，進行 SWOT 分析，或是運用 80/20 法則，規劃關鍵性的經營策略。經營策略是達成目標的主要方法措施，也就是所謂的「著力點」，唯有用對方法、持續深耕，才有辦法完成階段任務目標。

　　就以研究者指導眾多博碩士生，撰寫完成博碩士論文為例，多位學生在規劃找到關鍵性的經營策略之後，多能如期撰寫完成論文，不再拖延時日。他們多數用了「時間切割」與「80/20法則」的融合經營，具體的策略是：每天至少寫一個至兩個段落，每一個段落三十至六十分鐘，每週至少完成十個段落，週一至週五未完成者於假日補足。大多數的研究生最後都會養成好習慣，每天早上提早一小時左右起床，先完成一個段落的寫作，然後上班，在上班服務的各種任務行程中，再設法找出另外一個小時左右的時間，執行第二個段落的撰寫，但不強求；一週計畫完成十個段落左右的目標，不足部分，則要求自己在假日中設法補足，狀況許可，則再超前。如此經營，碩士生半年即可完成碩士論文，博士生一年即可完成博士論文。研究者有較多的博碩士生完成學位，在於他們規劃能找到關鍵性的經營策略。

三、執行系統化的實踐方案

　　行動達道的第三個步驟是「執行系統化的實踐方案」。教育事務的大大小小工作，大多以「計畫方案」來執行實踐，比較大的事就用大計畫，中小型的工作就用中小型的計畫（或稱方案）。師生個人的教與學工作也通常有計畫方案，例如：教學計畫、課程方案、班級經營計畫、主題教學教案，小至生活公約、好習慣獎勵制度等，都是一種廣義的計畫方案，這些計畫方案就是師生實際操作執行的工作點，有些人做這些工作績效卓著，短時間內就達成了階段任務目標，而且歷程滿意，師生皆大歡喜，但也有部分的人同樣做這些事務，事倍功半，經年累月，難以達標。研究者認為，其主要的區別在於這些工作串連的「實踐方案」是否具有「系統化」，執行系統化的實踐方案才會事半功倍，有顯著的效能效率；沒有系統化的實踐方案，往往會讓師生事倍功半，疲於奔命而績效難彰。

所謂「系統化」有下列三個主要意涵：(1)經由「系統思考」之後的執行方案設計，有「關照全面→掌握關鍵→形優輔弱→實踐目標」的歷程思考，工作事項是關鍵的、可行的、具有最大價值的（讀者可參閱《教育經營學：六說、七略、八要》一書的第十三章或本書第十七章）；(2)是指方案的「目標」、「策略」及「執行項目」三者之間具有系統結構，可以讓事情的真、善、美同時兼顧，適力達標；(3)具有整合之意：是指計畫性工作能與常態性工作整合，執行計畫性工作也可一併完成多數有關的常態性工作，「計畫方案」在整合聚焦常態性工作，匯流績效價值，而非外加的工作。教師像達道明月，教師在照亮學生計畫方案的系統結構，教師是行動之師。

四、達成高績效的教育之道

教育之道在培育「有能」及「有用」的人，是以師道目標，本書界定為「培育責任良師」、「造就責任公民」，其具體的指標詮釋是「人人充分自我實現」，以及「個個都是有效智慧資本」。師生關係是當代新五倫的人際關係之一，師生關係的核心價值在「責任」與「智慧」。所謂高績效的教育之道，指的是有能的人、有用的人、自我實現的人、有效智慧資本的人，老師是「責任良師」，學生是「責任公民」，這是一個高智慧的學習情境與教育境界。

教師像達道明月，明月長空，清輝消長，行動鋪軌，按月循環，永續經營，教師是行動之師，能帶領學生行動實踐，達成高績效的教育之道。達道不難，但要有近似標準化的行動步驟：(1)設定有價值的階段目標；(2)規劃關鍵性的經營策略；(3)執行系統化的實踐方案；(4)達成高績效的教育之道。其中「目標」、「策略」、「方案」、「達道」是行動的名稱；「有價值」、「關鍵性」、「系統化」、「高績效」則是教育之道的核心技術，

行動步驟的核心技術遠比行動的步驟名稱重要。教師像達道明月，明月長空，明月高掛著這些行動步驟與核心技術，照亮學生的教育之道。

第三節　美善明月：標竿之師

用「明月長空」來詮釋教師的第三個意涵，帶有「標竿」之意，明月柔美良善，和諧光輝。就像家人關係，親密中相依存；就像同儕關係，認同中能共榮；就像師生關係，責任中帶智慧；就像雇主關係，專業中能創價；就像群己關係，包容中有博愛。教師像美善明月，向學生專業示範著新五倫的核心價值，明月長空，是標竿之師。

一、家人關係：「親密」中相「依存」

以前的五倫之教：父子有親、君臣有義、夫婦有別、兄弟有愛、朋友有信，特別強調造端乎「夫婦」，也就是「人際關係」、「德育」是從「男女結婚」、「共同生小孩」開始的。但是當代的社會面臨下列兩大挑戰：(1)離婚率太高，男女重婚率也高；(2)年輕人可同居，但不一定結婚，也不一定願意生小孩。而「家」的觀念與系統，勉強護住了親人的「依存」關係，親人之間的品德核心價值是從家人關係的「共同需求」與「任務」而交織形成的，研究者名之曰新五倫的第一倫。

家人關係的第一個共同需求是「親密行為」。我們稱家人為「親人」，親密行為是「成家」的共同需求，家人的親密，包括：父母的親、夫妻的親、父子母女的親、兄弟姊妹的親，家人和諧而親密是第一個核心價值。家人的「任務」是相互依存，食、衣、住、行、育、樂、工作與讀書求學都要相互依存，相互依存的程度愈縝密者，愈像家人、親人。教師像美善明月，明月長空，能向學生講解示範著「親密」中相「依存」的家人關係，

教師是標竿之師。

🔳 二、同儕關係：「認同」中能「共榮」

新五倫的第二倫為同儕關係，同儕泛指「同學」及「同事」。當代的人類接受教育的年限約十二至二十年，擁有百千位同學，每天一起上課學習都是數十人、十數人，同學同儕關係占人生的比值愈來愈高。學生畢業後在職場上工作，第二類的同儕就是「同事」，也就是一起在為公司（組織）做事的夥伴，工作夥伴有多有少，要看工作的專業度與分工性，但人的一輩子與「同事」相處的時間也十分可觀。

同學及同事的「同儕關係」，其共同需求是「認同」，彼此認同才能共學與共事。「組織」的任務是「共榮」，能夠促進大家共榮的同學及同事最受歡迎。「認同」的價值比「包容」還深層，同儕之間的認同有下列三個指標意涵：(1)認同為組織成員：同學或同事都有共同的學習或任務；(2)認同彼此的自主表現：認同大家的努力，欣賞彼此的成果；(3)認同大家都會有亮點：彼此都會對組織有貢獻，貢獻的大小不一，但都值得珍惜，榮辱與共。「共榮」的價值是所有組織對員工之間的最大期待，也是學校或班級對同學共同表現的最高期望，同學之間要有凝聚力，要彼此激勵，同儕共學，交互支持，彼此欣賞亮點，亮點爭輝，一起爭取績效表現與榮譽，共享共榮。同事之間更要依據組織（公司）的願景（Vision）、使命（Mission）、核心價值（Core Value），各就職能，一起努力，共同追求業務績效，創造榮譽，共享共榮。

🔳 三、師生關係：「責任」中帶「智慧」

天、地、君、親、師是中國傳統上最被尊重的人，以前的「師道」傳承，更有「一日為師，終身為父」的美譽。時代巨輪往前推進，核心價值

亦隨之變遷，當代教師若要期望學生懷念他、感念他，一定要做到以下兩大績效：(1)書教得很好，學生從教師身上學得的知識畢生難忘，學生自然感念；(2)曾經對學生有過支持、關照、協助跳脫困境，或提拔之恩，學生因感恩而回饋。若不如此，一般學生一輩子接觸過、教過他的師長有數十人甚至數百人，學生又長期生活在「功利競逐」的現實社會中，「一日為師，終身為父」的描述，反而容易成為笑談。當代的教師及學生都要重新界定「師生關係」，重新賦予妥適的核心價值。

　　研究者認為，師生的共同需求是「責任」，教師有責任教好「知識遞移」、「專業示範」、「順性揚才」、「價值實踐」，以促進學生「全人發展」。學生也有責任「按時就學」、「專注勤學」、「當下學會」、「群組共學」、「實踐所學」、「學以致用」，而成為「責任公民」。師生群組的共同任務規範在各級學校法之中：國民中小學是「以養成德、智、體、群、美五育均衡發展之健全國民」為宗旨；高級中學則是「以陶冶青年身心，培養健全公民，奠定研究學術或學習專門知能之預備」為宗旨。研究者認為，師生要共同達成這些任務目標，要做好階段教育「知識、技能、情意」的教與學，並進行知識管理與智慧管理，「智慧」是師生關係任務目標共同的核心價值。新五倫的師生關係是「責任」中帶「智慧」。

四、雇主關係：「專業」中能「創價」

　　人都要進入職場，有工作、有收入，養活自己，也要有責任「養活家人」，無論自己的知識學能多豐富能幹，都要找到自己可以發揮的工作職務，成為他人的員工，或者有能耐，自己創業當老闆；然無論是員工或老闆，彼此之間的相處，就是雇主關係，雇主關係的本然與應然之道，也就成為新五倫之一。人的一輩子大部分都要扮演「受雇者」的角色，雇主關係要好，先要確定自己是「受雇者」（員工）或是「老闆」（主人），尤

其是「公教人員」，有時行為表現異常或沒有達到應有的標準，有一部分的原因是自己以為自己是老闆（主人），而忘了自己是領國家（政府）薪津的員工（受雇者）。

雇主關係的共同需求是「專業」，所有的公司行號、單位機構都要徵聘可以執行機構任務的員工，專業程度夠水準的人，也才會被聘為員工，「公教人員」要被聘用都要經過「國家考試」，專業水準出類拔萃者才能取得公教人員行列，是國家的菁英人才。雇主關係共同的任務是「創價」，員工要有能力為單位組織創發價值、有所貢獻，組織單位才能續聘，成為永續經營的職務，就是要員工能夠持續為組織創新產品或公務價值。雇主關係是新五倫的第四倫，雇主關係的維繫依靠的是兩大核心價值的實踐：「專業」中能「創價」。

五、群己關係：「包容」中有「博愛」

李國鼎先生曾將「群己關係」稱之為第六倫，用意在為傳統的五倫補上「人與沒有關係的人」如何相處，研究者十分推崇與讚嘆，深為李先生之遠見而佩服。鑑於當代社會已形成「現代化」與「後現代」交織的世代，「沒關係的人」遠比「有關係的人」多上千百萬倍，整個世界又是一個地球村，多元種族併存，多元文化極端落差，價值差異南轅北轍，部分的人每天與「沒有關係的人」互動，多於「有關係的人」太多太多。群己關係是當代人類每一個人都要面對的關係，研究者將之列為新五倫的第五倫。

群己關係的共同需求是：大家為了生存，彼此「包容」，相互包容「文化差異」、「種族差異」、「習慣差異」、「能力差異」、「觀點差異」，以及「價值差異」，包容是基本的「尊重」，尊重「生命的珍貴」，尊重「每一個人都可以以自己的方式活在世上」。群己關係更崇高的核心價值是「博愛」，就像〈禮運大同篇〉所述：「人不獨親其親、人不獨子其

子」；《論語》上也說「博施而濟眾」、「汎愛眾而親仁」；孫中山先生也常寫「博愛」兩字當墨寶送人。更現代的作法，就是實踐 John Rawls 的正義論：關懷弱勢，弱勢優先。

第四節 永恆明月：品質之師

用「明月長空」來詮釋教師的第四個意涵，帶有「品質」之意，明月永恆常空，明月消長變化都有一定的律則，代表「標準」與「品質」意味。師生關係像永恆明月，代表教師教育學子，照亮學生的學習，就像明月般地「永恆常新」，並將教育品質維持在一定的標準之上。教師是學生的品質之師，也是國家教育的品質之師。教育的品質是需要經營的，教師經營教育品質，可從下列幾個教育的實踐著力。

一、和諧中努力的教育

有品質的教育，學生對教育的歷程與結果是滿意的，是以諸多的評鑑都實施「顧客滿意度」調查，用滿意度調查來檢核歷程品質，是以成功的教學，不但要「教會學生」，教學的過程，學生也要可以接受、學得來、不勉強，師生互動及同儕群組學習是和諧的、快樂中學習的。但有時因為教師過於關注學生的「快樂學習」，忽略了教學目標之「徹底達成」，往往會陷入另一迷失——學生天天快樂學習，師生和諧親密，日復一日、年復一年，導致學生的基本能力逐漸落後，教育成果有明顯的「城鄉落差」，或同校之內的「班級落差」，都不是大家所樂見。因此，和諧中努力的教育，才是教育品質的第一要義，教師要在師生和諧的經營中，帶著學生努力於學習，品質才能長期維持在相對標準之上。

和諧中努力的教育，有幾個指標可觀察，教師可參照下列這些指標，

調整自己的教學與教育措施：(1)意願濃烈：學生充滿著學習興致與意願，喜歡學習，學習帶給學生快樂；(2)互動綿密：教師與學生溝通互動綿密，學生與學生之間溝通互動綿密，是一有效群組學習；(3)目標明確：學生的單元學習目標明確，樂於在總結活動中分享自己的學習成果及努力過程、同學的協助，以及教師的指導。教師是品質之師，教師像永恆明月，帶著學生經營「和諧中努力」的教育。

二、精緻有質感的教育

當代的「手機」與「電腦」產品日新月異，廣受年輕人歡迎，而不惜挪用所有零用錢也要購買新手機及新電腦，兩、三年就要換新手機，三、四年就要換新電腦，基本消費支出也相對龐大，形成中產階級家庭的另一負擔。手機、電腦除了數位功能提升、改變生活與學習的便捷性之外，「精緻」與「質感」是另一重要元素。當代的智慧型手機及平板電腦，都會讓擁有者使用時，感受到有質感，喜歡觸摸它；使用它時，就像自己在和自己的「精緻藝術收藏品」對話，覺得珍貴，十分珍惜。研究者近日常思考，教育的實施和教師的教學歷程，如能像手機與電腦產品一般，提供學生「精緻」有「質感」的教育，它就是高品質的教育。

精緻有質感的教育，也有下列幾個具體指標可觀察，教師的經營得以參照著力：(1)知識系統精緻：優質的教學，教師能夠用最精要的系統結構，領導學生學習核心知識，再複雜難懂的知識，教師皆能以精要的圖或表來分析知識本身的系統結構，讓學生容易學習；(2)核心技術精緻：任何的知識都存在著最佳學習步驟與流程，此一步驟流程的標準化就是知識本身的核心技術；教師應帶著學生探索這些核心技術，依循掌握這些核心技術進行學習，核心技術愈精緻，學習效果愈高；(3)考核評量精緻：學習成果的評量要愈簡單愈好，但一定要可以辨識「學生有否真正學會」，精緻的考

評，會讓學生感受到真的學會了，是一有質感的學習；(4)創新經營精緻：知識的傳承與創新永遠是各級學校師生的共同任務，無論是教師的教還是學生的學，每天都要傳承，也都要創新，前述知識、技術、能力三者都是知識主體的傳承創新，我們也期待教師能夠兼重班級經營、課程設計、學校經營模式的精緻傳承，以及創新經營，實踐整體精緻有質感的教育。

三、動能具價值的教育

　　最近教育界很流行體驗探索學習，很流行操作實物學習，這二種學習都講究「動態中學習」，都強調「活動中學習」；因為有活動，學生有操作性行為，學生與自然文物直接接觸，其專注力高，學生的興致比較濃烈，對於課堂靜態的講解式教學，確實比較能吸引學生，比較能「活化」教學工作，但也帶來了部分的省思與批判。就有學者指出「有體驗沒學習」、「有服務沒學習」，或者「有操作不知在學什麼」，都不是「教育活動」設計的本意。

　　我們要安排學生在「動態中」真正的學到「有價值」的知識，也就是「動能具價值」的教育，其有幾個指標可觀察，教師可參照這些指標，調整自己的教學活動設計，帶給學生有品質的教育：(1)揭示明確的教學目標；向學生提示本次教育活動要學習的核心知識、核心技術，以及核心能力是什麼，是有目標行為的教育活動；(2)講解活動的目的要領：為什麼要辦這樣的體驗探索教育，進行的方法步驟及要領又是什麼，讓學生有預期學習準備，活動時能夠及時學習並使用核心技術；(3)關注活動的安全措施：安全的環境、安全的配備、安全的標準，是所有活動式、實驗式、操作式、探索式學習的最高準則，有安全才有學習，有安全才有學習品質；(4)要求教育成果與學生實踐：每一個教育活動，其設計方案、執行過程，以及學生成績都是教育成果，教師應帶領學生進行知識管理，並將主學習、副學

習及輔學習的知識要求學生實踐力行。動能具價值的教育才是有品質的教育，教師像永恆明月，明月長空，教師是學生的品質之師，教師同時也是國家教育的品質之師。

四、知識成智慧的教育

教師從事教育工作，主要職能在幫助學生學習，學生的學習包括知識、技能、情意完整的學習，也要包括主學習（知識、技能）、副學習（思想、觀念），以及輔學習（態度、情意）的同時學習，以符合德、智、體、群、美五育均衡的學習，更要符應成熟人、知識人、社會人、獨特人、價值人，以及永續人的全人發展學習。部分教育工作者及家長偏重「知識」的學習，是不夠的，也無法為學生個人創發最大價值的；知識分類的方法雖多，研究者主張「知識」及「智慧」的學習就是完整的學習，教師在教導學生學習時，促發學生運作習得的「知識」，統整連結「核心技術」及「情意態度」的修練，成為「有智慧」的人，就是完整的教育、有品質的教育。

「知識成智慧」的教育一向為多數教師所重視與強調，都說「經師」與「人師」同樣重要，但經師與人師的「連結關鍵」並不明顯，長期以來各行其道，效果未如預期。研究者主張，知識與智慧的連結有以下三個關鍵：(1)知識本身的系統結構：分析其系統結構元素，可增加知識與情意、技能連結銜接的焦點；(2)形成知識的核心技術：知識形成的步驟流程，學會操作它，就是一種智慧，也是統合知識及情意的有效銜接點；(3)學生行為表現的綜合能力：學生經由學習之後的「知識基模系統重組」，而形成核心能力的提升與改變，就是統整知識、情意、技能學習成果後的「智慧」行為表現。教師經營教學的歷程兼重「核心知識」和「核心技術」，形成「核心能力」的分析、操作、連結，幫助學生加速「知識成智慧」的程度，就是高品質的教學。教師像永恆明月，明月長空，照亮了學生的知識，也

照亮了學生的智慧；智慧生新，明月永恆，明月常新，教師是品質之師，教師像明月長空，是教育的永恆品質標竿。

五部曲
繁星爭輝・風格

　　教師現風格，像繁星爭輝。教師的風格在系統思考，由知識系統、教學系統、經營系統，以及教育系統展現交互整合新人生。教師的風格在順性揚才，順自己之性，揚卓越專長之才；順學生之性，揚優勢亮點之才；順幹部之性，揚經營取向之才；順學校之性，揚特色品牌之才。教師的風格在圓融有度，圓融有度的修練，創發知識價值新文化，帶來人際圓融新文化，樹立志業有度新文化，開展師道品格新文化。教師的風格在繁星爭輝，教師是精緻之星，是永續之星，是創新之星，是卓越之星，綻放繁星爭輝新風格。

第十七章　系統思考

〈交互整合新人生〉

　　教師學的第五部曲取名為「繁星爭輝・風格」，描述教師的光亮像夜空的繁星，爭相綻放著人性的光輝，繁星滿天，風格爭輝。教師像繁星爭輝，展現四大風格：精緻之星、永續之星、創新之星、卓越之星。精緻之星象徵教師實踐精緻教育，課程是精緻的，教學是精緻的，環境是精緻的，績效價值也是精緻的，精緻之星指引著學生習得精緻的核心知能；永續之星代表教師對學生奉獻心力像永續的星辰一般，晶瑩剔透，節能永續，光亮世界，彩繪人間，教師是執行永續教育的老師，學生也符合「永續人」的指標；創新之星代表教師教導學生學習，每天都在「傳承知識」、「創新知識」，從事「知識遞移」的工作，對師生而言，每天都像天上的繁星爭輝一樣，每天處理的知識都是新的，教師是創新之星；卓越之星代表教師教導學生，都在點亮彼此的卓越亮點，只要是自己相對的優勢專長，都是自己的亮點，都可以邁向普遍卓越，一個都不少，教師是學生的卓越之星，照亮學生，邁向卓越的繁星。

　　五部曲「繁星爭輝・風格」分為四章撰述：第十七章「系統思考」、第十八章「順性揚才」、第十九章「圓融有度」、第二十章「繁星爭輝」。教師「系統思考」的修練，由知識系統、教學系統、經營系統，以及教育系統的「新思考」，為教師帶來交互整合新人生。教師「順性揚才」的修練，要順自己的性，揚專長卓越之才；要順學生的性，揚優勢亮點之才；要順幹部的性，揚經營取向之才；也要順學校（組織）的性，揚特色品牌之才；順性揚才可以為學校帶來形優勢配新希望。教師「圓融有度」的修練，賦予生活新價值、人際新價值、學習新價值，以及教育新價值，形成

學校師生的品味價值新文化。教師「繁星爭輝」的修練，創發精緻卓越新風格，教師是精緻之星，是永續之星，是創新之星，是卓越之星，繁星爭輝，照亮臺灣教育的天空。

本章「系統思考〈交互整合新人生〉」，係依據「學習型組織理論」的第五項修練「系統思考」而來的。學習型組織理論是二十世紀「組織再造」、「企業革命」最核心的理論依據，對人類的「組織動能發展」產生革命性的影響，也是「知識經濟時代」、「數位生活新時代」最重要的推手。其五項修練：自我超越、改變心智模式、建立共同願景、團隊學習，以及系統思考，都是教師及所有教育人員，教導學生、經營教育必備的素養與能力。「系統思考」的修練，具有「整合」、「統整」之意，鄭崇趁（2012）曾將「系統思考」界定為「關照全面→掌握關鍵→形優輔弱→實踐目標」的歷程，並將之列為《教育經營學：六說、七略、八要》一書的第一個「實踐要領」（第十四章），用約八千字篇幅，敘述其意涵與實踐作為。研究者已將系統思考視為人的一種習慣、一種觀念、一種態度、一種行動，同時也是一種能力、素養，愈能「系統思考」的人，愈能掌握事務與人際的要領，愈能創發多彩豐富的人生，也愈能為國家社會產生動能貢獻。

本章分為四節論述教師「系統思考」的修練，期能為教師創發「交互整合新人生」。第一節「知識系統新思考」，從「全人發展的知識」、「實踐志業的知識」、「優勢專長的知識」，以及「創新開展的知識」等四個知識系統，重新思考師生的「知識遞移」與「知識創新」；第二節「教學系統新思考」，從「教學原理與技術」、「核心知識與能力」、「數位教材與輔具」，以及「群組學習與動能」等四大系統的發展脈絡，重新思考建置教師個人的教學系統；第三節「經營系統新思考」，分析教師參與教育經營系統的應然做為，包括測定下列四大教育經營方案與實踐：「班級

經營計畫」、「領域（學科）教學方案」、「主題教育方案」，以及自己的「職涯願景進階發展計畫」；第四節「教育系統新思考」，描寫教師經由系統思考的修練，成為充分自我實現的教師，成為善盡角色責任的教師，成為有效智慧資本的教師，也成為呈現專業風格的教師。繁星爭輝，展現教師獨特的風格、價值。

第一節　知識系統新思考

教師的核心工作就是「知識遞移」的工作，教師所從事的教育工作，都與知識攸關，教學時，就是在教學生如何學習「單元的核心知識」，將原本在教師身上或存在教材上的知識，傳遞轉移到學生身上，轉變成學生的知識，或者學生會運用的知識。教師在研究時，也是在探討研究新的知識系統結構，透過自己與研究對象或互動人士的「對話」與「脈絡分析」，產生「知識螺旋」，產生「知識基模系統重組」，然後創新自己的知識產品，如研究報告、論文文章、專書著作或教學教材及教育輔具。教師需要系統思考的修練，而首要的系統思考就是知識系統的新思考。教師要重新思考自己及學生的知識，哪些最重要，如何進行知識管理及智慧管理。

一、全人發展的知識

「全人教育」是臺灣教育學者與實務專家們（如博士校長、主任）所共同強調的教育重點，但「全人教育」的具體內涵是什麼？大家的看法並不一致，但通常有四個註解：(1)五育教育：依《國民教育法》規定的教育目標，德、智、體、群、美五育均衡發展，稱為全人教育；(2)知情意的教學目標：依據 Bloom 的教學目標分類，教育應兼重認知、情意及技能的教學目標之達成，也稱為全人教育；(3)全人格教育：將「情緒處理」→「情

感表達」→「情操培育」全人格教育，也稱之為全人教育；(4)全人發展教育：鄭崇趁（2012）主張，教育在協助學生發展成「成熟人」、「知識人」、「社會人」、「獨特人」、「價值人」及「永續人」，這六種人的到位發展，稱之為全人發展的教育。本書採第四義，所謂全人發展的知識，指的是在教學歷程中，師生發展成這六種人所應具備的知識。

就當前的社會現況而言，全人發展的知識系統並未得到應有的重視，因為傳統以來有下列三大迷思概念：(1)獨尊知識人的知識：將知識界定為狹義的教科書知識，重視升學主義，而不考慮其他五種人之發展與知識；(2)強調社會人社會化的知識：形成一個盲從的社會，大多數的人沒有專業自主的知識與判斷力；(3)價值人及永續人的知識聲音微弱：大家還沒有覺察到它的重要性，反正人類已經有數千年歷史，有沒有「價值」及「永續」的知識，人類的歷史巨輪依舊轉動。教師針對知識系統的「系統思考」要「觀照全面，掌握關鍵」這六種人，建置全人發展的知識系統。

二、實踐志業的知識

從本書第二章的論述，教師的志業有四：「傳生命創新之道」、「授知識藝能之業」、「解全人發展之惑」，以及「領適配生涯之航」，教師要實踐「傳道、授業、解惑、領航」的知識，傳道是指傳學習之道、傳做人之道、傳處世之道、傳修身（人生哲學）之道的有關知識。授業是指授領域（學科）之業，授學門的主學習、副學習、輔學習之業，授認知、情意、技能學習之業。解惑是指解情緒、情感、情操之惑，解學習挫折之惑，解人際互動之惑，也解抱負毅力之惑。領航是指領興趣和性向發展之航，領學習進路之航，領發揮專長優勢之航，也領人生三大適配（婚姻、事業、職務）之航。這些教師實踐志業的知識是教師本身的基本素養，以及教師必須做的「知識管理」的核心知識，它應該成為每一位教師最重要的知識

系統。

　　系統思考教師實踐志業的知識，教師應刻意經營下列幾個事項：(1)定期檢核專業素養：教育專業知能與經營策略的知識發展一日千里，教師應自我檢核（自我評量或同儕互評）專業素養是否與時俱進，沒有落後；(2)惕勵實踐課程統整：結合校本課程及班本課程，對學生實踐課程統整，也是一個檢核專業知能水準的具體作法；(3)參與專業學習社群：教師宜主動參與專門領域及行政經營領域的專業學習社群，每年至少一個，每月至少定期集會對話乙次，每年至少有一具體的成果報告；(4)發表專門文章著作：發表文章著作永遠是最好的知識實踐與管理，也是知識創新遞移的基石。

三、優勢專長的知識

　　教師要關注建立的第三個知識系統是教師個人「優勢專長」的知識。當代的教師被賦予依專長授課，依專長指導社團，依優勢專長參與經營校務，優勢專長愈明顯，教育學生的成果愈佳，愈能夠充分自我實現，也愈能夠成為學校的有效智慧資本。教師個人要發展自己優勢專長的知識系統，將此一知識系統作為專業、專門服務的資源庫，也行銷自己的卓越亮點，讓學校師生都看得見，是一個優質卓越的教師。

　　系統思考教師優勢專長知識的經營，可參照下列幾項要領：(1)尋找相對優勢：每位教師的優勢專長是相對的，教師要在學校組織中尋找確認，從整體的運作消長，找到自己最大價值的優勢專長，著力經營；(2)串連專長資源：有時教師個人的能量很難成為亮點，教師應結合同好共同經營，匯聚成看得到的知識亮點；(3)經營本位亮點：教師的本位有四個層次（系統），個人本位、班級本位、領域（學科）本位，以及學校本位，教師要系統思考四個層次的本位經營，讓教師優勢專長的知識能擦亮這四個層次的價值；(4)行銷專長價值：行銷教師、班級、學科、學校的亮點，分享給

其他學校師生，都是知識價值的擴散，也是最可靠的知識管理。

四、創新開展的知識

　　教師的本業是知識的遞移與創新，本節前三點「全人發展的知識」、「實踐志業的知識」及「優勢專長的知識」，都是以知識的傳承與遞移需求為主，教師應再關注「創新知識」的經營與管理。教師創新教學知識，創新教育知識，創新活動歷程，創新知識應用，這些創新開展的知識，應自成系統，有效教學，永續管理。就以研究者研發「經營教育」之學為例，《教育經營學：六說、七略、八要》、《校長學：成人旺校九論》、《教師學：鐸聲五曲》，以及《家長志工教育學：順性揚才一六八》等四本書，都是創新開展的知識，四本書本身都是一、二十萬字的創新知識系統，合起來更是一系列「經營教育」之學，是系列創新的系統知識。

　　系統思考教師創新開展知識的經營，可參照下列幾項要領：(1)主張「知識先天論」，知識創新是「賦予存在（to being）」的歷程，經由「實→用→巧→妙→化」的經營，每位教師均可帶著學生持續創新知識；(2)掌握「創新的教育意涵」：創新是發現新的知識產品、發現新的因果關係、發現新的深層結構、發現新的方法策略，以及發現新的意義價值；(3)創新階段動能目標：為自己的教學研究設定階段任務與目標，創新實踐；(4)創新服務標準程序：持續提高教師服務品質績效；(5)定期參與競賽展演：由競賽展演的準備與參與，創新開展新知識技能，並進行系統知識管理。

第二節　教學系統新思考

　　「知識」與「知識系統」是教師每天所要面對處理事務的「核心實體」；「教學」則是教師每天執行職涯責任，進行「知識遞移」的核心方

法及技術，它也是一種知識系統，但屬於實用層面「方法技術」的知能。教師教學系統知識的挑戰，有下列三大革命：(1)翻轉教室：以數位媒材操作的自主學習，翻轉教室中原有的教學方法；(2)學習共同體：「以學定教」的群組學習系統設計，由「教學」主軸轉變為「學習」主軸的教育；(3)磨課師（MOOCs）課程：發展大眾化數位學習課程系統，有科技、精要、自主、便捷、順性的學習新優勢。當代的教師面對此三大革命性挑戰，應系統思考教學知能的系統儲備與創新知識管理模式。

一、教學原理與技術

從過去師資培育的課程發展經驗，中小學教師要通過教師資格檢定考試，成為勝任教學的優質教師要修習五種學科的學分：(1)教學原理與技術（二學分）；(2)各科教材教法（二學分）；(3)學生認知發展（二學分）；(4)教育心理學（三學分）；(5)專門領域課程學分（至少六十學分以上），另外還要加上教育實習（至少四學分以上）。就師資培育的課程設計理念而言，係以「教學原理與技術」為主軸，來統整培育教師的教學系統知識及能力。教師要很會教學，熟悉各種常用的教學法，要能實際操作教學法中的核心技術，幫助學生很快學會單元核心知識、技能及情意發展。

教師的教學原理與技術知識系統需要傳承創新，傳承教育前輩開發的經典教學法，例如：講述法、討論法、問題教學法（產婆法）、仿作法、編序教學法、系統結構法、脈絡分析法等。傳承基本教學型態與班級教學運作模式，傳承課程設計及核心單元主題教學，也要配合時代推移，創新數位教學比重，創新核心知能與數位媒材的整合，創新師生學習共同體的建構，創新群組學習系統的動能規劃，創新新學習模式的教材編製，傳承創新教學原理與技術的知識交流。

二、核心知識與能力

教學的核心知識與能力，指的是：(1)能夠善用教學八大原則及學習三律，實踐於教學課堂之上；(2)能夠善用資訊科技媒材輔助教學；(3)能夠確保學生習得單元教學的核心知識、技能與情意；(4)能夠適時進行形成性與總結性教學評量，並為學生負完整的學習成果責任（鄭崇趁，2012，頁35）。從當代的教育評鑑以及教學評鑑指標的發展，對於「教師評鑑」或教師的「教學評鑑」，逐漸由「基本素養」取向，發展為「核心能力」取向。教學的核心知識，要轉化教師可以操作的「核心技術」，更要轉化成為教師可以實踐出來的「核心能力」，教師若真的很會教學，其教學歷程可以被觀摩、被評鑑，他的學生回饋滿意，教學績效優質卓越。

教師教學的核心知識與能力也需要永續經營，下列幾項作為可以參照：(1)原理技術化：將教學八大原則及學習三律，發展成可以具體操作的技術；(2)方法策略化：將選定的教學主要方法，規劃成自己常用的策略步驟，隨時得以熟練運用；(3)實踐標準化：每一單元主題教學，教案的編製與教學實踐逐漸形成最適化的「標準作業流程」（S.O.P），確保每次教學為學生提供最有價值的服務；(4)成果能力化：教師的教學成果及學生的學習成果，均以核心能力的展現為目標，教師具有教的核心能力，學生學得應備的核心能力。

三、數位教材與輔具

配合資訊科技發展，翻轉教師及磨課師（MOOCs）課程時代的來臨，教師的教學與學生的學習便捷性與自主性倍增，師生直接面對面教學的時間將相對縮減，而正式課程與教學的實際，讓數位教材與輔具大量增加，變成學生學習與教師教學的主流型態。今後的教室課堂教學，將會發展成

兩大脈絡：(1)維持原有課程的教學時數：教師先用三分之一的時間播放教學影片，再用三分之一的時間以 PPT 教學講解，最後三分之一的時間與學生進行討論，觸發學生知識螺旋效應；(2)將原有教學時數分成兩半：一半學生在家或在職場上自主數位學習〔看教學影片或磨課師（MOOCs）課程〕，另一半時間才到校與教授討論，確認核心知識脈絡與系統結構。

　　教師面對此一趨勢的衝擊與挑戰，教學系統的知識經營應重新系統思考，下列幾項作為可以參照：(1)為自己主授的教學領域（學科）蒐集最好的數位教學教材及輔具並系統整理，成為自己單元教學得以統整使用的珍貴教材；(2)逐年將自己系統蒐集整理之數位教學教材，配合主題教案的編製，直接使用在部分的課堂教學，也提供學生網路資訊，導引學生自主補充學習；(3)逐年發展自己授課領域（學科）的數位學習教材及輔具，例如：動態精緻的 PPT、部分主題的教學影片、磨課師（MOOCs）教學課程；(4)接受電子白板使用及翻轉教室教學培訓：熟練運用數位教材系統及輔具教學，讓自己的教學系統知識及能力，與時代潮流同步發展。

四、群組學習與動能

　　「學教翻轉」、「以學定教」是二十一世紀的教學趨勢，對教師而言，不一定每一堂課都實施「學習共同體」式的「群組教學」，但每一位教師都應該了解「群組學習」的基本運作型態與操作方式，也都應該了解「團隊動能」的原理與啟動程序，每次的單元教學，都會有最佳群組學習型態，都會產生高價值的團隊動能，學生的學習品質才能維持在高檔，而教學目標才得以充分達成。

　　系統思考教師經營群組學習與動能的知識，教師可參採下列案例。研究者曾於 2013 年暑假，在桃園縣復興鄉角板山，主持二個小時的中小學教師新能源教育問題座談會。研究者為了有效運作「群組學習」與「團隊動

能」，將五十六位學員分成七組（每組八人），每組選出召集人主持小組討論，並選出報告人，負責將每組的討論成果向大家報告（報告以五分鐘為限），並由研究者運用「系統思考」的四大元素（觀照全面、掌握關鍵、形優輔弱、實踐目標）直接評分與講解優質程度，賦予等第。一百二十分鐘的時間配置為「小組討論四十分鐘」→「分組報告三十五分鐘」→「系統思考評量二十五分鐘」→「報告講評十分鐘」（中間休息十分鐘），參與的學員都十分滿意，皆帶著「新能源教育會議的核心知識」與「系統思考的核心技術」，依依不捨地回房休息。

第三節　經營系統新思考

　　「行政學」的知識與「管理學」的知識，已逐漸系統整合成「經營學」的知識。研究者出版「教育經營學」系列專書，都是基於經營知識的系統思考與重組。學校教師的主要職能在課程設計、班級經營、有效教學、輔導學生，但也要兼辦行政，參與學校教育的經營。教師要有經營知識的鉅觀視野，才能有效銜接經營自己職能應辦的微觀事務，重建自己經營的知識系統。教師經營知識系統，呈現在「班級經營計畫」、「領域（學科）教學方案」、「主題教育方案」，以及教師個人的「職涯進階發展計畫」。分別說明如下。

一、班級經營計畫

　　教師對於自己授課學生的班級經營計畫，是教師參與校務經營的主要中介（銜接）工具。班級是學校經營發展的基本群組，任何的教育政策與學校重要的教育措施或活動，都以班級群組做分類規劃；學生的學習成績、教育競賽機制，也都以班級經營為單位。教師（尤其是導師）擔任指導「班

級經營」的責任，班級學生對自己班級的認同度、凝聚力，是否有團隊動能，要靠教師的指導與著力經營。部分的學校教育缺乏競爭力，原因雖多，個別學校的關鍵因素都不一致，但研究者在參訪二百多個以上學校後的經驗心得，覺得學校教師沒有重視「班級經營計畫」，或者「班級經營計畫」沒有與「學校發展計畫」銜接，其縝密連結的關係確屬關鍵因素之一，也代表教師承擔「班級經營」的責任十分薄弱。

「班級經營計畫」的知識與能力，已成為一般教師「經營知識系統」的首要素養。教師要具備擬定優質「班級經營計畫」的能力與實踐，優質的班級經營計畫要符合下列幾個指標：(1)銜接政策：班級經營計畫要將重要教育政策與學校倡導主題教育，融入整合為班級經營重點項目之一，實踐政府及學校政策；(2)願景領導：導師要領導班級學生為這個班級策訂願景（Vision）、任務（Mission），以及核心價值（Core Value），運作願景形塑及實踐，凝聚班級學生的努力方向與團隊動能；(3)核心任務：每一個班級要有年度努力的工作事項，當作師生共同努力追求力行的核心任務，以核心任務的完成來實現班級教育的品質績效；(4)運作模式：班級是一個群組學習的型態，要通過班級公約，規範分組與主要分工運作模式，並設定大家為大家服務的「標準作業流程」（S.O.P）；(5)改善機制：班級經營計畫要設定定期檢核核心任務的執行情形、師生滿意度調查、獎勵服務績優學生，激勵士氣，必要時調整實施計畫內容，設定品質保證與持續改善機制。

二、領域（學科）教學方案

教師自己編製設計的領域（學科）教學方案，已成為教師參與學校經營的第二條管道。臺灣自 2000 年 頒布「國民中小學九年一貫課程綱要」之後，學校發展校本課程，教師執行主題教學課程統整，都需要自編設計

領域（學科）教學方案，系統思考學生、學校、社區的條件以及教育資源，為學生及學校提供最有價值的課程教學，才能結合全校教師，共同帶好每一位學生，並且發展校本課程及學校特色。

教師經營領域（學科）教學方案的系統知識與能力，可以從下列幾個指標方向著力：(1)取得領域（學科）教學認證：依教育部的規定標準，取得教師授課領域（學科）教學認證，代表符合專長授課能力標準；(2)自編授課領域（學科）的主題教學教案及教材，逐年達到全年教材的 10～20%；自編教材就是最佳教學系統及校本課程實踐知能的表現；(3)自編授課教材要能實踐學校校本課程以及學校特色主題，作為教師參與學校特色經營的銜接力點；(4)自編教材要能充分反映教師的優勢專長與理想抱負，讓自己的生命願景及教育志業在教學方案中直接實現。

■ 三、主題教育方案

教師兼辦行政（如擔任組長、主任）、擔任課程發展委員會委員或領域（學科）小組召集人時，就有機會擬定「主題教育方案」，參與學校校務經營，例如：「閱讀教育實施計畫」、「品德教育實施計畫」、「資訊科技教育實施計畫」、「體適能教育實施計畫」、「各類教育、運動競賽實施計畫」、「開學典禮、校慶活動、畢業典禮實施計畫」、「親職教育日實施計畫」、「各領域（學科）校本課程發展計畫」，以及「學校特色課程化發展計畫」等。主題教育方案已成為教師參與學校經營的第三條管道，教師主題教育方案寫得好，經由學校採行實施，對學校的貢獻就大，自己的教育志業得以伸展，生命價值更高。

教師經營主題教育方案的系統知識與能力是可以學習的，優質的主題教育方案計畫有下列幾個指標，教師可以參照練習：(1)標準化格式：方案計畫均有最適化格式，「主題式計畫格式」、「課程方案格式」、「學校

鉅觀式發展計畫格式」，並應由校長、行政幹部、課程發展委員會小組委員討論定案，所有教師一體遵照，並尊重個殊型方案教師的專業自主；(2)系統化結構：優質的計畫方案主要內涵具有系統結構，其「方案目標」、「經營策略」及「執行項目」三者間能夠環環相扣，並能用表格或繪圖呈現；(3)可行性項目：方案執行的核心事務（項目）是學校師生做得到，有明確的方法要領，只要師生投入，是可行的，可以完成達標的；(4)品保化機制：方案計畫均設定有定期檢核，持續改善品質保證機制，激勵同仁篤行品質標準，實踐目標；(5)價值化績效：計畫成果要直接對學生及教師產生教育價值，績效成果經由學校的知識管理，學校亦得傳承創新，永續經營。

四、職涯進階發展計畫

　　「教師」是一輩子的志業，「教師」的尊貴與價值要教師當事人系統思考，經營實踐。「教師」可以當一輩子的「純教師」，不兼任何行政，純以教師的角色努力經營學科（領域）教學及自己授課班級的班級經營，也可以成為「學校名師」，甚至於「國家教育大師」。「教師」可以規劃自己擔任課程發展委員會領域小組召集人，擔任組長、主任、校長等行政領導職務，擴大自己為教育奉獻服務的範圍，豐富自己的生命願景與教育志業，成為一個充分自我實現的教師，同時也是一位學校、國家社會有效智慧資本的教師。每一位教師都需要為自己策訂「職涯進階發展計畫」，經營自己的生命意義、價值與尊嚴，專業示範給學生學習「如何經營人之所以為人」。

　　系統思考教師的職涯進階發展計畫，要符合下列四大原則：(1)價值原則：教師的計畫要考量是否為自己、為學生、為學校能夠創發更高價值、更有動能貢獻，有更高價值的事與職務才值得經營追求；(2)適配原則：進

階計畫要與自己的性向、專長、能力三者適配，勉強不得；(3)漸進原則：任何進階職務都是經營發展、漸進累積而成的，水到渠成的進階發展，其價值意涵更高；(4)實踐原則：進階發展計畫要經實踐篤行，才能適時達標，要設定明確的執行步驟與經營內容，並篤行實踐。

第四節　教育系統新思考

系統思考的修練具有交互作用、整合發展之意。教師的系統思考，經由「關照全面→掌握關鍵→形優輔弱→實踐目標」的經營，會有新的知識系統，新的教學素養與能力，新的經營技術與能量，也會有新的交互整合教育人生，自己的生命願景與教育志業，產生新的系統思考，是一個充分自我實現的教師，是一個善盡角色責任的教師，是一個有效智慧資本的教師，同時也是一個呈現專業風格的教師。分別闡明如下。

一、充分自我實現的教師

系統思考的修練帶給教師交互整合新人生，第一個意涵是「充分自我實現的教師」。教師的「理想」與自己的「表現」水準是吻合的，自己的理想抱負能夠在學校中實踐，自己的課程設計、班級經營、有效教學、輔導學生、研究服務都達到自己預期的成果，自己教授的學生有知的雀躍、有情的共鳴、有意的提升，是快樂的、滿意的、成功的、幸福的，教師的角色與表現備受尊敬，教育人的一生，充滿著意義、價值與尊嚴，是「人之所以為人」的典範。

二、善盡角色責任的教師

系統思考的修練帶給教師交互整合新人生，第二個意涵是「善盡角色

責任的教師」。教師要扮演責任良師，責任良師是「教書匠與教育家」、是「表演者與大導演」、是「選書人與創作師」，要「育英才與博濟眾」。彩繪人師的軌跡，要從「傳生命創新之道」、「授知識藝能之業」、「解全人發展之惑」，以及「領適配生涯之航」等四個面向著力。教師是學生的「生命之師」、「知識之師」、「智慧之師」、「風格之師」，同時也是教育的「精緻之星」、「永續之星」、「創新之星」、「卓越之星」。

三、有效智慧資本的教師

系統思考的修練帶給教師交互整合新人生，第三個意涵是「有效智慧資本的教師」。教師要透過教學強化自己和學生的核心能力，要認同教育並承諾力行：「承諾帶好每位學生」、「承諾教好每一堂課」、「承諾輔導弱勢學生」、「承諾承擔績效責任」。教師要從優勢學習，創化自己的專長脈絡，並教育學生從優勢學習取得專長認證，協助學校經營特色品牌。教師要從「有能力」、「有專長」、「願意做」、「能創價」等四大力點，經營學校師生，激發動能貢獻，成為有效智慧資本，是一位有效智慧資本的教師。

四、呈現專業風格的教師

系統思考的修練帶給教師交互整合新人生，第四個意涵是「呈現專業風格的教師」。教師像「鐘鳴大地」、像「朝陽東昇」、像「春風化雨」、像「明月長空」、像「繁星爭輝」，鐸聲五曲就是教師的五大專業風格。在「鐘鳴大地‧人師」的層面，教師像「晨鐘暮鼓」，是一位「時中其機」的教師；教師像「希望之聲」，是一位「事畢其功」的教師；教師像「醒世清韻」，是一位「人盡其才」的教師；教師像「師道鐸音」，是一位「才盡其用」的教師。在「朝陽東昇‧使命」的層面，教師像「啟明之光」，

在成就知識公民；教師像「希望之光」，在成就世界公民；教師像「溫厚之光」，在成就自主公民；教師像「智慧之光」，在成就責任公民。

　　在「春風化雨・動能」的層面，教師像「春風送暖」，教育有感的生命；教師像「春風傳知」，教育覺識的生活；教師像「春風有情」，教育幸福的生涯；教師像「春風帶意」，教育大用的公民。在「明月長空・品質」的層面，教師像「皎潔明月」，是學生常新之師；教師像「達道明月」，是學生行動之師；教師像「美善明月」，是學生標竿之師；教師像「永恆明月」，是學生品質之師。在「繁星爭輝・風格」的層面，教師經由「系統思考」修練、「順性揚才」修練、「圓融有度」修練，修練成精緻之星、永續之星、創新之星，以及卓越之星，成就教師的新人生、新希望、新文化及新風格。

第十八章 順性揚才

〈形優適配新希望〉

「上善若水，水可就下，因材器使，成就萬物」，是老子《道德經》「上善若水」的註解，用白話文來說明：水有至高無上的善性，它總是向下流，流到萬物需要它的身上，人家需要它就給多一點，人家不需要它，它就流到別的地方去，不管器皿的形狀如何、需求程度如何，它從不計較挑選，流滿它後再流到別處，所以水成就了當前萬物，我們人的身上有水，動植物、非生物也都含有它需要的水分，上善若水，成就萬物。研究者認為，教育之善也當「若水」，像水的善性一般，激發潛能，順性揚才，玉成眾生。是以 2008 年發表〈教育若水，順性揚才〉專文，2012 年起列為國立臺北教育大學博士班導師時間的講義《教育禪語》首篇，也代表個人最重要的教育理念。2012 年出版《教育經營學：六說、七略、八要》一書時，將「順性揚才」列為八大「實踐要領」之一，專章說明順性揚才的概念型定義，與教育人員可經營實踐的作為。

順性揚才是學生本位的教育，是多元智能的教育，是形優輔弱的教育，同時也是永不放棄的教育。教師在教育的實踐上要順應學生的背景習性，要順應學生的喜好興趣，要順應學生的潛在性向，也要順應學生的優勢專長，更要順應學生的理想抱負，才得以揚其可揚之才，才能達成教育的績效與價值。教育經營者運作「順性揚才」的經營要領為：「了解環境，順勢推移」、「掌握專長，提供舞台」、「經營亮點，匯聚能量」、「順勢而為，日有所進」（鄭崇趁，2012，頁325-329），並已從「教育本質」、「師生教學」，以及「學校經營」三者闡述「順性揚才」的理念與實踐，讀者可另行參閱。

　　本書為「教師學」，闡述教師的「鐸聲五曲」，本章為第五部曲「繁星爭輝・風格」的第二章，研究者之所以將「系統思考」、「順性揚才」、「圓融有度」及「繁星爭輝」列為「風格」的四章，就是要強調「教師的風格」在於「系統思考」，在於「順性揚才」，在於「圓融有度」，終至「繁星爭輝」。是以本章再以「教師學」的立場，論述教師對於「順性揚才」應有的修養與作為，讓「順性揚才」的教育本質與理念，能夠普遍實踐在臺灣的學校教育之上。

　　本章分為四節論述說明：第一節「順自己之性，揚卓越專長之才」，分析教師應先了解掌握自己的生命願景、理想抱負，揚自己卓越專長之才，貢獻學校與國家社會；第二節「順學生之性，揚優勢亮點之才」，描述教師如何順應學生的學習之性、知識之性、藝能之性，以及品格之性，揚其優勢亮點之才；第三節「順幹部之性，揚經營取向之才」，教師要順應幹部領導，創發理念願景新價值、校本特色新元素、方法策略新計畫，以及組織運作新文化；第四節「順學校之性，揚特色品牌之才」，經營在地資源教育化、師生專長卓越化、校本課程特色化，以及學校特色品牌化的歷程，教師順學校之性，揚特色品牌之才，人人順性揚才，為臺灣的教育打造「形優適配新希望」。

第一節　順自己之性，揚卓越專長之才

　　教師的啟航像「鐘鳴大地」，師道的使命像「朝陽東昇」，人師的動能像「春風化雨」，經師的品質像「明月長空」，教師的風格像「繁星爭輝」。教師有豐富多彩的一生，應順自己的本性，揚個人卓越專長之才，讓自己充分自我實現，也激發動能，對學校（組織）增加價值貢獻。教師有知識專長，是教育達人；教師有教學專長，是經師楷模；教師有研究專

長，是領域大師；教師也有績效專長，是人師標竿。分別敘明如下。

一、有知識專長，是教育達人

人類的知識浩瀚無涯，靠著相對專長的知識，百業分工，一起貢獻社會，撐起了今日大家看到的文化與文明。在百業分工中，人類靠著相對專長的知識技能，扮演各種職業類型的達人，讓自己的志業興旺發達，作為該行業的楷模標竿，成就自己，同時也貢獻自己所隸屬的組織單位，例如：氣象達人、美食達人、綜藝達人、游泳達人、健康達人、魔術達人、資訊達人、生態達人、閱讀達人、書法達人等。凡是擁有相對專長知能，且可以實踐此一行業特質者，就可稱為○○達人。

教師的知識專長就是「教育」，擁有比一般其他行業人員還要多的「教育專業知識」，每一位教師在「教學」責任與「教育」責任的實踐上，也要使用相對深度的「教育專業」知識與能力，因此優秀的教師我們稱之為「教育達人」。我們期盼每位教師都有知識專長，都扮演教育達人，分布在臺灣的每個角落，為國家經營著教育事業，在學校中實踐自己的理想與抱負。

二、有教學專長，是經師楷模

教師的教學知識自成系統，教師運用專長授課，依授課領域（學科）取得領域（學科）教學認證；教師很會教學，學生跟隨學習，很快就能學會單元核心知識與技術。教師是經師的楷模，有自己的教學方法，有自創的統整教材，有學生最喜歡的群組學習方式，有檢核學生學習成就的評量基準，也有個殊、獨到，能夠吸引學生學習的教學歷程。教師是受學生歡迎的，教師的教學成果，自己也是滿意的，教師有教學專長，是經師楷模。

順性揚才對教師教學專長的啟示有三：(1)教師要順著自己的性向和興

趣，選擇自己潛能最渾厚的領域（學科）專長，作為授課科目；(2)教師要順著自己的教育成就，運用大學及研究所主修領域學科最有心得的知識系統，作為授課科目，讓自己有人盡其才、才盡其用的機會；(3)教師也要考量在自己的教學科目中，最受學生歡迎與學生最有成就感的學科，要永續經營，順勢深耕，讓自己的教學專長產生楷模亮點，有看得到的卓越表現。

🔲 三、有研究專長，是領域大師

研究是教師的第二生命，教師的研究成果要獲致同仁的認同，教育生涯才會有尊榮與價值。教師不但要教學有專長，研究方面也要有專長。教師研究專長的發揮，通常有下列四個軌道可經營：(1)將教學專長經營為研究專長：如參與授課領域（學科）的專業社群及行動研究，發表相對的研究報告或教材，延續串連教學專長；(2)將行政事務經營為研究專長：教師藉由兼任行政職務期間，參與行政主題的專業社群及行動研究，研發行政主題教育產品，成為自己的研究專長；(3)將次級團體的專業成果經營為研究專長：如學校各種藝文及運動休閒團隊，結合可行的行動研究，共同發表為有價值的「技術報告」，開創自己的研究專長；(4)將主管機關交付的「教育任務」經營為研究專長：如承擔語文競賽、運動賽會、藝文比賽任務學校，主辦教師將歷年參與師生的表現與成果，進行研究分析，發表研究報告，提供學校參照，成為自己的研究專長。教師要順著自己教學行政職務的機緣，經營研究專長。教師有研究專長，就是名副其實的領域大師。

🔲 四、有績效專長，是人師標竿

教師要受人尊重，教師不只是教師，教師要創造很多大家看得到的價值，學生、家長、同儕教師才會尊敬您；教師的價值，大部分要由學生的績效來展現，少部分是由教師自己的服務績效來展現，例如：學生的學科

成績表現優異，這是授課教師的價值；學生對外運動競賽成績卓越，科展表現名列前茅，音樂藝文大賽有優異成果，這是指導教師的價值；弱勢族群學生成績大幅進步，班級學生團隊動能卓越，這是導師班級經營的價值。教師本身要順性揚才，順著自己專長與服務機緣，經營學生績效價值，讓自己受人敬重，成為人師標竿。

　　教師自己的服務績效表現，有下列四個比較明顯的軌道可以經營：(1)校本課程設計：學校本位課程是當代學校教育的主流與核心，教師能夠結合自己授課（領域）為學校發展校本課程設計，績效價值容易讓同儕教師看到、認同、尊敬；(2)學校特色經營：教師參與主導學校特色教育的經營，使學校具有系統品牌的教育，其績效價值較為明顯；(3)自編教材教案：教師必須執行課程統整，順勢產出自編教材教案，教育產品就是教師的績效價值；(4)拓展專業服務：教師為社區教育服務，為家長志工教育服務，擴展專業服務績效。教師本身要順性揚才，揚自己績效專長的價值，使自己成為人師標竿，受到師生、家長、社區的敬重。

第二節　順學生之性，揚優勢亮點之才

　　順性揚才教育的第二大層面是：教師要順學生之性，揚學生優勢亮點之才。研究者在《教育經營學：六說、七略、八要》一書中的第二章「能力說」，曾揭示學生有四大關鍵能力：學習力、知識力、藝能力以及品格力（鄭崇趁，2012，頁21-43），本章接續論述針對學生這四力的層面。教師順性揚才的經營實務，要順學生的學習之性，讓課堂的群組動能有亮點；要順學生的知識之性，讓學生的優勢智能有亮點；要順學生的藝能之性，讓所有學生的運動技藝有亮點；要順學生的品格之性，促使學生互動情感共鳴有亮點。簡要說明如下。

🔳 一、順學習之性，群組動能有亮點

學習力是指學生「閱讀寫作」及「數學資訊」的基礎學習核心能力，也就是讀、寫、算及運用數位工具的能力，亦稱為學習的基本能力。學習的基本能力要愈強愈好，學習力是「知識力」、「藝能力」及「品格力」的共同基石，是以每一位學生的學習力都要設法達到下列四大指標：(1)熟悉並能運用各階層教育（國小、國中、高中、大學）的基本識字量；(2)能夠通過一至十二年級國語文（閱讀、寫作）基本能力檢測；(3)能夠通過一至十二年級數學及資訊基本能力檢測；(4)大學畢業生能夠取得一種以上的外語能力認證，具有國際移動學習力。

順學生學習之性，並非給予學生學習力的彈性標準，或順著學生四大指標優勢擇一發展即可。基本學習力的順性揚才，其焦點在「學習方法」的順性，教師應觀察學生最喜歡的、最有效的、最能產生團隊動能的學習方式，來決定教學方法，決定數位輔具教材運用，決定群組學習編配，決定如何帶動群組學習的任務及運作型態，決定學習落後學生的補救教學，決定如何調撥同儕資源，協助「帶好每位學生」。順學生學習方法之性，讓班級課堂群組學習的動能充分發揮，有學習亮點。

🔳 二、順知識之性，優勢智能有亮點

學生的「知識力」指的是多元智能的潛在知識能量，教師應理解「多元智能理論」的核心論點，順學生潛在知能傾向之性，揚其「優勢智能明朗化」之才，避免「全人訴求」的偏失，揠苗助長，反而造成學生傷害，不利於「知識力」的發展。多元智能理論的運用與實踐，本書最為重視，在第十章「優勢學習」及本章「順性揚才」中，都在闡述多元智能理論與其他各種教育思想、理念整合之後，教育實務工作者可以著力的作為。教

師是影響學生學習及知識發展最直接的關係人，其順性揚才的實踐要領，概要有四：(1)觀察學生喜歡的知識：如喜歡的課程主題、喜歡發表意見的知識脈絡、喜歡表現的才藝技能；學生喜歡的知識傾向，往往就是其優勢潛能與性向之所在，提供相對的學習資源可以促其明朗化；(2)觀察學生喜歡閱讀的書籍類別：目前中小學都在推動閱讀，學生個別借閱最多的部分，往往就是其性向和興趣所在；(3)觀察學生閱讀心得：寫得最精彩，最有特色的焦點，這些知識焦點可能就是學生志業與卓越專長之所在；(4)觀察學生電腦、手機電玩及搜尋網站脈絡：這些電玩與網頁之所以吸引學生，其賣點在符合人性需求，歸納分析其背後支撐的知識、技術基模，也可以反映學生本身的優勢智能，優勢智能一經明朗化，就是學生亮點。

三、順藝能之性，運動技藝有亮點

學生的第三個關鍵能力是藝能力，藝能力的基本元素在學生的「個殊才能」及「時空美感」的能力，例如：音樂傾向潛力渾厚的學生，他（她）的時間美感特別靈敏，音律節奏、旋律時間長度掌握得精準優美；美術繪畫專長的學生，他（她）對空間的感覺特別敏銳，是以大學美術系學生的入學考試，列有「書法」考科，是在評量學生「空間構字」的能力。順學生藝能之性，通常可參照下列兩大指標：(1)個殊才能的熱切程度、相對時空美感的敏銳程度，以及兩者之間能融合運作的程度；(2)「教育111標竿學校」認證中的一生一專長，學生專長認證，以及鼓勵學生參加多元社團，組隊參與各種教育競賽，都是順學生藝能之性，揚其相對專長亮點的有效經營力點；學生配合一生一專長認證的指標，會順性選擇社團或強化某些群組學習，經由教師指導順性揚才，讓自己的專長認證達標，是一位運動技藝有亮點的學生，並能積極報名參與運動會、球類賽、藝文教育活動競賽，從準備參賽的強化學習、持續練習，促使學生自己的個殊才能與時空

美感交互整合，成為可以正式演出的競技能力。參賽為藝能之性開拓發展舞台與空間，順學生藝能之性，多數學生運動技能有亮點，邁向普遍卓越，一個都不少。

四、順品格之性，情感共鳴有亮點

品格力是指學生的品德素養及實踐能力。學生的品格力來自兩大元素：「好習慣」與「服務心」，順學生品格之性，也可從個人的「好習慣」與「服務心」著力。每一個人的秉性，環境條件不一，個別的「好習慣」都可以「順勢」養成，順勢養成生活的好習慣、學習的好習慣，以及人際的好習慣。柯永河教授曾說：「好的習慣多於不好的習慣，就是健康的人」，也就是說好的習慣是品德與品格最核心的基礎。「服務心」也是個別意願而實踐達成的，教師要激勵學生「日行一善」，學生要日行生活之善、人際之善、公德之善，只要服務助人，都給予激勵。在學生班群的實施上，不必要求一致，也不可能一致。服務心是「情緒的出口」、是「情感表達正向態度」，更是「情操的基點」，「好的習慣」與「服務助人」交織成長，順性揚才，順品格之性，情感共鳴有亮點，學生被同儕接受、認同、彼此共鳴，生命受到尊重，有價值、有意義，有快樂、滿意的生活。

第三節　順幹部之性，揚經營取向之才

教師的服務場域在學校，政府為了有效經營學校教育，每一個學校的組織編制中，設有「校長」、「主任」、「組長」、「年級主任教師」、「課程發展委員會領域小組召集人」等，來領導經營學校，這些領導幹部也要順性揚才，順教師及學生之性，揚其可揚之才；但每一位教師更要順幹部之性，揚經營取向之才。幹部的經營理念願景，可以為學校帶來新價

值的追求；幹部的校本課程規劃及特色發展主題，可以為學校帶來經營新元素；幹部做事的方法策略，可以為學校帶來新的經營方案；幹部的優勢組織運作模式，可以為學校帶來新文化。教師要順幹部之性，揚經營取向之才，共同經營學校成為精緻卓越的學校。

一、理念願景新價值

教師順幹部之性，首先要順應幹部的教育經營理念及願景價值的註解。幹部的教育經營理念，同樣是本位經營，有的幹部會選擇著力於學生個人本位，有的幹部會選擇班級本位，有的幹部也可能選擇社區資源本位，有的幹部也有可能重視教師專長本位。不同的經營理念會有不同的著力點，也會有不同的教育績效成果，為學校創造不同的新價值。

幹部對於願景價值的註解，也會領導學校同仁往「核心價值」的方向著力深耕，累積一段時日，新的教育價值就會在學校滋長茁壯。又如學校發展有階段性不同，學校因要執行階段任務（Mission），重新形塑願景（Vission）及任務本身的核心價值（Core Value），幹部們帶著學校師生形塑學校新願景，並以 Vision、Mission、Core Value 三者並列方式呈現，讓學校的新願景領導與先進的企業組織呈現方式同步發展，此既符合時代潮流，又可創發理念願景新價值。

二、校本特色新元素

教師順幹部之性的第二個層面，是要順幹部對於學校本位課程及特色教育主題的主張。學校本位課程的孕育與形成，必須系統思考「師生專長」、「社區在地資源」、「家長學生心願」、「幹部教育理念」，以及「課綱規定」，由幹部與教師共同經營促成。學校特色要符合下列四大指標：(1)教育性：特色主題要與學生學習攸關；(2)普及化：大部分的師生

（尤其是學生）普遍（全面）參與；(3)課程化：特色主題經營成為校本課程的主軸；(4)卓越性：菁英團隊有卓越成果表現，大家看得到學校教育亮點，且普遍認同，引以為榮。

　　幹部對於學校本位課程及特色教育主題的主張與帶動，可以為學校的經營啟動新元素。師生為了經營到位的學校本位課程，聚焦於新主題教育的探索、研究、分析與深耕、經營，創新學校活力與動能貢獻；為了配合特色教育主題經營達到四大指標訴求，師生普遍參與特色教育，舉辦學校特色教育的班級競賽活動；師生為了準備學校的班級競賽，落實深耕「校本特色課程」，班班都有具體的教材、教案，也都有實際的教學與多次練習。同時，競賽機制也培育學校菁英團隊，激勵經營團隊在校際或縣級以上競賽有卓越亮眼的成績，學校成為有特色品牌教育的學校。

三、方法策略新計畫

　　學校經營要依賴「中長程校務發展計畫」以及每年度的「主題教育實施計畫」，以計畫性教育主題工作，帶動學校經常性工作。學校的中長期校務發展計畫，多數配合校長任期，三至五年必須更新乙次；年度主題教育計畫每一個學校通常要有六至十個，學校每一個處室單位，至少都有一至二個主題式教育計畫在帶動經營學校。這些新計畫就是把學校核心的教育工作「如何做好的具體規劃」，是「聚焦學校、師生及社區資源，共同實踐核心工作的方案」。學校計畫方案的設計，也在為核心工作找到適合的實施策略與執行焦點，匯聚師生能量，達成教育目標，創發最高的績效價值。

　　教師順幹部之性的第三個層面，在順應幹部為學校經營所策訂的「方法策略新計畫」。教師的最大責任在充分了解學校的「中長期校務發展計畫」與每年的「主題式教育計畫」，將其核心工作納入自己導生班級的「班

級經營計畫」，以及自己授課的領域（學科）教學計畫，並配合籌組師生團隊，參與各種計畫性教育活動及競賽。連結教師本身的教學計畫及班級經營計畫，能夠有效融合實踐學校整體的經營計畫；順應幹部的方法策略新計畫，可以創發教師班級經營的新榮譽，也可以創發學校整體的教育競爭力。

四、組織運作新文化

學校的校長、主任、組長、級任導師、課程發展委員會領域小組召集人都會定期輪調，幹部的輪調後，經營學校的「主題計畫」以及「行政運作模式」就會產生變化。新計畫與新模式是調動調整學校整體「教育資源流動」的兩大工具，教師本身也是學校核心的教育資源，配合新計畫及新運作模式，教師需順應「職務的流動」、「教學主題的流動」、「社區文化資源的流動」、「學生的流動」、「兼辦行政事務性質的流動」。學校整體的人、事、物、環境、資源的流動，會轉變、孕育學校新的組織氣氛，成為學校新文化。

教師順幹部之性的第四個層面，也是最重要的層面，即是順應幹部組織運作的調整，形塑新的優質、積極、活力新文化。教師對於學校整體教育資源的調撥流動，可以積極向幹部建言，為學校創造人盡其才、才盡其用的最佳組合，但更要尊重幹部的權責與決定，認同幹部對自己職務的調整與運作模式的改變，充分發揮運作模式的優勢亮點，再結合教師同儕支持學校整體人力、物力的資源調撥，積極配合新的機制、新的計畫，做好班級經營及領域教學，盡快形成活力、積極且優質、具有教育競爭力的新文化，永續創發學校教育新價值。

第四節　順學校之性，揚特色品牌之才

　　當前華人地區的教育都在推動特色學校，臺灣的各縣市都有各自的「特色學校政策」，大陸的各省基礎教育，也都在推「特色學校」，新加坡與香港也都有「特色學校」的相關政策。為什麼中小學教育要推特色學校？其主要理由有四：(1)特色學校是創新經營的成果，創新是二十一世紀知識經濟時代組織經營的命脈，學校有特色教育主題，可以引導創新經營的方向與目標；(2)特色學校是師生共同經營出來的，經營特色學校可以凝聚師生動能，讓學校師生的專長有更寬廣的發揮舞台；(3)特色學校有賴地方教育支援的統整與支持，學校經營特色教育，得以進行資源統整，創發學校最大價值；(4)特色學校具有教育性、普及化、課程化及卓越性標準，學校達標取得認證後，代表學校是具有特色品牌的學校，有特色品牌的學校就是教育績效的象徵，也具有教育競爭力的品牌價值。是以教師不管在哪一所學校服務，都要順當前自己學校之性，揚特色品牌之才，配合幹部的帶動，結合教師同儕，做好下列幾個事項。

一、在地資源教育化

　　學校特色或特色學校，一定要家長和學生認同，一定要社區有感與認同才有意義，特色也才有價值。是以特色學校的經營策略雖多，如果能夠結合在地資源入手，讓學校社區的「人力」、「物力」、「財力」、「自然資源」、「文史資源」、「科技資源」等，經由資源統整支持特色主題教育的深度及廣度，不失為首要策略。因此在地資源教育化，就成為教師配合學校特色經營的重點工作，在地資源教育化後，才能共同揚學校特色品牌之才。

　　在地資源教育化，教師得從下列幾個事項計畫經營：(1)配合學校「資

源統整」進行社區踏查，蒐集登錄授課領域（學科）及班級經營的可用教育資源，列表數位儲存備用；(2)系統思考班級經營計畫及領域教學課程統整主題，得以運用社區教育資源逐年部分融入教師的正式教學與班級經營教育活動；(3)逐年設計一至二個單元主題及教育活動的社區資源運用之教學教案或活動計畫，實踐力行，讓在地資源教育化；(4)結合學校特色教育主題，運用在地資源，設計課程統整的教學教案，協助促成學校特色通過認證達標，成為特色品牌學校。

二、師生專長卓越化

　　特色學校是經營出來的，是由教師教育產出的特色成果，如果普及化不足及課程化沒到位，教師沒有持續教學紀錄的特色主題，不符合特色學校的認證標準，也就不能稱為特色學校。是以教師配合學校特色的經營，要設法彰顯師生專長，讓有特色主題潛能專長與優勢的師生，優勢專長明朗化、卓越化，在特色學校的經營軌道上表現卓越，成為學校教育的亮點，亮點爭輝，繁星滿天，就會是學校的特色品牌。

　　師生專長卓越化也是可以經營的，可從下列幾個事項著力，如此一來多數的師生均能「普遍卓越」，為學校特色產生動能貢獻：(1)教師積極研發產出教育產品，學生普遍參與專長認證，或師生共同創發教育成果產品；(2)師生熱衷籌組團隊參與有關專長教育競賽，由參賽歷程激發師生專長卓越化；(3)在校內舉辦學校特色主題教育的班級競賽活動，誘發師生專長、結合特色教育，邁向卓越化與普及化；(4)觀摩學習已達標特色學校之經營，他山之石、可以攻玉，吸取達標學校的經營模式，著力焦點，策訂計畫方案，實踐篤行，邁向卓越。

● 三、校本課程特色化

「學校本位課程」及「特色課程」常被混淆使用。有的教師就主張，所有的校本課程就是特色課程，它是課程的一體兩面，但如果真的如此，就通通稱為校本課程或特色課程就好了，為何要用兩個名詞來引起「天下大亂」呢？顯然兩個名詞都有存在的需要，都有「建構學理」的不同區隔，教師應進修「課程理論」釐清概念，才能真正的開發學校本位課程、班級本位課程，實施課程統整教學，其課程的實施績效卓越，才能成為他校沒有的或不容易做到的部分，才足以稱之為「特色課程」。

對教師而言，「校本課程特色化」具有下列四大意涵：(1)教師平時需積極研發學校本位課程，並配合班級經營及領域（學科）教學，實踐學校本位課程；(2)結合學校特色教育主題的政策，優先融入班級經營計畫及領域教學計畫，開發特色教育的校本課程教材及教案；(3)優先實踐特色校本課程，激發具有特色專長師生充分學習，邁向卓越；(4)全校各領域教師均優先實踐特色校本課程，促使特色普及化，達到檢核標準。

● 四、學校特色品牌化

學校特色品牌化有三個最恰當的範例，說明如下。

臺北市的特色學校稱為「優質學校」，優質學校是廣義的特色學校，內容分為「學校領導」、「行政效能」、「教師專業」、「課程發展」、「學生學習」、「校園營造」、「資源統整」、「學校文化」等項，由學校提送方案申請，通過認證者，就稱為優質學校，優質學校就是學校的特色品牌。「教育 111 標竿學校」也是一種廣義的特色學校，臺北市政府訂頒「一校一特色」、「一生一專長」、「一個都不少」的認證標準及實施要點，亦按年度由學校提送方案計畫申請認證審查，通過審查就給予標竿

認證，稱為「教育 111 標竿學校」。標竿學校就是廣義的特色學校，「教育 111」則是學校的特色品牌系統，代表這個學校有特色、學生有專長，並且一個都不少。

新北市的特色學校，是由原來的「卓越學校」演化而來，凡是通過特色學校認證者，稱之為「山林之星」、「海洋之星」、「城市之星」、「國際之星」等，將學校的特色成為「○○之星」，就是一種教育的品牌系統。學校特色品牌化，教師要著力經營的事項，除了將前述的各種工作永續經營，直至學校特色經主管教育局認證通過外，還要協助學校「品牌行銷」，將學校的特色焦點，充分掌握；在面對學生家長及社區民眾或公開集會場所、外賓來訪時，有關業務報告及對話，都要設法談論學校特色，給予學校特色價值分析，實踐作為，為學校特色作品牌價值行銷，讓大家更了解學校特色，更認同學校特色，記得學校特色品牌，品牌價值烙印愈深，學校教育愈有競爭力。

教師順學校之性，揚特色品牌之才，要順勢經營在地資源教育化，要促使師生專長卓越化，要深化校本課程特色化，最後要行銷學校特色品牌化。

第十九章　圓融有度

〈品味價值新文化〉

教師學，教師要學什麼？教師要學「人師」，人師像「鐘鳴大地」；教師要學「使命」，使命像「朝陽東昇」；教師要學「動能」，動能像「春風化雨」；教師要學「品質」，品質像「明月長空」；教師要學「風格」，風格像「繁星爭輝」。教師要有繁星爭輝的風格，建立在「系統思考」的風格、「順性揚才」的風格、「圓融有度」的風格，三者交互作用整合發展。研究者在《教育經營學：六說、七略、八要》一書中，曾將「圓融有度」列為全書的最後一章（第二十一章），是八大實踐要領之一，且當作全書的總結，當時的用意是：教育是可以經營的，教育經營者運用六說、七略、八要的具體實踐，的確可以把當前教育經營得更好，但是教育經營者的處世與做人，更需要圓融有度，給予圓融有度明確的注解，並以圓融有度作為經營教育的總結成果。

圓融有度的經營要義在：包容對立意見、積極價值溝通、尋覓共同原則，以及實踐基本規範。圓融的操作指標是：找到共原則、找到平衡點、找到接受度、找到新途徑，以及找到舊軌跡。有度的操作指標是：有深度（深層結構）、有廣度（多元融通）、有高度（前瞻視野）、有角度（原則典範），以及有限度（最低標準）。教育經營者經營「圓融」的人際關係時，要著力於：(1)專業報告校務發展；(2)示範專業主題行為；(3)參與人際導向經營團隊；(4)多元徵詢重要政策；(5)定期關照學校職工；(6)定期互訪家長社區。

教育經營者經營「有度」的處事要領在：(1)形成制度規範，共同遵守執行；(2)要求基本績效，獎勵優秀卓越；(3)延伸深度廣度，回歸教育本

質；(4)探索高度視野，邁向精緻教育。圓融有度的教育實踐，可以營造臺灣教育新境界，促使(1)教育人員充分自我實現；(2)教育政策彰顯核心價值；(3)教育組織承擔富國強民；(4)教育績效行銷國際舞台。教師是經營教育的最核心基點，教師的圓融有度，才能營造教育的品味價值新文化，讓臺灣教育新境界早日到來。

　　本章分為四節描述教師圓融有度的深層意涵與系統結構。第一節「知識價值新文化」，描述教師從事教育工作處理的核心事務——「知識」，以及其所形成的知識價值新文化；第二節「人際圓融新文化」，分析教師在新五倫人際關係中，創發其融合核心價值後的新教育文化；第三節「志業有度新文化」，敘述教師的教育知能有深度、教育學生有廣度、教育視野有高度、師道實踐有角度、績效責任有限度；第四節「師道品味新文化」，用品味風格新文化取向來註解四大師道目標：教書匠與教育家、表演者與大導演、選書人與創作師，以及育英才與博濟眾。

第一節　知識價值新文化

　　教育在教「人之所以為人」，教育的核心工作在人的知識傳承與創新，教師每天的教學工作與教育活動，都是知識遞移的工作，要將教師自己的知識以及教材上的核心知識，遞送轉移到學生身上。教師本身還要教會學生知識管理與智慧管理，要會運作「知識螺旋」，促進學生「知識基模系統重組」，改變師生心智模式，提升師生知識基模，創發學校教育競爭力。教師圓融有度的修練，得以打造知識價值新文化，茲以下列幾個事項分析說明。

一、知識基模系統重組

　　教師每天帶著學生學習知識、管理知識，知識管理的核心技術是知識螺旋，知識螺旋效應的主要成果稱為「知識基模系統重組」；任何的知識學習，經由知識螺旋效應後，每一個人都會「知識基模系統重組」。重組知識的結果，愈有「系統結構」者，知識愈為明確與牢靠，才能真正的成為自己的知識；凡是零散的知識，難以結構化、系統化的知識或資訊，就還不是自己的知識。是以師生探索知識的最大價值在「知識基模系統重組」，在傳承創新具有系統結構的新知識，拓展知識價值新文化。

　　圓融有度的教師會重視「知識基模系統重組」的經營與實踐，如下列幾項：(1)專業示範知識的系統結構：教學時要將教學主題知識的系統結構呈現給學生了解、分析、觀摩、仿作、重組，例如：本書為「教師學」，五部曲本身就是知識的系統結構；每一部曲（篇）都包括四章，這四章的知識就有「系統結構」；每一章也都有四節，四節所傳遞的知識，也具有系統化結構；每一節的主題知識，也都依據知識性質的系統化脈絡來撰述，是具有系統結構的知識；(2)教學中策動知識螺旋效應：教師在每一次教學中，都要留有四分之一至一半的時間，直接與學生對話，促進學生的知識螺旋效應，增進學生知識基模進行有效系統重組；(3)建置師生教育分享平台及專業知識網頁：分享平台活化知識交流創新，專業知識網頁能增益知識系統化、精緻化程度；(4)定期舉辦師生教育成果展及教育競賽活動：教育成果都會是學生知識系統結構的重組與呈現，競賽活動都是在誘發知識及技能「系統結構」的創新與精緻化。「知識基模系統重組」已成為所有教師「知識價值新文化」的核心主軸。

二、知識管理內外兼修

多數的「知識管理」，多指管理「組織核心技術」的知識，以及本身重要的知識著作、計畫或教育產品的數位儲存。本書特別強調，知識管理包括內隱知識的管理、外顯知識的管理，以及智慧管理。先做好外顯知識的管理，再增進內隱知識的提升，使之成為「知識基模系統重組」後的知識素養與能力。外顯與內隱的知識管理皆在一定水準以上，教師才有所謂的「智慧管理」。所謂智慧管理，係指自己經由「知識基模系統重組」後，自己創新的系統化（結構化）知識，可以直接改善自己日常生活或提升生命品質的知識，我們應給予妥適管理與運用。

教師圓融有度的修練，應用在自己及師生的知識管理上，是內外兼修的。研究者認為，最理想的知識管理，仍然是管理在自己「人」的身上，所謂學富五車、辯才無礙，指的都是有豐厚的內隱知識；一個人有厚實穩定的內隱知能，才得以適時「叫出」、「使用」，而內隱知識貧乏者，難有系統的、符合標準訴求的著作。配合數位時代的來臨，教師也要帶著學生做好外顯的知識管理，要有符合學校教育、專業專門知識系統的教學資料庫，要有個人及班級網頁，管控儲存計畫方案、課程教學、學習成果、競賽作品與榮耀。外顯的知識管理，同樣是傳承創新知識的基礎。

三、知識遞移績效卓越

知識遞移係指學生學會應備的知識、情意與技能，也代表教師能夠有效教學，將教材的知識（含自己的知識）有效遞送轉移給學生，學生的學習效果卓越，也代表知識遞移順暢通達。知識遞移績效卓越，也象徵教師善盡本業經營的責任，有責任良師，才會有卓越的學生。知識遞移績效卓越，也泛指學生的內隱知識、外顯知識及智慧知識等三種知識均能傳承創新，有「知識基模系統重組」的豐碩成果。

教師圓融有度的修練，在知識遞移上的啟示有：(1)學生本位的順性揚才：順著學生的秉性與需求，揚其可揚的知識技能；(2)優勢學習的專業示範：知識遞移也要形優輔弱，教師自己要專業示範優勢學習的著力焦點；(3)系統思考的知識螺旋：系統化及結構化的知識能夠及時重組，並能表現出來；(4)有效管理知識產品：師生的教育產品都是師生知識探索、研究、分析的成果，也是知識遞移績效價值所在，應用現代數位網頁有效管理。

四、知識價值永續常新

教師圓融有度的風格，要展現在「知識的價值」。知識經由教育，讓人類得以永續經營，得以創新發展，教師經營「知識遞移」的價值創造了今日的文化與文明。知識是人類傳承創化的工具與最重要的法寶，今日的世界，就是各種知識匯聚搭建而成的世界，世界各地的各類文化與文明的興衰起伏，都是「知識基模系統重組」之後的知識為人所用或不用。因此教師教導學生「知識基模系統重組」，要能教導學生「重組後的系統知識」是核心知識、是核心技術，也是順應世界發展需求的「核心能力」。不同的世代，「知識基模系統重組」都在重組不同的知識系統，也都在產出當代需求的知識系統，愈能淑世致用的知識，愈有價值。

教師對知識的圓融有度，會讓知識價值永續常新，具有下列幾個重要意涵：(1)知識本身就是人類生活的工具，「知識本身就有價值」；(2)教師每天在教導學生學習「有價值的知識」；(3)教師教導學生的知識，要觸發學生的「知識螺旋」，產生「知識基模系統重組」；知識能在學生身上系統化及結構化，創發「知識傳承創新」的價值；(4)教師每天對學生「知識遞移」的經營，創造了今日世界的文化與文明，實踐了「知識價值」永續常新。

第二節　人際圓融新文化

人、事、物三者是每一個人每天生活必須面對的三大核心對象，物有物理，事有事理，人有人理，若三者都能掌握，則「順理成章」、「萬事皆成」、「成就輝煌」。其中，物理最固定，事理半固定（因人的做事方法不盡然相同），是以處事要有要領，要與人共事，需要溝通協商出最佳的「標準作業流程」（S.O.P）後執行。而人理最複雜，最需要「圓融有度」，人理就是人與人之間的應然關係，以前稱為倫理與人倫綱常，現代則稱之為人際關係，而具體的教育作為則稱作品德教育。

教師教育學生，都在研究「物理現象」，探討「事理要領」，培育「倫常品德」。朱熹〈白鹿洞書院學規〉，明示學習者「五教之目」、「為學之序」、「修身之要」、「處事之要」，以及「接物之要」，可說是古代品德教育的經典，說明如下：

- 五教之目：父子有親、君臣有義、夫婦有別、長幼有序、朋友有信（五倫）。
- 為學之序：博學之、審問之、慎思之、明辨之、篤行之。
- 修身之要：言忠信、行篤敬、懲忿窒欲、遷善改過。
- 處事之要：正其義不謀其利，明其道不計其功。
- 接物之要：己所不欲，勿施於人，行有不得，反求諸己。

人類社會在進入二十一世紀之後，已是全球化、地球村的世代，知識經濟時代，也提升了知識價值，後現代的多元價值觀，衝擊著當代人際關係的「系統重組」。本書倡導「新五倫及其核心價值」，本節特以「教師」為軸心，分析教師的人際圓融新文化。

一、家人關係：親密、依存，重教育

人有親密需求，親密的互動從家人開始，夫妻最親密，然後父子、母女、兄弟姊妹。家人關係的另一個功能是滿足相互依存的「共同需求」，尤其是子女要靠父母養育才能長大成人，父母年邁之後也要靠子女陪伴終年。參照Maslow的需求層次論及「核心價值」的運用，家人關係的「核心價值」最重要的是「親密」與「依存」。

教師的家人關係，依據「親密」與「依存」核心價值實踐的同時，格外重視「教育」。孩子尚小時，教師要提供給自己的孩子親情溫情、養育長大，更要教育發展，父母年紀稍大後，教師也會給父母親情問候、衣食無缺，並鼓勵其終身學習、樂齡教育，教師們的家人關係會有一種教育世家的典範，會呈現一種「親密、依存，重教育」的新文化。

二、同儕關係：認同、共榮，為教育

同儕關係指的是「同學」、「同事」，以及「具有共同任務的群組夥伴」。人與人之間會成為同學，是為了一起接受教育，被安排（或自己選擇）成為同學；同事是為了共同的「職涯志業」，在同一個組織（單位）共事，而成為同事；臨時任務所形成的群組系統，至少也有共同的「任務目標」，彼此共同需求而組成同儕關係。圓融有度的同儕關係，要實踐兩大核心價值：「認同」與「共榮」，同學、同事、夥伴要認同成員的彼此存在，尊重彼此的同等地位，接受大家是同夥的，是要一起執行任務的，更要追求共榮，大家有好的表現，團體任務達標，成效卓著，大家都共享榮耀，同儕關係凝聚力更強，具有優質的價值文化。

教師的同儕關係是教師同仁，教育的對象都是學校的學生；教師同儕是教育事業的經營者，學生則是教育事業的經營對象與產品。是以教師的

同儕關係最特殊，教師認同其他教師，是認同大家有共同的任務——「教育」，教師們致力於事業經營，也是在經營「教育」，唯有學校的教育事業暢旺發達，具有競爭力，教師同儕方能共享榮耀，是以教師同儕關係的核心價值在：「認同、共榮，為教育」。

三、師生關係：責任、智慧，談教育

學習型社會形成之後，「師生關係」變成了人類的新五倫之一。師生關係是廣義的，凡是具有「教」、「學」互動指導與帶領關係的組合，都可以說是具有師生關係，從最廣義（鬆散）到狹義（明確），師生關係有「一堂課」的師生、「一日課」的師生、「三天工作坊」的師生、「多門課」的師生、「碩博士指導教授」的師生等，目前還流行一種「數位學習課程」的師生、「空中大學」的師生，多元併存，百花齊放。師生關係伴隨著人的一生，每一個人的一生從當學生開始，在學習歷程中，偶而也要扮演同儕的教師，有了專長事業後，通常都要兼辦互為教師的角色，所以當代社會百業分工、專業分流、交流互補，師生關係多元併存，在新五倫中的比重愈來愈大。

教師是師生關係中的啟動者，圓融有度的師生關係應展現下列幾個核心價值：「責任、智慧，談教育」。教師要成為責任良師，有責任教好每一堂課，帶好每一位學生，期待他（她）所教過的學生都成為責任公民。教師與學生互動要充滿智慧，現代的學生多而程度與背景差異大，教師要系統思考、專業示範、優勢學習、順性揚才、圓融有度的經營師生關係。師生關係的經營，都以「談教育」做媒介與工具，教師要珍惜每次與學生互動的機緣，談好學習主題的知識、情意及技能之核心知識，善盡「責任、智慧，談教育」的具體實踐，建構新世紀師生價值新文化。

四、雇主關係：專業、創價，傳教育

　　老闆與員工的關係稱為雇主關係，或者稱為勞資關係，勞方是指受雇的員工，資方是指出錢的老闆。在中國的傳統五倫中，強調君臣關係，而沒有提及雇主關係，這與時代有關；過去封建的帝王思想時代，整個國家都是皇帝的，人民都是皇帝的子民，所以老闆只有一個，就是君王，大臣百工人民都是廣義的員工，「君臣有義」，大家要效忠於皇帝（義務）。然現代的國家運作機制，稱為民主社會、稱為市場經濟，我們要選擇老闆，老闆為了自己公司產品的競爭力，也是要找合適員工，並且老闆要看員工的工作表現，給予員工對等、合適的薪資。人活在當代的社會，嚴格來說不是員工就是老闆，有的既是老闆又是員工，「雇主關係」也大多伴隨著人的一生。雇主關係的核心價值在專業與創價，有合適公司需要的專業能力，老闆才會請您來當他的員工，員工要有能力持續為公司的產品創價，為老闆賺錢，老闆也才有能力持續聘僱員工工作。是以雇主關係的圓融有度在於組織（老闆）需求與員工「專業」、「創價」能力的適配度。

　　教師的雇主關係非常特別。教師支領國家的薪津，被界定為廣義的公務員，而且是專業的公務員。教師在取得教師資格，被任命為正式教師之前的「專業核心能力」是禁得起考驗的：要大學畢業、修畢教育學程專業學分，要完成教育實習，通過「教師資格檢定考試」，參加縣市或學校的「教師甄試」。就國立大學學生而言，修教育學程要經過篩選，教師資格檢定考試要篩選，教師甄試更是千百中選一，才得以獲聘為中小學專任教師，因此「專業、創價，傳教育」就是教師在雇主關係中，最圓融有度的詮釋。「創價」的標準為何，在私人企業中很容易界定──「老闆」滿意就行；但在政府公家的教育單位，就很難界定，教師要扮演「責任良師」，要系統思考自己支領的薪資，是否能以「學生本位」、「學校本位」、「國

家本位」的立場需求，能有超過「等值創價」的績效表現，「老闆」才有可能持續聘請我們來當教育事業的「員工」。

五、群己關係：包容、博愛，靠教育

群己關係是指人與「沒有任何關係的人」之關係，在本書中，概括是指前四倫「家人、同儕、師生、雇主」之外的人與人關係。李國鼎先生曾倡導第六倫，以彌補傳統五倫的不足，指的就是「群己關係」，其強調「公德」的重要性。現代化民主國家，私德要好，要自在、要自主，與自己沒有關係的人也要共同活在世上，每天一起搭捷運上下班，每天有食、衣、住、行、育、樂共存共活，一個國家是否進步，有時「公德」遠比「私德」重要，群己關係的「和諧、包容、博愛」是人類世界大同的共同理想。

教師的群己關係與一般人沒有特別不同，但就教育事業的使命而言，教師本身要「專業示範」優質的群己關係（公德實踐）給學生看，提供學生仿效，更要在教學的歷程中，教導學生認同多元文化，包容多元的價值對立，用博愛的人性，服務助人，避免族群對立，意識形態對立，價值觀對立，力行生活、學習民主，建立公德核心價值與群己實踐規準。教師圓融有度的修練，實踐在群己關係上是「包容、博愛，靠教育」。

第三節　志業有度新文化

圓融有度的教師，展現在教育志業上更為豐富精彩。教師一輩子的生命願景與理想抱負都展現在教育志業上，有了「圓融有度」的修練，教育經營的方向更能與組織（校長、幹部）融合一致，師生互動更能啟發優勢學習、順性揚才，專業示範地帶領學生及家長系統思考，探索知識，延伸專長知識和專長優勢，圓融有度地建構新五倫關係，在教育志業的績效表

現上達成深度（深層結構）、廣度（多元融通）、高度（前瞻視野）、角度（原則典範），以及限度（最低標準）的「志業有度新文化」。

■ 一、教育知能有深度

教師有八大核心能力，包括：教育專業的能力、關愛助人的能力（兩者合稱為專業力）、課程設計的能力、班級經營的能力（兩者合稱為整合力）、有效教學的能力、輔導學生的能力（兩者合稱為執行力）、應變危機的能力、研究發展的能力（兩者合稱為創發力）。專業力、整合力、執行力，以及創發力的八大核心能力深度，都要達到「國家標準」的規範以上，國家才會核給教師正式的「教師證書」。

圓融有度的教師，教育知能的「深度」，要遠遠超過國家標準的規範，它的「深度」有下列四個深層意涵：(1)教師的專業知能本身具有「系統結構」，是可以分析的知識，是有深度的；(2)教師用教育專業指導學生學習知識，能夠分析知識的「深層結構」，是有專業深度的；(3)教師的專業知能在帶領學生「課程統整」，具有脈絡分析、統整知識的深度；(4)教師的專業知能也在幫助學生有產出的學習，學生經由「知識基模系統重組」後的知識技能是可以產出的（如評量成績或展演表現），是具有創新教育產品知能的深度。教師的教育知能有深度，需要教師圓融有度的經營與修練，讓教師的角色功能，不是一般沒有同樣深度的人員容易替代。

■ 二、教育學生有廣度

教師的教育志業都與學生攸關，教師要從其所「教出來學生的表現」，以及提供給學生「什麼樣的教材」，來檢核自己理想抱負的實現。學生在接受教師的教育歷程中，表現滿意的回饋，在相對優質的學習成果上，學校同仁認同，家長感謝，就是教師莫大的成就，也是教師生命願景與教育

志業的實踐。另外，教師的自編講義教材，或者是自己的專著，成為學生最實用的經典讀本，其他教師，甚至於其他學校師生也爭相選用，也是教師志業的實現。是以教師的學生是廣義的，能夠給老師教到，或使用教師著作教材的學生，都是教師的學生。「教育學生有廣度」概指廣義的學生，是教師圓融有度，專業奉獻的價值範圍之一。

「教育學生有廣度」對教師而言，有下列四個深層的意涵：(1)育英才與博濟眾兼修：教師能夠教最菁英的學生，也能教一般弱勢族群學生或學習落後學生；(2)不放棄任何一位學生：只要是自己班上的學生，教師一定教會每位學生達到一定的學習標準，一個都不少；(3)讓大部分的學生優勢智能明朗化：教師會針對他教的學生輔導優勢學習，順性揚才，大家都有專長亮點，邁向普遍卓越；(4)教師發展的講義教材著作廣受歡迎，爭相選用，學生的廣度到處都有，比比皆是。教育學生有廣度，是教師教育志業的體現，需要教師圓融有度的永續修練。

三、教育視野有高度

教育的前瞻視野有下列四大指標：(1)國際視野：了解先進國家的教育機制與核心教材、教法的發展脈絡；(2)在地資源：洞察在地教育資源，能夠結合師生特質，設計統整教育的課程及方法；(3)計畫帶動：能夠為學校或班級擬定最有價值的計畫方案，帶動學校或班級、領域教學精緻卓越發展；(4)突破瓶頸：能夠找到關鍵因子，創新經營，突破學校或班級發展瓶頸，提高教育品質與競爭力。教師的教育視野有高度，通常指的是符合上述這四大指標，「教育視野有高度」並非輕易可得，也需要教師圓融有度的修練與經營。

教師得以參照上述四大指標，並從下列幾個事項經營自己的教育視野，使之更符合圓融有度所期待的高度：(1)探討世界文化史：國際視野的教育

要將世界的文化材，適度地統整為可用的教育材，這要有世界文化素養的教師才能做到；(2)自編課程統整主題教材：善用地方教育資源的方法，就是將資源統整到領域（學科）的主題教學教案，而這要自編主題教學教案，方能實踐力行；(3)逐年更新班級經營及領域教學計畫：調整每年計畫的部分內容，接軌時代視野，創新教育品質；(4)挑戰高價值任務：教師專業社群得以經營挑戰高峰任務，例如：優質學校、教學卓越獎、「教育 111 標竿學校」認證等，持續經營，突破學校發展瓶頸。

四、師道實踐有角度

圓融有度最簡易的解釋是人際圓融、處事有度。有度包括「深度（深層結構）」、「廣度（多元融通）」、「高度（前瞻視野）」、「角度（原則典範）」，以及「限度（最低標準）」。「角度」與「限度」最需要附加說明，兩者的「深入意涵」要由台語再翻回國語，才能明瞭；「角度」是「有菱有角」之意，意謂著做事情該有的「角度」是明確的絲毫不差，在整體的組織運作立場而言，就是組織運作的「處事規範」，各種「典章制度」明確實用，大家遵循無礙，把事做好的角度清晰。

師道實踐有角度，例如：本書將師道的責任詮釋為「傳道」、「授業」、「解惑」、「領航」等四者，為使教師實踐的「角度」明確，本書的節名，就使用「傳生命創新之道」、「授知識藝能之業」、「解全人發展之惑」，以及「領適配生涯之航」，其中的生命創新、知識藝能、全人發展、適配生涯，就是核心角度；有時是主要內容，有時是方向、規則典範。師道實踐有角度，為教師的圓融有度價值意涵提升為「品質‧風格」境界。

五、責任績效有限度

「有限度」，在教育經營學中的解釋是：有最低限度，或者是「基本的標準」，在教師學中的意涵更為積極與深層。教師與學生、教師與同儕、教師與家長，以及教師與主管官員之間的關係，其處事標準都要超越「最低限度」及達「基本標準」。教師的圓融有度，責任績效有限度，是指教師的績效成果表現有具體的指標要求，每一位教師的績效價值是有規範的，達到此一規範（限度）以上的教師都是善盡職責的責任良師；責任良師培育責任公民，「限度」隱含著「責任」與「方向」，教師應體會實踐自己的責任績效。

教師的責任績效在哪裡？教師的責任績效是「人師」，像鐘鳴大地，是一位時中其機的教師，是一位事畢其功的教師，是一位人盡其才的教師，同時也是一位才盡其用的教師。教師的績效責任有「使命」，像朝陽東昇，在成就知識公民，在成就世界公民，在成就自主公民，在成就責任公民。教師的績效責任有「動能」，像春風化雨，教育有感的生命，教育覺識的生活，教育幸福的生涯，也教育大用的公民。教師的績效責任有「品質」，像明月長空，是學生的常新之師，是學生的行動之師，是學生的標竿之師，同時也是學生的品質之師。教師的績效責任具「風格」，像繁星爭輝，是教育的精緻之星，是教育的創新之星，是教育的永續之星，同時也是教育的卓越之星。本書《教師學：鐸聲五曲》歌頌二十一世紀教師的責任績效新風格，展現品味價值新文化。

第四節　師道品味新文化

本書第二章「師涯願景〈構築人師的抱負〉」，曾描述教師生命職涯的四大願景：教師希望扮演學生的「生命之師」，教師希望扮演學生的「知

識之師」，教師希望扮演學生的「智慧之師」，教師更希望扮演教育的「風格之師」。本書第五章「師道目標〈孕育新世紀責任良師〉」，強調當代師資培育的目標，不但要培育經師、人師、良師，更要培育「教書匠與教育家」、「表演者與大導演」、「選書人與創作師」，以及「育英才與博濟眾」，這些論述與分析，呈現了二十一世紀教師的時代使命與社會期望，是師道品味文化的基礎。本節據此基點，持續分析，師道本質再經「系統思考」修練、「順性揚才」修練，以及「圓融有度」修練之後所展現的師道品味新文化。

一、知識「系統重組」示範者

教師的一生都在從事「知識遞移」的工作，將自己的知識及教材上的知識，遞送轉移給學生。知識能否有效遞移，要能夠在「教」與「學」的歷程中，促進學生產生「知識螺旋」效應，有充分的知識螺旋，學生的「知識基模」才能「系統重組」，才能展現在各種評量及展演成果上。教師的教學與教育活動，都在要求教師扮演「知識系統重組」的示範者角色，愈會教書的老師，就愈會示範「知識的系統重組」，愈會講解知識的「系統結構」與「發展脈絡」，就愈會分析「知識」與「知識」間彼此的「深層結構」，師生之間會有愈來愈多的知識產品，會用自己的產品（研究著作）來當「教材範例」，有效傳承知識，也有愈多的創新知識產品。知識系統重組示範者，是教師的本業宿命，同時也是教師的標竿風格。

二、生命「健康情厚」創價師

教師展現師道的第二個品味文化是「生命」健康情厚「創價師」。教師是學生的生命之師，教師要對學生傳「生命創新」之道。教師個人要「健康」、要「情厚」，才能樂此不疲，在教育事業上勤耕，永續創價，扮演

學生的生命之師，傳「生命創新」之道。「健康」是指教師的身心靈都要健康，有健康的身體，才能學不厭、教不倦；有健康的心理，才能有教無類、因材施教；有健康的靈魂（價值觀、意識形態），才能教「人之所以為人」，並且一個都不少。「情厚」是指教師充滿教育愛，永遠關愛他（她）的學生，關心學生的生活，關心學生的學習，關心學生的成長發展與適應問題，提供學生溫暖、支持、激勵、陪伴成長、努力經營、共享榮耀。學生如沐春風，教師像春風化雨，春風傳知、春風送暖、春風有情、春風帶意（本書第十六章），教師的生命流動著健康、情厚、創價師的新文化。

■ 三、生活「質感品味」實踐家

　　教師展現師道的第三個品味文化，在生活層面上，教師是質感與品味的實踐家。教師的生活質感，表現在「教會學生學習」上面，教師每天要教育學生，執行教學任務，當其讓學生有「知的雀躍」、「情的共鳴」、「意的滋長」時，學生是有質感的，教師也是有質感的；學生的質感在「有得」、「充實」，教師的質感在「滿意」、「價值」。教師的生活品味表現在「休閒育樂」層面，通常會有「運動休閒社群」，例如：羽球、桌球、網球、籃球、排球、爬山、游泳、路跑、鐵人三項之友等，也會有書法、棋藝、音樂、繪畫、詩友、文學、寫作、閱讀藝文社群等，而大多數的教師都會選擇二至三種休閒育樂社群積極參與，至少有一種是靜態的，另一種是動態的，動靜皆宜，展現教師的生活品味；教師過著一輩子「教人」的生活，是生活「質感品味」實踐家。

■ 四、生涯「適配智慧」幸福人

　　教師展現師道的第四個品味文化是「幸福人」，因為教師一輩子過得

最適配，過得最有智慧，適配是指人盡其才、才盡其用，自己的性向和興趣在教育工作的經營，自己的優勢專長得到淋漓盡致的發揮，樂在教學，績效卓著，充分自我實現也是有效智慧資本。智慧是指教育學生順性揚才，在專業示範、系統思考、優勢學習的帶動下，每位學生都有專長亮點，每位教師有卓越表現，學校教育展現高價值競爭力。教師的生涯是適配生涯的典範，教師的生涯是智慧生涯的標竿，教師是最幸福的人。

第二十章　繁星爭輝

〈精緻卓越新風格〉

　　教師的光亮像天上的繁星，爭相綻放著師道的光輝，繁星滿天，風格爭輝，教師的風格，經由「系統思考」的粹煉、「順性揚才」的粹煉、「圓融有度」的粹煉，展現四大風格：「精緻之星」、「永續之星」、「創新之星」，以及「卓越之星」。精緻之星開創臺灣教育走入精緻教育新時代；永續之星貫徹融合本土教育接軌國際脈絡；創新之星注解知識經濟時代應然的教育發展；卓越之星彰顯臺灣民主教育的特色品牌與卓越風格，行銷國際，繁星爭輝。

　　本章是全書的最後一章，具有總結的意味。研究者以「鐸聲五曲」來撰述「教師學」，期待運用正向心理學的觀點來歌頌教師、傳唱教育：教師像「鐘鳴大地」，用來註解「人師」的情懷（首部曲）；教師像「朝陽東昇」，用來闡述教師「使命」的焦點（二部曲）；教師像「春風化雨」，用來激發教師的「動能」貢獻（三部曲）；教師像「明月長空」，用來描述教師的「品質」訴求（四部曲）；教師像「繁星爭輝」，用來彰顯教師的個殊「風格」（五部曲）。第五部曲「繁星爭輝」共有四章，分別撰述教師的四大個殊風格：第十七章「系統思考」，展現「新人生」風格；第十八章「順性揚才」，展現「新希望」風格；第十九章「圓融有度」，展現「新文化」風格；本章「繁星爭輝」，總結描述教師「新風格」的具體意涵。

　　本章分為四節論述說明：第一節「精緻之星」，描寫教師精緻的師道培育、精緻的核心能力、精緻的教育服務，以及精緻的績效價值；第二節「永續之星」，分析教師永續的教育愛、永續的關照能、永續的支持網，

以及永續的責任心；第三節「創新之星」，闡明教師創新知識、創新人才、創新教育，以及創新文化的創新風格；第四節「卓越之星」，以「有卓越亮點的教師」、「有專長亮點的學生」、「有特色亮點的學校」，以及「有品牌亮點的教育」作為全書總結。

第一節　精緻之星

　　精緻教育的實現是臺灣教育人員的共同願景（核心價值），我們期待二十一世紀的臺灣教育，達到下列幾個「精緻」的指標：(1)優質條件的師資標準：邁向全面碩士化；(2)規劃完備的施教歷程：有全面完整品管的教育機制，如教師評鑑、校長評鑑、CIPP 學校評鑑；(3)核心知識的多元模式：如校本特色課程達 20〜25%；(4)能力本位的績效品質：學生皆能通過基本能力檢測及專長認證，一個都不少；(5)情境教育的永續校園：校園及教育整體環境也是精緻的，是友善、永續、人性化的教育學園（鄭崇趁，2012，頁 16）。

　　教師是教育機制的領航師與實踐家，教育的精緻化更要依賴教師「理想的追求」與「深耕的實踐」，教師經由「人師」、「使命」、「動能」、「品質」與「風格」來粹煉，經由精緻的師道培育，具有精緻的核心能力，致力於精緻的教育服務，成就了精緻的績效價值，展現「精緻之星」的獨特教育風格。

一、精緻的師道培育

　　教師的精緻來自於精緻的師道培育。從師道目標而言，教師是成功的教書匠與教育家，教師既是表演者也是大導演，教師是稱職的選書人也是創作師，教師樂於育英才，也能博濟眾（請參閱本書第五章）。教師有自

己的核心價值與生命願景，期許自己能夠「自我實現」，扮演「責任良師」，並且「專業示範」、「實踐篤行」，承諾帶好每一位學生，承諾教好每一堂課，承諾輔導弱勢學生，承諾承擔績效責任（請參閱本書第六章及第七章）。精緻的師道培育機制，激勵教師像「朝陽東昇」，是學生的「啟明之光」、「希望之光」、「溫厚之光」與「智慧之光」，成就學生成為責任公民，而且具有厚實的知識專長與角色責任。精緻的師道培育，建構臺灣成為「責任公民新教育」的世代。

二、精緻的核心能力

教師的精緻來自於教師本身具備了精緻的核心能力。在本書中，將教師與學生的「核心知識」、「核心技術」及「核心能力」稍作區隔，分散在適合的章節給予脈絡分析，三者都是廣義「知識」的匯通與運用。教師的核心能力係指，教師在「教育專業」、「關愛助人」、「課程設計」、「班級經營」、「有效教學」、「輔導學生」、「應變危機」，以及「研究發展」的八大核心能力，而這八大核心能力的表現，來自相對的「專門專業知識素養」與「知識系統結構、核心技術」的匯通整合運用與實踐。教師精緻的核心能力，包括教師能夠應用八大核心能力及教育的核心技術、教育行為表現所需的專門專業知能。

教師精緻的核心能力需有下列四大配套機制方能促成：(1)有精緻的師道培育歷程；(2)依標準程序執行教師資格檢定考試及教師甄試；(3)規範教師在職進修機制及領域（學科）教學認證；(4)定期教師評鑑，四至五年定期檢核教師核心能力的時代性。是以精緻之星的教師，有精緻的核心能力，因為其經歷完備的師道培育，有本位思考的進修計畫，取得專長教學認證，並且接受教育評鑑。

三、精緻的教育服務

教師的精緻也來自於他（她）服務的對象與同僚感受上是精緻的，教師的教學、研究、輔導、服務歷程，學生的感受是精緻的，一起研究的教師同僚的感受也是精緻的，接受教師輔導的學生及家長，感受是友善、溫暖、有幫助的。教師的產學合作表現也是精緻的，專題演講能清晰論述主題核心知識、核心技術，傳達系統結構的主題知能，專題教育輔導活動能為學校或邀請單位，解析事務及運作機制的「深層結構」與「發展方向」，扮演稱職的諮詢顧問角色，為教育界提供精緻的教育服務品質。

精緻的教育服務品質通常有下列四個指標：(1)自願的申請：不是強迫規範，才符合教育的規準；(2)標準的歷程：有「標準作業流程」（S.O.P）的教育服務；(3)滿意的互動：服務者與被服務者的對話互動，彼此滿意，也是一種具價值的溝通；(4)質感的結果：服務者及被服務者都會有「質感」，彼此雙方「有感」、「有價值」。精緻之星的教師，能夠為大家提供精緻的教育服務。

四、精緻的績效價值

教師的精緻也要表現在教學與教育活動的績效價值之上，讓大家看得到、感受得到。觀察教師的績效價值有下列五大指標：(1)學生成績非常優異，在學校班級中名列前茅，或所有學生都能通過學生基本能力檢測；(2)每位學生都有專長認證，從發揮相對專長得到成就感，每個都不少；(3)學生與家長對於學校課程與教師教學歷程是滿意的、欣賞的、敬重的；(4)教師能普遍關照弱勢族群學生，班上弱勢族群學生的生活、適應及學習成就與常態學生幾無落差；(5)教師的自編教材、研究著作有平均水準以上的表現，教師有自己獨特的績效價值。

　　是以教師為了精緻的績效價值，要努力經營下列幾個事項：(1)精緻的校本（或班本）課程設計：為學生提供最精緻而最重要的學習內容；(2)精緻的教學方法：能適時的引導學生以最精確的學習要領，學會單元核心知識、技能、情意；(3)精緻的課程統整：自編的教材講義及主題教學教案能以學生為主體，實踐課程統整，強化學生帶得走的基本能力；(4)勤於參與專業學習社群：有適量的研究報告及文章著作出版，教育產品也是精緻的，具有明顯的教育績效價值。

第二節　永續之星

　　「永續教育」在二十世紀後期受到重視，二十一世紀初期就已成為各國教育的核心價值，為開發中國家所強調。我國在 2011 年的教育白皮書《中華民國教育報告書：黃金十年、百年樹人》，就將「精緻」、「創新」、「公義」及「永續」列為今後教育政策規劃的最核心目標（核心價值）。「永續教育」來自於「經濟建設」與「環境保護」的衝突，促使節能減碳愛地球、綠能教育、新能源開發、資源回收、資源再利用、自然有機栽培、食用有機食材，而成為教育的新議題、新觀念、新規準，是以各國教育主管機關多成立「永續教育委員會」，規劃實踐永續教育的機制。

　　教師是實踐教育政策與引導學生邁向世界同步發展的核心人物，教師本身就是永續之星，教師有永續的「教育愛」、永續的「關照能」、永續的「支持網」，以及永續的「責任心」，能照亮學生成為永續習慣的公民。分別闡明如下。

一、永續的教育愛

　　教育愛是所有教師最珍貴的資產，也是教師受人尊敬的最重要因素。

教育愛是教師因為要從事「教育事業的經營」，要直接面對「學生」的教與學，經由「價值體認」所形成的教師對學生之個殊教育情懷，它是一種接納包容之愛，是一種積極關照之愛。教師在教育現場實踐教育愛的方法，通常用在下列四個層面：(1)提升教學效果：教會學生，對學生最有價值，最愛學生；(2)擔任認輔教師：願意兼重「育英才與博濟眾」，盡己之力關照弱勢族群學生；(3)關照個殊學生：學生也具常態分配，兩極化的天才與弱智學生，教師也願意給予實質的支持，伴其成長發展；(4)增益學生能量：教育愛也是一種知識價值之愛，教師能夠持續地增益學生能量，讓學生有為大用，就是教育愛的實踐。

二十一世紀的教師是永續之星，永續的教育愛有了時代性的拓展，教師的教育愛統整政府「永續教育」政策的實踐，內涵更為豐碩，教師的教育愛要愛學生、愛地球、愛人類、愛文化，才是永續的教育愛。愛學生都有相對專長與亮點，亮點爭輝，專長永續；愛綠能地球新世界，永續的運轉下去；愛人類社會的和平共處，永續包容，共榮共享；愛文化的多元價值，就像永續的繁星，爭相綻放著光與熱，繁星爭輝，是教師永續教育愛的實現。

二、永續的關照能

「關照能」一詞由研究者在 2004 年提出，係指教師或教育人員具備關懷、照顧、協助、幫忙學生處理困難，跳脫困境的素養與技術，也就是「有能力的愛」，或者是教師能夠操作（使用得上）的輔導態度與技術。「關照能」的重要內涵應包括教師（輔導員）的基本態度與諮商初階技術，基本態度，如溫暖、真誠、接納、尊重、支持等；諮商初階技術，如同理心、回饋、引導、自我表露、問題解決等（鄭崇趁，2012，頁 188）。將「關照能」與「教育愛」併稱，強調教育愛是教師「價值體認」後的必然，而

「關照能」是教師要能發揮「有能力的愛」，才能為學生創發真正有價值的成長與學習，避免沒有品質或沒有價值意涵的教育學生之「愛」或「愛」的誤用。

教師是永續之星，永續的關照能也有新的時代意涵：教師要同時關照弱勢學生，關照綠能教育，關照有機實踐，也要關照文化再生。教師的關照能要能永續的有效協助弱勢族群學生，提升能量，跳脫困境，回復學習常軌，永續發展；教師要有能力帶著學生實踐綠能教育，共同節能減碳愛地球，永續深耕新能源教育，讓地球永續運轉，永續支援人類生存所需的能源需求；教師也要用實際的行動，帶著學生力行「有機而少污染」的食、衣、住、行、育、樂，在高度文明的進展中，守住「自然、有機、極簡」的生活，永續經營；教師也要能夠充分掌握永續教育核心價值的深層意涵，促成「永續文化」的再生，從教師的繁星爭輝到學生的繁星爭輝，再到「新能源」的繁星爭輝，直到「永續文化再生」的繁星爭輝。地球之美，永遠是宇宙的繁星之一，永遠是人類永續生存幸福的樂園。

三、永續的支持網

「支持網」，植基於「教育部輔導工作六年計畫」及「教訓輔三合一方案」所強調的「學校輔導網絡」，學校教師及教育輔導專業人員結合社區輔導有關的資源人力，共同串連成網絡系統，來縝密協助學生，此稱之為「輔導網絡系統」；網絡含有「絡繹不絕」、「系統結構」及「永續經營」之意。「支持網」結合的主要對象，包括：學校教師訓輔人員、社福單位社工人員、衛生單位公衛人員、醫療單位心理治療及心理諮商人員、法務警政單位警察司法人員、公益組織團體或個人、退休教師或各種志工、家長及社區人士等，從「支持性」到「矯治性」，網絡愈綿密，就愈能支持學校帶好每位學生（鄭崇趁，2006b，頁30）。

　　教師是學校輔導網絡系統的核心網點，網點愈綿密，網絡的功能就愈能發揮，是以「教訓輔三合一方案」期待學校的每位教師均能參與「認輔教師」（個別關懷、愛心陪伴最需要的學生），並系統檢核教師應盡的輔導學生職責：(1)有效教學（輔導理念融入教學）；(2)教學中輔導（辨識學生行為問題的能力）；(3)級任導師（班級經營、團體動力）；(4)認輔教師（個別關懷、愛心陪伴）；(5)了解網絡（掌握資源）；(6)應變危機〔演練處理重大事件「標準作業流程」（S.O.P）〕，成為學生永續的支持網。

　　永續的支持網在二十一世紀教育中，亦超越了「學生輔導」工作層面，而有更新穎的意涵，它包括了「支持網絡」、「群組學習」、「行動團隊」、「永續教育」等四大網絡支持系統。「支持網絡」就是輔導學生的生活支持、學習支持、適應支持網絡系統；「群組學習」概指教學時採用的「學習共同體」、「分組學習系統」，能運作團體動力學的群組學習系統；「行動團隊」概指教師自己專業進修成長所需參照的專業學習社群系統，教師也流行用「行動團隊」及「行動研究」來執行；「永續教育」系統則為前述三大網絡系統的統稱，學生輔導網絡系統是永續的，教師專業社群網絡系統是永續的，整合串連就是「永續教育」的網絡系統。教師是永續之星，教師為學生建置了永續的支持網。

■ 四、永續的責任心

　　本書二部曲「朝陽東昇·使命」，在第六章中將教師的核心價值界定為「專業、精緻、責任、價值」，並且以「自我實現、責任良師」為願景（Vision），研究者解析教育部的「師資培育白皮書」的主要內涵在「培育責任良師」，期能「造就責任公民」。「責任心」是教師必須永續經營的崇高素養與核心價值，研究者認為，二十一世紀臺灣教育的興旺或低迷，決定於教師是否有永續的責任心，學生及未來公民是否成為責任公民。

教師永續的責任心可分成下列四個層次說明：(1)責任良師：教師首先要善盡本分職責，教好學生，帶好每一位邁向健康成熟的孩子，要辦好自己經手的教育活動，自己要先成為責任良師；(2)責任績效：責任良師要累增追求責任績效，經由自己教過的學生都會有優秀的學習成果展示，自己經辦的教育活動，都可以創發學校教育優秀的績效成果；(3)責任價值：師生都能以實踐學校、教師本身、學生主體的教育核心價值為己任，勤奮經營，讓學校成為具有特色品牌的學校；(4)責任公民：教師本身是責任公民，也藉由教育歷程永續經營，經營每位學生成為責任公民。

第三節　創新之星

教師像繁星爭輝，展現「精緻之星」的風格，展現「永續之星」的風格，也展現「創新之星」的風格。「創新之星」的本質意涵與績效價值，概指「發現新的知識產品」、「發現新的因果關係」、「發現新的深層結構」、「發現新的方法策略」，以及「發現新的意義價值」（請參閱鄭崇趁，2013b，頁161-185）。

創新是「賦予存在（to being）」的歷程，所有的新知識、新事物、新觀念、新方法、新技術、新產品本來都「存在」，現在經人類給予發現罷了（知識先天論）。創新經由「實→用→巧→妙→化」的歷程經營即可實現（請參閱本書第十四章）。本節立基於前述教育創新的觀點，再統合分析教師展現「創新之星」風格的四大主軸：「創新知識」、「創新人才」、「創新教育」，以及「創新文化」的具體內涵。

一、創新知識

教師「創新之星」的風格，第一個意涵是「創新知識」。教師從事教

育事業，每天都與學生在經營「知識遞移」的工作；教師每天創新自己的知識，創新教學知識的過程，創新學生的知識，學生學到新的知識是創新知識。教師因為教學，教育學生自己的內隱知識產生「知識基模系統重組」，更有系統化的知識心得與知識行為表現，這些都是創新知識。

　　創新知識就是國家教育事業的命脈，就是教師個人尊嚴之所在。教師要很會創新知識，很會創新自己的知識，讓自己的專業及專門知識具有知識的深層結構，很會表達（專業示範）知識本身的系統結構及脈絡分析給學生了解學習。教師要很會創新學生的知識，幫助學生產生「知識螺旋」，進行「知識基模系統重組」，提升知識基模，改變心智模式，創新知識，習得帶得走的統整新能力。教師是「創新之星」，「創新知識」是整個教育事業的核心命脈。

二、創新人才

　　教師是創新之星，第二個更積極的意涵是「創新人才」。教師的教育事業在培育責任公民，責任公民是國家有用的人才，「人盡其才、才盡其用」可以百業興隆、民富國強。每一個國家、每一個族群部落，是否興旺繁榮或沉寂低迷，都依賴「人才創新」的素質與「適配發揮」的程度，也就是「組織」的發展靠「教育」，「教育」的成功靠教師「創新人才」的實踐。

　　教師每天都在實踐「創新人才」的神聖使命。「人才」是「有能力」及「有用的人」，教師「創新人才」的實踐，表現在「教好每一堂課」，讓所有學生都學會應備的知識與能力；表現在「帶好每一位學生」，每一位受教的學生都通得過各年級的「標準能力檢測」；表現在「發展學生專長認證」，每一位學生都有相對專長的亮點，創造每一位學生都是有能力、有用的人。創新學生，創新學校人才，創新國家社會人才，創新百業分工

人才，「創新人才」是教師「創新之星」的第二層光亮。

三、創新教育

　　教師是創新之星，第三個更前瞻的意涵是「創新教育」，創新教育中的教學模式、創新課程設計、創新學校運作機制、創新學校教育活動、創新教師的教與學生的學、創新學校空間配置與整體環境、創新學校組織氣氛、創新師生對話型態、創新群組學習系統、創新學校新願景（Vision）、任務（Mission）及核心價值（Core Value）、創新主題教育計畫，以及創新學生競賽活動與成果展示。創新教育，能永續經營新世紀、新教育、新承諾的新教育世代。

　　創新教育的前瞻思維，包括體制、型態、運作模式的創新，範圍寬廣。教師創新教育有下列四大取向：(1)本位創新：教師從自己的知識、教學、專長、優勢為本位主軸，創新教育的內容；(2)系統創新：有系統結構的知識與能力才能學以致用，教師的教育創新在於協助重組建構更具系統性的教育機制與知識內涵；(3)組織創新：教育的組織包括員額編制與運作型態，教師的教育創新在積極配合教學職務的流動，增益組織創新；(4)價值創新：教師要統整個人的生命願景與組織的教育目標，其階段任務在勤奮經營教育事業，創新自己及學校教育價值。教師是創新之星，旨在創新教育的最大價值。

四、創新文化

　　人類生活的總稱叫文化，新的而尚未普及的生活知識與技術，稱為文明，教育是傳承文化、創新文明的主要媒介，整個人類的歷史發展，都由教育輔助促成；沒有教育，人類文化的進化將十分緩慢，我們可以說由於教育的昌盛，帶給今日人類文化與文明的快速發展，教育的最神聖功能在

創新今日大家所建立的文化（世界文化）。教師是教育的執行者，教師是創新之星，第四個意涵指的是「創新文化」之星，教師經由教育事業的經營，創新自己的教師文化、創新自己的家庭文化、創新授課班級文化、創新學校文化、創新國家的教育文化，甚至於創新世界人類文化。

教師本身是文化的一分子，同時也是創新文化的基因之一，基因改變，影響文化的內容與成分，文化也會隨著波動、變形、轉化，成為另一個趨勢。教師是文化的基因，也是主導教育、注解文化流動的核心人物，教師創新文化的程度與內涵遠比其他行業人員更重要，是以臺灣在二十世紀五〇年代，有「良師興國」的美稱。教師的「創新文化」也是可以經營的，教師可以從下列幾個事項著力：(1)提供標竿：教師是專業、正向、積極、勤奮、責任、創新、永續的核心價值實踐者，是師生的行為標竿；(2)講究要領：生活、學習、做事、做人都有要領，有要領就會創新績效價值，成為創新的文化；(3)知識管理；教師教導學生做好知識管理，要管理自己的內隱知識以及外顯知識（技術），奠定創新文化元素；(4)智慧傳承：新知識或生活技術普及化後才能創新文化，教師要有自己的著作，出版流通，創新文化。

第四節　卓越之星

教育部設有「教學卓越獎」及「校長領導卓越獎」，「卓越教育」成為臺灣教育的核心價值，尤其是在 2014 年的十二年國民基本教育實施之後，更能邁向「普遍卓越」的教育理想，激盪著教師們的情懷。我們期待「帶好每一位學生」、「一個都不少」，我們希望每一位學生「優勢智能明朗化」，每一位學生都有相對的優勢專長，每一位學生都能經由「專長認證」，證明自己的卓越，邁向普遍卓越。教師是卓越之星，代表自己是

有卓越亮點的教師，代表教師能夠點亮學生的專長亮點，也代表教師能點亮學校的特色亮點，更代表教師能夠點亮教育的品牌亮點。教師像天上繁星，亮點爭輝，教師點亮自己，點亮學生，點亮學校，點亮教育；教師是卓越之星，領航教育，點亮繁星，繁星爭輝。

一、有卓越亮點的教師

教師是卓越之星，自己是卓越的，他（她）的學生也是卓越的，任職的學校是卓越的，國家的教育事業也是卓越的。卓越之星要從自己開始，照亮教育的繁星爭輝。本書用五部曲注解有卓越亮點的教師：「人師」的志業在傳生命創新之道、授知識藝能之業、解全人發展之惑，以及領適配生涯之航。教師的「使命」與「核心價值」是：專業自主的教師、精緻研發的教師、責任楷模的教師，以及價值創新的教師。教師的「動能」展現在優化人的知能素養（核心能力）、創化人的專長脈絡（優勢學習）、激發人的動能貢獻（智慧資本），以及深化人的責任績效（春風化雨）。教師的「品質」亮點是：能夠探究教育深層結構（核心技術）、能夠創發教育經營世代（創新經營）、能夠傳承教育技術能量（知識管理），以及能夠示範教育品質標竿（明月長空）。教師的「風格」經由「順性揚才」的修練，建構品味價值新文化；經由「繁星爭輝」的修練，展現精緻卓越新風格。

二、有專長亮點的學生

卓越之星的教師，能教出卓越的學生，卓越的學生可以從下列四大指標觀察：(1)通過各年級學生基本能力檢測，基本能力沒有落後；(2)有相對的專長優勢，學生各自的專長經由認證系統，證明自己的專長表現達一定的標準；(3)在群組學習中，能產生動能貢獻，是有效的智慧資本；(4)學

習、生活、人際感覺滿意，是一個自我實現的人。因此，卓越學生人人可達，卓越之星是教師，必然教出一群卓越學生，這些學生就是國家的責任公民。

從上述的四大觀察指標分析，卓越學生就是有專長亮點的學生。我們都期待，每一位學生都能「優勢智能明朗化」，都能在卓越教師的引導下，通過各種學習護照與專長認證，用自己的學習專長，創發優質的教育成果，過適配幸福的生涯；用自己的優勢專長貢獻國家，在充分自我實現的同時，也是家庭、學校、社會、國家有效的智慧資本，是「有能有用」的卓越學生。

三、有特色亮點的學校

卓越之星的教師，他的學校也是卓越的，能夠展現特色亮點的學校，就是卓越學校。學校特色是經營來的，是一群卓越教師共同經營來的，學校特色通常要符合下列四大指標：(1)教育性：學校主題要與學生學習攸關，具有教育的價值意涵；(2)普及化：要學校中大多數的學生和教師直接參與，不只是小團隊的表現；(3)課程化：是由教師編製教材教案教出來的特色，不是沒有教的歷程，直接比來的；(4)卓越化：經營團隊有卓越表現，競賽成績名列前茅或經媒體大幅報導，獲邀到處展演。

學校的特色亮點可以很多，也像繁星爭輝一般：國文科的教師，經營學校「詩詞吟唱」的特色亮點；自然科的教師，經營學校「科學展覽」的特色亮點；數學科的教師，經營學校奧林匹克數學競賽的特色亮點；人文藝術科的教師，經營學校成為一所「學校美術館」的特色亮點；體育科的教師，經營學校成為各種球類運動的特色亮點。卓越學校，是特色亮點爭輝的學校。

四、有品牌亮點的教育

　　卓越之星的教師，自己是卓越的，教出卓越的學生，經營卓越的學校，也開展卓越的教育。卓越的教育是指有品牌亮點的教育，通常要符合下列五大指標（鄭崇趁，2012，頁 17）：(1)實施一至十二年級學生基本能力檢定制度，所有學生的領域表現能力通過率均在 85% 以上；(2)基本教育階段的「一校一特色、一生一專長、一個都不少」成為普遍卓越教育的註解；(3)高等教育階段「一系一特色、一師一卓越、一生一亮點」成為普遍卓越教育的註解；(4)整體社會的教育建設，提供處處可學習、時時可學習的情境，社區大學普及到鄉鎮；(5)成人進修教育結合職能證照，普遍提供國民專長學習與志業轉換的機會。

　　有品牌亮點的教育，也指具有「核心價值」驅動與實踐的教育。二十一世紀臺灣教育的核心價值是：人文、均等、適性、民主、創新、永續、精緻、卓越。教育在教人之所以為人，因此若以人體做隱喻（如第六章的圖 6-4 所示），人文為頭居總指揮，均等、適性是雙腳（代表軌道），身體軀幹是歷程，包括民主、創新、永續，精緻、卓越是雙手，代表成果。臺灣教育是有品牌亮點的，用「人文的思維」，踏著「均等」、「適性」的腳步前進，遵循「民主」、「創新」、「永續」的歷程，邁向「精緻」、「卓越」的成果。

❁ 參考文獻 ❁

中文部分

何福田（2011）。**三適連環教育**。中國浙江：浙江出版社。

何福田（主編）（2013）。**教育入門**。泰國：泰北清萊華文學校教師會編印。

吳清山（2004）。學校創新經營的理念與策略。**教師天地**，128，30-34。

吳清山（2009）。教育111的理念。載於臺北市98學年度第一學期校長會議手冊（頁7-16）。臺北市。

吳清山、林天祐（2005）。**教育新辭書**。臺北市：高等教育。

吳清基（1990）。**精緻教育的理念**。臺北市：師大書苑。

林文律（主編）（2012）。**校長專業之建構**。臺北市：心理。

林明地（2002）。**校長學：工作分析與角色研究取向**。臺北市：五南。

林新發（2009）。學校創新經營的理論基礎與實務運作。**國民教育**，49（3），1-8。

林新發（2011）。華人地區學校校長正向領導模式初探。**國民教育**，52（1），1-6。

秦夢群（2000）。**教育行政：理論部分**。臺北市：五南。

秦夢群（2010）。**教育領導理論與應用**。臺北市：五南。

國立臺北教育大學（2014）。**芳蘭菁英錄**（第十九輯）。臺北市：作者。

國立臺北教育大學教育政策與管理研究所（2006）。**國立臺北教育大學教育政策與管理研究所簡介**。臺北市：作者。

國家教育研究院（無日期）。**參、經營理念**。取自 http://www.naer.edu.tw/files/11-1000-186.php? Lang=zh-tw

張明輝（2002）。**學校經營與管理研究**。臺北市：學富文化。

張春興（1995）。**教育心理學：三化取向的理論與實踐**。臺北市：東華。

張春興（2006）。**張氏心理學辭典**。臺北市：東華。

張新仁（2004）。中小學教師教學評鑑工具之發展編製。載於國立臺灣師範大學教育研究中心（主編），**教育評鑑回顧與展望學術研討會論文集**（頁41-55）。臺北市：國立臺灣師範大學。

教育部（1999）。**建立學生輔導新體制：教學、訓導、輔導三合一整合實驗方案申請試辦手冊**。臺北市：教育部訓育委員會。

教育部（2000）。**課程統整**。臺北市：教育部國民教育司。

教育部（2002）。**創造力白皮書**。臺北市：作者。

教育部（2010）。**第八次全國教育會議實錄**。臺北市：作者。

教育部（2011）。**中華民國教育報告書：黃金十年、百年樹人**。臺北市：作者。

教育部（2012）。**中華民國師資培育白皮書：發揚師道、百年樹人**。臺北市：作者。

陳俐君（2008）。**核心能力關鍵因素之研究：以中部某大學企管系為例**（未出版之碩士論文）。逢甲大學，臺中市。

黃一峰（2001）。高級文官核心能力架構之初探。**人事月刊**，33（2），42-50。

黃光雄（1984）。課程設計的模式。載於楊亮功先生九秩華誕紀念論文編輯小組（主編），**中國教育的展望**（頁287-314）。臺北市：五南。

黃昆輝（1986）。**教育行政學**。臺北市：東華。

黃增川（2014）。**國民小學校長辦學績效評鑑指標建構：智慧資本理論觀點**（未出版之博士論文計畫）。國立臺北教育大學，臺北市。

新北市政府教育局（2014）。**新北市 2014 教育實踐年**。取自 http://tedl.ntpc.edu.tw/master/2014 教育實踐年手冊.pdf

楊德遠（2011）。**國民小學智慧資本價值轉換模式之研究**（未出版之博士論文）。國立臺北教育大學，臺北市。

劉　真（1991）。教書匠與教育家。載於梁尚勇（主編），樹立教師的新形象（頁 31-50）。臺北市：臺灣書局。

劉　真（主編）（1974）。師道。臺北市：中華書局。

蔡培村（2004）。領導學。高雄市：麗文。

鄭崇趁（1995）。教育與輔導的軌跡。臺北市：心理。

鄭崇趁（1998）。教育計畫與評鑑。臺北市：心理。

鄭崇趁（1999）。整合導向評估模式之運用：以「教育部輔導六年工作計畫」為例（未出版之博士論文）。國立政治大學，臺北市。

鄭崇趁（2006a）。國民中小學校務評鑑指標及實施方式研究。臺北市：心理。

鄭崇趁（2006b）。教育的著力點。臺北市：心理。

鄭崇趁（2008）。教育若水　順性揚才。清流月刊，三月號，80-82。

鄭崇趁（2011a）。從智慧資本論看教師評鑑的內涵。載於兩岸三地校長學研討會論文集（教師評鑑）。臺北市：國立臺北教育大學。

鄭崇趁（2011b）。教育經營學導論：理念、策略、實踐。臺北市：心理。

鄭崇趁（2012）。教育經營學：六說、七略、八要。臺北市：心理。

鄭崇趁（2013a）。學生的品德教育。收錄於何福田（主編），教育入門（頁 144-153）。泰國：泰北清萊華文學校教師會編印。

鄭崇趁（2013b）。校長學：成人旺校九論。臺北市：心理。

謝文全（2004）。教育行政學（第二版）。臺北市：高等教育。

謝傳崇（譯）（2011）。校長教學領導：理論與應用（原作者：M. Militello, S. F. Rallis & E. B. Goldring）。臺北市：心理。

羅英豪（2013）。宜蘭縣國民中小學學校智慧資本、創新經營與學校競爭力之研究（未出版之博士論文計畫口試本）。國立臺北教育大學，臺北市。

蘇錦麗等（譯）（2005）。評鑑模式：教育及人力服務的評鑑觀點（原作者：D. L. Stufflebeam, G. F. Madaus & T. Kellaghan）。臺北市：高等教育。

英文部分

Adler, M. J. (1982). *The paideia proposal: An educational manifesto*. New York, NY: Macmillan.

Anderson, S. B. (1975). *Encyclopedia of educational evaluation*. CA: Jossey-Bass.

Bassi, L. J. (1997). Harnessing the power of intellectual capital. *Training and Development, December*, 25-30.

Dewey, J. (1916). *Democracy and education*. New York, NY: Macmillan.

Edvinsson, L., & Malone, M. S. (1997). *Intellectual capital: Realizing your company's true value by finding its hidden brainpower*. New York, NY: HarperCollins.

Erikson, E. H. (1959). *Identity and the life cycle*. New York, NY: International Universities Press.

Friedman, T. L. (2005). *The world is flat: A brief history of the twenty-first century*. New York, NY: Macmillan.

Gardner, H. (1983). *Frames of mind: The theory of multiple intelligence*. New York, NY: Basic Books.

Lindblom, C. E. (1980). *The policy-making process* (2nd ed.). Englewood Cliff, NJ: Prentice-Hall.

Lynn, B. (1999). Culture and intellectual capital management: A key factor in successful ICM implementation. *International Journal of Technology Management, 18*(5), 590-603.

Madaus, G. F., Scriven, M. S., & Stufflebeam, D. L. (1983). *Evaluation models: Viewpoints on educational and human services evaluation*. Boston, MA: Kluwer Nijhoff.

Maslow, A. H. (1954). *Motivation and personality*. New York, NY: Harper and Row.

Nonaka, I., & Takeuchi, H. (1995). *The knowledge creating company: How Japanese companies create the dynamics of innovation.* New York, NY: Oxford University Press.

Piaget, J. (1962). *Play, dreams, and imitation in childhood.* New York, NY: W. W. Norton.

Rawls, J. (1971). *A theory of justice.* Cambridge, MA: Harvard University Press.

Robbins, S. P., & Coulter, M. (2002). *Management.* Upper Saddle River, NJ: Person.

Roos, G., Roos, J., Dragonetti, N. C., & Edvinsson, L. (1998). *Intellectual capital: Navigating in the new business landscape.* New York, NY: New York University Press.

Scriven, M. (1972). The methodology of evaluation. In Weiss (Ed.), *Evaluating action programs: Readings in social action and education* (pp. 123-136). Boston, MA: Allyn & Bacon.

Senge, P. M. (1990). *The fifth discipline: The art and practice of the learning organization.* New York, NY: Doubleday Currency.

Sergiovanni, T. J. (2001). *Leadership: What's in it for Schools?* New York, NY: Routledge Falmer.

Stufflebeam, D. L. (1983). The CIPP models for program evaluation. In G. F. Madus, M. S. Scriven, & D. L. Stufflebeam (Eds.), *Evaluation models: Viewpoints on educational and human services evaluation* (pp. 117-141). Boston, MA: Kluwer Nijhoff.

Stufflebeam, D. L., Madaus, G. F., & Kellaghan, T. (2000). *Evaluation models: Viewpoints on educational and human services evaluation* (2nd ed.). Boston, MA: Kluwer Academic.

Tyler, R. W. (1950). *Basic principles of curriculum and instruction.* Chicago, IL: University of Chicago Press.

U.S. Department of Education (2001). *No Child Left Behind Act of 2001*. Washington, DC: Author.

Ulrich, D. (1998). Intellectual Capital=Competence×Commitment, Sloan. *Management Review, 39*(2), 15-26.

國家圖書館出版品預行編目（CIP）資料

教師學：鐸聲五曲 / 鄭崇趁著. -- 初版.
-- 臺北市：心理, 2014.12
面；　公分. --（教育基礎系列；41218）
ISBN 978-986-191-634-7（平裝）

1. 教師　2. 師資培育

527　　　　　　　　　　　　　103023489

教育基礎系列 41218

教師學：鐸聲五曲

作　　　者：鄭崇趁
責任編輯：郭佳玲
總　編　輯：林敬堯
發　行　人：洪有義
出　版　者：心理出版社股份有限公司
地　　　址：台北市大安區和平東路一段 180 號 7 樓
電　　　話：(02) 23671490
傳　　　真：(02) 23671457
郵撥帳號：19293172　心理出版社股份有限公司
網　　　址：http://www.psy.com.tw
電子信箱：psychoco@ms15.hinet.net
駐美代表：Lisa Wu（Tel: 973 546-5845）
排　版　者：辰皓國際出版製作有限公司
印　刷　者：辰皓國際出版製作有限公司
初版一刷：2014 年 12 月
Ｉ Ｓ Ｂ Ｎ：978-986-191-634-7
定　　　價：新台幣 400 元